Wie schreibt man wissenschaftliche Arbeiten?

W0278444

Duden

Wie schreibt man wissenschaftliche Arbeiten?

Von der Themenfindung bis zur Abgabe

Von Ulrike Pospiech
in Zusammenarbeit mit der Dudenredaktion

Dudenverlag
Berlin

Die Duden-Sprachberatung beantwortet Ihre Fragen zu Rechtschreibung, Zeichensetzung, Grammatik u. Ä. montags bis freitags zwischen 09:00 und 17:00 Uhr.
Aus Deutschland: 09001 870098 (1,99 € pro Minute aus dem Festnetz)
Aus Österreich: 0900 844144 (1,80 € pro Minute aus dem Festnetz)
Aus der Schweiz: 0900 383360 (3.13 CHF pro Minute aus dem Festnetz)
Die Tarife für Anrufe aus den Mobilfunknetzen können davon abweichen.
Den kostenlosen Newsletter der Duden-Sprachberatung können Sie unter www.duden.de/newsletter abonnieren.

Bibliografische Information der Deutschen Nationalbibliothek
Die Deutsche Nationalbibliothek verzeichnet diese Publikation in der Deutschen Nationalbibliografie; detaillierte bibliografische Daten sind im Internet über http://dnb.dnb.de abrufbar.

Es wurde größte Sorgfalt darauf verwendet, dass die in diesem Werk gemachten Angaben korrekt sind und dem derzeitigen Wissensstand entsprechen. Für dennoch wider Erwarten im Werk auftretende Fehler übernehmen Autorin, Redaktion und Verlag keine Verantwortung und keine daraus folgende oder sonstige Haftung. Dasselbe gilt für spätere Änderungen in Gesetzgebung oder Rechtsprechung. Das Werk ersetzt nicht die professionelle Beratung und Hilfe in konkreten Fällen.

Das Wort **Duden** ist für den Verlag Bibliographisches Institut GmbH als Marke geschützt.

Kein Teil dieses Werkes darf ohne schriftliche Einwilligung des Verlages in irgendeiner Form (Fotokopie, Mikrofilm oder ein anderes Verfahren), auch nicht für Zwecke der Unterrichtsgestaltung, reproduziert oder unter Verwendung elektronischer Systeme verarbeitet, vervielfältigt oder verbreitet werden.

Für die Inhalte der im Buch genannten Internetlinks, deren Verknüpfungen zu anderen Internetangeboten und für Änderungen der Internetadresse übernehmen der Verlag und die Autorin keine Verantwortung und machen sich diese Inhalte nicht zu eigen.
Ein Anspruch auf Nennung besteht nicht.

Alle Rechte vorbehalten. Nachdruck, auch auszugsweise, nicht gestattet.

© Duden 2017
D C B A
Bibliographisches Institut GmbH, Mecklenburgische Straße 53, 14197 Berlin

Redaktionelle Leitung Juliane von Laffert
Redaktion Dr. Hildegard Hogen
Interviews Christina Bachmann

Herstellung Maike Häßler
Layout Magdalene Krumbeck, Wuppertal
Grafiken Jörg Metze, Berlin
Umschlaggestaltung Vietmeier Design, München
Umschlagabbildungen Frau am Laptop © iStock.com/AndreyPopov, Zeichnung Bücher © Mathias Vietmeier

Satz Britta Dieterle, Berlin
Druck und Bindung GGP Media GmbH
Karl-Marx-Straße 24, 07381 Pößneck
Printed in Germany

ISBN 978-3-411-74712-2
Auch als E-Book erhältlich unter: ISBN 978-3-411-91242-1
www.duden.de

INHALT

Schreiben im Studium

Was ist und was leistet wissenschaftliches Arbeiten? Worauf ist zu achten? Und: Gibt es ein besonderes wissenschaftliches Schreiben? Fragen wie diese stellen sich, wenn Sie zu einem fachbezogenen Thema eine wissenschaftliche Arbeit schreiben wollen. Im ersten Kapitel finden Sie Antworten darauf.

Vielleicht haben Sie bereits eine Haus-, Seminar- oder Facharbeit verfasst und festgestellt, dass Ihnen diese Aufgabe einiges abverlangt hat, womit Sie nicht gerechnet haben? Vielleicht fehlt Ihnen aber auch nur die Erfahrung des Schreibens längerer Texte und Sie möchten eine Vorstellung davon gewinnen, was auf Sie zukommt? Wichtig ist es, die nötigen Vorarbeiten in der richtigen Reihenfolge zu erledigen.

WISSENSCHAFTLICH SCHREIBEN

Schreiben begleitet das wissenschaftliche Studium in allen Fächern.

Schreiben begleitet das wissenschaftliche Studium in allen Fächern, in den Sciences (Natur-, Human- und Ingenieurwissenschaften) wie in den Arts (Geistes-, Kultur- und Sozialwissenschaften). In Ihrem Studium werden Sie fachspezifische Unterschiede in Lernstilen, in Methoden und in Texten bemerken und feststellen, dass das Ihnen aus der Schulzeit gewohnte Auf-einen-Rutsch-Schreiben für wissenschaftliche Arbeiten kaum geeignet ist. Wissenschaftliches Schreiben zielt darauf, wissenschaftliche Erkenntnisse einzuordnen, sie nachzuvollziehen und weiterzudenken. Dies erfordert ein Zusammenspiel von Informations-, Text-, Lese- und Schreibkompetenz. Die schriftliche Arbeit als Übungs- oder Prüfungsform dient nicht dazu, Informationen oder auswendig gelerntes Wissen zu reproduzieren, sondern dazu, Erkenntnisse zu vernetzen und eigenständiges Denken zu lernen. Vorbild für die schriftliche Hausarbeit ist der wissenschaftliche Aufsatz.

Die schriftliche Arbeit dient dazu, Erkenntnisse zu vernetzen und eigenständiges Denken zu lernen.

Wissenschaftliche Texte zeigen bereits in ihrem äußeren Erscheinungsbild, dass ihnen eine gründliche gedankliche und handwerkliche Arbeit zugrunde liegt: Zitate, Tabellen, Abbildungen, Diagramme und Verzeichnisse belegen dies. Vergleicht man wissenschaftliche Aufsätze verschiedener Fächer, wird deutlich, dass es unterschiedliche Traditionen und Konventionen des Textaufbaus sowie der Kennzeichnung und des Umgangs mit Zitaten gibt. Verbindend aber ist: Wissenschaftliche Texte sind Teil der Wissenschaft. Sie verarbeiten wissenschaftliche Erkenntnisse anderer, indem sie diese wiedergeben, zueinander in Beziehung setzen, kommentieren und zur Grundlage eigener Überlegungen machen.

Es geht den Autoren wissenschaftlicher Texte also nicht darum, zu zeigen, dass sie etwas wissen, sondern darum, nachvollziehbar zu machen, wie sie zu diesem Wissen gelangt sind und was sie darüber denken. Wenn Texte publiziert, gelesen und zitiert und so zum Anknüpfungspunkt für neue Erkenntnisse werden können, werden sie Teil der Wissenschaft.

Im Studium üben Sie die für Texte dieser Art notwendigen Strategien des Schreibens mithilfe kleinerer Schreibaufgaben – in der Regel in mehreren Fächern. Sie erfahren, wie verschieden wissenschaftliche Themen in den Fächern auf wissenschaftliche Weise so behandelt werden, dass interessierte Leser mitdenken können. Wenn Sie wissenschaftliche Aufsätze in Fachzeitschriften lesen, können Sie ohne Vorkenntnisse nicht auf Anhieb erkennen, dass wissenschaftliches Schreiben auf Nachvollziehbarkeit und Transparenz zielt. Auch werden Sie nicht beobachten können, dass die Texte erläutern, wie Erkenntnisse entstanden sind.

Im Studium üben Sie Strategien des Schreibens mithilfe kleinerer Schreibaufgaben.

In Ihren ersten Semestern arbeiten Sie mit Lehrbüchern, die Ihnen die nötigen Vorkenntnisse vermitteln wollen. Sie dienen aber nicht als Vorbild für Ihre wissenschaftliche Arbeit. Denn eine wissenschaftliche Arbeit ist grundverschieden vom Lehrbuch, das Fachwissen dokumentieren will. Sie soll zeigen, dass (und wie) die Verfasserin bzw. der Verfasser

- sich Wissen verschafft hat,
- die Forschungslage kennt,
- mit Blick auf ein bestimmtes fachliches Erkenntnisinteresse Texte anderer verarbeitet hat,
- vom Gegenstand und vom Ergebnis der Untersuchung her denkt.

Wissenschaftliches Arbeiten

Wer eine wissenschaftliche Arbeit im Anschluss an eigene Beobachtungen oder Untersuchungen verfasst, kann auf die eigenen Notizen, Mess- oder Beobachtungsprotokolle, Berichte oder ein Laborbuch zurückgreifen. Schreibaufgabe ist es, in der wissenschaftlichen Arbeit die ermittelten Ergebnisse darzustellen und Bezüge zu anderen wissenschaftlichen Arbeiten herzustellen, um die selbst erhobenen Daten in den Kontext der Forschung einzubinden.

Wer eine wissenschaftliche Arbeit im Anschluss an die Lektüre wissenschaftlicher Texte verfassen will, hat die Aufgabe, das Gelesene nachzuvollziehen, mit Blick auf ein bestimmtes Erkenntnisinteresse weiterzudenken und dabei die Grenze zwischen fremden und eigenen Überlegungen nicht zu verwischen. Ein Blick auf eigene Texte, die die gedankliche Arbeit begleiten (Logbuch, Bibliografie, Exzerpte), dürfte Klarheit schaffen: Dort sollten sich in aller Regel eigene Gedanken finden lassen – nicht zuletzt als gedanklicher Bezug zwischen den Erkenntnissen aus verschiedenen Texten. Und daraus entstehen neue Ordnungen.

Sie werden die Erfahrung machen, dass Sie sich jeden Text »erschreiben« müssen.

So oder so – wenn Sie das wissenschaftliche Schreiben ernst nehmen und sich darauf einlassen, werden Sie die Erfahrung machen, dass Sie sich jeden Text »erschreiben« müssen, dass Sie, wenn Sie Zeit und Konzentration investieren, nicht nur nach-, sondern mit-, weiter-, aber auch umdenken und dabei Erkenntnisse produzieren können, dass also Ihr Text tatsächlich Ihr eigener Text ist. Es liegt in der Natur des wissenschaftlichen Schreibens, dass Sie, wenn Sie mehr Zeit investieren würden, weitere Texte einbeziehen könnten, dass Sie hinzulernen und andere Darstellungen bevorzugen oder die gewählten inhaltlich anders absichern würden.

Wissenschaft ist als Gemeinschaftsarbeit auf Interaktion angelegt.

Jeder wissenschaftliche Text versteht sich als ein Beitrag zum Diskurs innerhalb des betreffenden Fachs (bei verschrifteten Referaten lässt sich dies beobachten). Das bedeutet: Wissenschaft ist als Gemeinschaftsarbeit auf Interaktion, auf Austausch und Zusammenarbeit angelegt. Daher ist ein Beitrag auch nicht die Dokumentation des Wissensstands der Person, die ihn verfasst hat, sondern ein Beleg wissenschaftlicher Lese-, Denk- und Forschungsarbeit im Sinne der und für die Gemeinschaft. Wissenschaftliches Wissen ist somit nicht als Ergebnis und Antwort, sondern als Entwicklung und Frage aufzufassen. Wissenschaft kommt nicht ohne Diskurs, ohne Austausch, Zweifel, Kritik und Argumentation aus. Jeder Text ist als Beitrag zum Diskurs eine Momentaufnahme, denn er wird in einem begrenzten Zeitraum erarbeitet und kann daher unmöglich das gesamte verfügbare Wissen bzw. alle lesbaren Texte zu einem Themenbereich berücksichtigen.

Beispiel Maike Hirt studiert für das Lehramt und steht vor der Bachelorarbeit. Im Verlauf ihres Studiums hat sie mehrere Hausarbeiten geschrieben; die Anforderungen waren immer andere – schon bezogen auf den Umfang (22 000 Zeichen, 33 000 Zeichen, zehn Seiten und 3000 bis 3500 Wörter). Auch bezogen auf das Zitieren und das Literaturverzeichnis hat sie unterschiedliche Formen kennengelernt: das Harvard-System und die deutsche Zitierweise. Immer aber wurde ihr gesagt, dass nicht die Form das Wichtige beim wissenschaftlichen Arbeiten sei, sondern die auf ein Erkenntnisinteresse hin formulierte Frage. Eine im vorgegebenen Rahmen bearbeitbare Fragestellung zu formulieren, das versteht sie jetzt als ihre wichtigste Aufgabe. Sie bereitet sich vor, um sich in einem Sprechstundengespräch beraten zu lassen.

Wenn Sie also mit dem Schreiben beginnen wollen, sollten Sie zunächst die Anforderungen der Schreibaufgabe (Textsorte und Umfang des Textes) und die Struktur des Textinhalts klären – also mit konzeptionellen Überlegungen beginnen. Wird ein gewisser Seitenumfang gefordert, sollten Sie klären, ob (und wie) Zusätze wie ein Anhang mitzählen. Je klarer Ihre Vorstellung von der Funktion, vom Aufbau und vom Inhalt des Textes ist, desto leichter wird es Ihnen fallen, ihn zu schreiben.

Beginnen Sie mit konzeptionellen Überlegungen!

Tipp

Machen Sie sich das Ziel Ihres Schreibens klar!
Wissenschaftlich schreiben heißt, eine beobachtende Perspektive einnehmen, Informationen nicht einfach weitergeben, sondern Zusammenhänge berücksichtigen. Für wissenschaftliche Arbeiten, aber auch für Referate und andere Texte, die Sie während Ihres Studiums anfertigen, sollten Sie die notwendigen Schritte planen und sich das Ziel (den zu schreibenden Text) deutlich vor Augen führen.

Bis aus einer ersten Idee ein Text (eine Hausarbeit) geworden ist, sind zahlreiche Arbeitsschritte nötig. Im Folgenden wird der Weg zur wissenschaftlichen Arbeit als Etappenstrecke beschrieben. Diese Darstellung will Sie dazu auffordern, sich Etappenziele zu stecken und Ihre Arbeit Etappe für Etappe voranzubringen.

Sieben Etappen wissenschaftlichen Schreibens

Idealerweise schließt man eine Etappe ab, bevor man die nächste beginnt.

Erst denken, dann schreiben – das sind zwei Etappen, den Text vor der Abgabe lesen und überarbeiten, bilden eine dritte. Weitere Etappen ergeben sich, wenn man weiter differenziert und die Vorüberlegungen sowie die Rahmenbedingungen einbezieht, die Inhalte und thematische Zusammenhänge sowie die Textgliederung und die Textgestaltung. So lassen sich insgesamt sieben Etappen unterscheiden. Idealerweise schließt man eine Etappe ab, bevor man die nächste beginnt. Bei umfangreichen Texten wie Seminar- und Abschlussarbeiten empfiehlt es sich jedoch, rekursiv vorzugehen und die einzelnen Etappen beispielsweise Kapitel für Kapitel zu durchlaufen.

Etappe 1: Thema und Text einordnen – sich orientieren
Bevor Sie mit dem Schreiben beginnen, müssen Sie sich einen Überblick verschaffen, damit Sie entscheiden können, wie Sie Ihr Schreibvorhaben angehen wollen. Sie sollten sich Umfang und Ziel sowie das Thema des zu schreibenden Textes klarmachen: Verschaffen Sie sich lesend einen Überblick: Worum geht es? Was ist das Wesentliche? Aus welcher Perspektive ist es zu bearbeiten? Wie? Ist eine bestimmte Methode anzuwenden? Wie viel Zeit steht zur Verfügung? Welche Vorgaben gelten für den zu verfassenden Text?

Etappe 2: den Text vorbereiten – recherchieren und exzerpieren
Sie wissen nun, was zu Ihrem Thema gehört (und was nicht), haben in der Sprechstunde das Erkenntnisinteresse Ihrer Arbeit und Ihre wissenschaftliche Frage festgelegt und können daher gezielt mit einer intensiven Sammel-, Sortier- und Lesephase beginnen, die Sie schreibend mithilfe von fokussierten Exzerpten begleiten. Je nach Umfang des zu verfassenden Textes gehen Sie hierbei kapitelweise vor.

Etappe 3: das Material ordnen – strukturieren

Da Sie auf dem durch die Vorgaben der Lehrenden, des Fachs bzw. der Prüfungsordnung klar begrenzten Raum nicht alles, was Sie zum Thema herausgefunden haben, weiterverarbeiten können, gilt es nun, ein-, um- und vermutlich auch auszusortieren. Führen Sie sich für Ihre weitere Arbeit die zentralen Begriffe vor Augen: Werden sie in allen hinzuzuziehenden Texten gleich verwendet oder sind unterschiedliche Auffassungen zu berücksichtigen? Planen Sie einen groben Textaufbau, um beim Schreiben den idealen Umfang der Kapitel berücksichtigen zu können.

Etappe 4: den Text planen – argumentieren und gliedern

Nachdem Sie nun die Struktur Ihres Textes vor Augen haben, können Sie den roten Faden bestimmen: Nicht selten gibt es mehrere Möglichkeiten, komplex vernetzte logische Zusammenhänge in einer linearen Folge anzuordnen; spielen Sie sie gedanklich durch. Auch die Art, wie Sie Erkenntnisse darstellen (Einbindung wörtlicher oder sinngemäßer Zitate, von Daten und Abbildungen) sollten Sie sich bewusst machen.

Etappe 5: den Text erarbeiten – schreiben und formulieren

Nun haben Sie sich sowohl den Textinhalt als auch einen Plan für den Textverlauf erarbeitet. Auf dieser Grundlage sollten Sie eine Rohfassung schreiben. Formulieren Sie für jedes Kapitel eine Frage (die sich auf die Frage der gesamten Arbeit bezieht) und beantworten Sie diese (eventuell in mehreren Schritten). Dabei können Sie auf fokussierte Exzerpte zurückgreifen, die Sie in Etappe 2 angefertigt haben, um Leseergebnisse zu sichern.

Etappe 6: den Text überarbeiten – edieren

Jetzt müssen Sie versuchen, Ihren Text mit den Augen eines kritischen Herausgebers oder einer kritischen Herausgeberin (englisch: *editor*) zu betrachten, der bzw. die der Öffentlichkeit gegenüber die Verantwortung für den Text übernimmt und den Text ediert (herausgibt): Prüfen Sie Ihren Text nun in Bezug auf Relevanz und inhaltliche Geschlossenheit. Achten Sie darauf, dass die Abfolge der Inhalte, Überlegungen und Begründungen nachvollziehbar ist. Jetzt ist auch die Gelegenheit, am sprachlichen Ausdruck zu arbeiten, Wortwiederholungen zu beseitigen, Schachtelsätze zu entzerren und nach dem treffenden Wort zu suchen.

Etappe 7: den Text fertigstellen – korrigieren
Abschließend gilt es, die sprachliche und formale Richtigkeit in den Blick zu nehmen: Richten Sie Ihre Aufmerksamkeit auf Rechtschreibung, Zeichensetzung, Grammatik und Umsetzung der formalen Vorgaben und Einheitlichkeit im Layout. Prüfen Sie in einem ersten Korrekturdurchgang Zitate und Belege sowie das Literaturverzeichnis auf Vollständigkeit (in beide Richtungen: Sind alle im Literaturverzeichnis angegebenen Texte zitiert? Sind alle zitierten Texte im Literaturverzeichnis angegeben?), lesen Sie dann mit Blick auf Rechtschreibung und Zeichensetzung und ein drittes Mal mit Blick auf die Formatierung.

MITSCHRIFT, REFERAT UND SCHRIFTLICHE ARBEIT

Was wird mit der Seminar- oder der Abschlussarbeit von mir verlangt? – Um diese Frage zu beantworten, sollten Sie die Schreibaufgabe »wissenschaftliche Arbeit« im Studium mit anderen schriftlichen Studienleistungen bzw. Schreibaufgaben vergleichen, die Sie bereits aus dem Schulalltag kennen und im Hochschulschalltag neu kennenlernen.

Die Mitschrift

In der Schule müssen die Schüler und Schülerinnen nicht selten das Tafelbild abschreiben bzw. abzeichnen. An der Hochschule wird von Ihnen verlangt, dass Sie das Wichtigste sowohl aus dem mündlichen Vortrag als auch aus der schriftlichen oder aus der visualisierten Darstellung mitschreiben – und selbstständig entscheiden (lernen), was das Wichtige ist. Es ist unmöglich, alles Gesagte zu notieren – von den mehr als 120 in einer Minute gesprochenen Wörtern lassen sich etwa 30 aufschreiben. Man muss also auswählen und lernt dadurch, den roten Faden des Gesagten nachzuvollziehen.

Die Mitschrift dient dazu, das Gesagte festzuhalten und das Mitdenken in der Vorlesung und im Seminar zu unterstützen. Sie ist grundsätzlich aber immer auch eine persönliche Annäherung an den Stoff, die vom Kenntnisstand des bzw. der Mitschreibenden geprägt ist: Erste Mitschriften zu einem Themengebiet fallen umfangreicher aus als später folgende. Dennoch sind zwei, drei Stichworte eher Notizen als Mitschriften. Auch wer meint, im Thema zu Hause zu sein, sollte sich bemühen, den Gedankengang des Vortrags nachzuvollziehen und in seiner Struktur zu erfassen.

Außerdem ist es sinnvoll, wichtige Definitionen, Namen und zentrale Fakten festzuhalten. Hinweise des Dozenten und Fragen zum Stoff sollten ergänzt werden – so kann die Mitschrift zum Instrument des Lernens werden: Legt man sie neben ein Lehrbuch, zeigt die vergleichende Lektüre das Gelernte im Verhältnis zu einem möglichen Lernpensum. Sie bildet nicht allgemeines Lehrbuchwissen, sondern den konkreten Seminardiskurs ab. Insoweit soll die Mitschrift das Wesentliche erfassen und den roten Faden abbilden: Sie soll festhalten, was in einer Vorlesung oder einem Seminar in welchen Schritten erarbeitet wurde – eine Mitschrift übernimmt in erster Linie eine Darstellungsfunktion; sie bildet ab.

Die Mitschrift dient dazu, das Gesagte festzuhalten und das Mitdenken zu unterstützen.

Tipp

Mitschreiben und Mitdenken

Effektives Mitschreiben trainiert Schreib- und Textkompetenzen, die für das Schreiben wissenschaftlicher Arbeiten wesentlich sind: so zum Beispiel das bewusste Nachvollziehen eines Gedankengangs. Mitschreiben ist nicht abschreiben, deshalb dürfen Sie auslassen und/oder ergänzen. Damit Ihre Mitschrift ein sinnvolles Arbeitsinstrument wird, sollten Sie Fachbegriffe, Literaturhinweise, Namen und Daten festhalten sowie Ihre Fragen und eigene Gedanken notieren (weiterdenken). So können Sie später (etwa bei der Klausurvorbereitung oder der Planung einer schriftlichen Arbeit) mithilfe Ihrer Mitschrift zielgerichtet nach ergänzenden Informationen recherchieren.

Wer mitschreibt, versucht, v. a. den roten Faden zu erfassen.

Wer mitschreibt, unterstützt sich selbst beim Merken, Lernen, Denken und bildet somit eine Basis für das Verstehen. Wer mitschreibt, verhindert das gedankliche Abschweifen, lässt sich das Gehörte durch den Kopf gehen und trainiert das Mitdenken durch die Konzentration auf das Wesentliche, bildet das Gehörte nicht eins zu eins ab, sondern kürzt und ergänzt bei Bedarf und versucht vor allem, die Struktur des Gesagten, den roten Faden, zu erfassen.

Die Mitschrift verfassen Sie zwar in erster Linie für sich selbst und nicht unbedingt zum Weitergeben, dennoch sollten Sie sie lesbar und übersichtlich gestalten. Nur dann können Sie sie sinnvoll nutzen, wenn Sie später darauf zurückgreifen. Das erreichen Sie am zuverlässigsten, wenn Sie

- pro Seminarsitzung oder Vorlesungseinheit nicht mehr als eine bis zwei Seiten notieren;
- den Mitschriften eine feste Form geben (neue Vorlesung – neue Seite, Kopf mit Datum und Seminartitel, rechts ausreichend Rand für nachträgliche Notizen, festes Repertoire verwendeter Markierungen, Abkürzungen und Hilfszeichen);
- nicht sofort schreiben, sondern zunächst mitdenken und eine Aussage identifizieren und erst dann schreiben, wenn Ihnen Sinn, Thema und Aussage klar sind;
- versuchen, die Struktur des Vortrags vollständig zu erfassen – also auch Teilthemen mitnotieren, die bereits bekannt sind;
- Pausen nutzen, um Stichworte zu ergänzen.

Das Referat

Wenn Sie ein Referat übernehmen, sind Literatur und Arbeitszeitraum in der Regel festgelegt, das heißt, das Themengebiet ist stark eingegrenzt, Sie können sich nicht so leicht verzetteln. Ihre Aufgabe ist es, das Gelesene zu reformulieren, die Informationen aufzubereiten, um die Zuhörerschaft über wesentliche Zusammenhänge in einem Fachgebiet zu informieren. Weniger wichtig ist das wörtliche Zitat und das vergleichende Weiterdenken verschiedener Positionen.

Das Referat ist also in der Regel ein kurzer Vortrag, der die wichtigsten Fakten und Forschungsergebnisse zu einem Thema zusammenfasst. Vorbereitet wird er durch die Bearbeitung von (vorgegebenen) Materialien, deren Umfang in der Regel überschaubar ist. Dabei heißt es zielgerichtet lesen, um diejenigen Informationen zu ermitteln, die zentral sind. Das Referat ist ein Arbeitsinstrument für die Gruppe: Die Zuhörenden erhalten Informationen, die idealerweise durch Beispiele, Grafiken oder Fotos verständlich aufbereitet wurden, sodass sie mitdenken und im Anschluss diskutieren können.

Das Referat ist ein Arbeitsinstrument für die Gruppe.

Der Referatsvortrag

Gute Referate sind weder Erzählungen darüber, wie man sich das Thema erarbeitet hat, noch Berichte über das, was man zum Thema weiß, sondern Argumentationen mit einem bestimmten Ziel: nämlich die Zuhörenden in einer ihrem Vorwissen angemessenen Form in Kenntnis zu setzen, ihnen neues Wissen zu vermitteln und sie zum Mitdenken anzuregen. Referieren trainiert die Fähigkeit, Inhalte auszuwählen und angemessen zu portionieren, das heißt, das zum Thema angeeignete Wissen so aufzubereiten, dass die Zuhörer Schritt für Schritt folgen können. Wenn es sich anbietet, dann dürfen in der Einleitung und/oder im Schluss Bezüge zum bereits Erarbeiteten hergestellt werden; das ist jedoch nicht Pflicht.

Gute Referate vermitteln den Zuhörenden neues Wissen und regen sie zum Mitdenken an.

Nutzen Sie die Vorteile des Schreibens auch für Ihren Referatsvortrag: Indem Sie Ihr Referat schriftlich ausformulieren, sind Sie zu einem hohem Maß an Gründlichkeit und Konzentration gezwungen – Sie werden mit dem Stoff intensiver vertraut, Sie gewinnen dadurch an Sicherheit, und Sie werden beim Schreiben feststellen, ob die Argumentation verständlich und geschlossen ist. Ist sie es nicht, gehen Sie sie erneut durch und ändern Sie sie.

Definieren Sie die zentralen Begriffe und binden Sie, wo sinnvoll, Beispiele und visualisiertes Anschauungsmaterial ein. Um die Argumentationsschritte zu vermitteln, können Sie sie jeweils mit einer Frage einleiten, die sie anschließend mit Ihren Ausführungen beantworten.

Aber: Lesen Sie Ihr schriftlich ausgearbeitetes Referat oder Ihre Präsentation nicht einfach vor. Das ermüdet die Zuhörenden und senkt ihre Aufmerksamkeit. Mündliche Rede und schriftliche Ausarbeitung folgen unterschiedlichen Gesetzmäßigkeiten. Für den mündlichen Vortrag bereiten Sie sich am besten Karten vor mit Stichworten, die Sie wie ein roter Faden leiten.

Erleichtern Sie den Zuhörenden das Mitdenken: Bauen Sie Wiederholungen ein, erwähnen Sie Wichtiges in anderen Worten noch einmal oder verweisen Sie zurück auf etwas, was schon Erwähnung fand. So machen Sie den Zuhörenden Zusammenhänge und Bezüge deutlich.

Checkliste

Referatsvortrag

- Arbeiten Sie Ihr Referat schriftlich aus, um gründlich vorbereitet zu sein, und geben Sie vorab einen Überblick über die Gliederung.
- Definieren Sie die zentralen Begriffe.
- Binden Sie, wo sinnvoll, Beispiele und Anschauungsmaterial ein.
- Vielleicht stellen Sie jedem Argumentationsschritt eine Frage voran, die Sie dann mit Ihren Ausführungen beantworten.
- Lesen Sie Ihren Vortrag nicht ab.
- Arbeiten Sie bewusst mit Wiederholungen.

Das schriftlich ausgearbeitete Referat

Das schriftlich ausgearbeitete Referat ist etwas anderes als ein Manuskript zum Vortrag oder eine ausführliche Abschrift der Präsentation. Wenn Ihre Hausarbeit eine Ausarbeitung zu einem Referat darstellt, wurde Ihnen das Thema vorgegeben. Soll die schriftliche Arbeit vorgelegt werden, bevor Sie das Referat halten, ist die Vorgehensweise eine andere, als wenn Sie sie danach ausarbeiten können.
Im ersten Fall dient der Text (das Manuskript) dazu, den Vortrag gründlich vorzubereiten. Es kann sein, dass Ihnen sowohl das Referatsthema als auch der Text (oder auch mehrere Texte) auf die Sie sich beziehen sollen, genannt oder auch zur Verfügung gestellt werden. Ihre Aufgabe ist es nun, das Thema in den Forschungs- und den Seminarkontext einzuordnen, das vorgegebene Material zu portionieren und die Hauptaussagen sowie zentrale, den Zuhörern vermutlich unbekannte Fachbegriffe zu erläutern. Ihr Text ist Ergebnis eines Denkprozesses.

Das schriftlich ausgearbeitete Referat ist etwas anderes als ein Manuskript zum Vortrag.

Im zweiten Fall haben Sie dieselben Vorbereitungen angestellt und vielleicht – obwohl nicht verlangt – einen ausformulierten Manuskripttext vorbereitet. Sie sind eingearbeitet, haben den Referatsvortrag gehalten und wissen aus der anschließenden Diskussion, was für die Zuhörenden gut verständlich war und was nicht. Idealerweise haben Sie in der Diskussion mitgeschrieben und besitzen dadurch einige Hinweise, ob und wie Sie Ihre Perspektive neu ausrichten sollten. Sie könnten nun gezielt nachrecherchieren, um Argumentationsweisen des wissenschaftlichen Diskurses einzubeziehen.
Am nachträglich verschriftlichten Referat zeigt sich deutlich, dass wissenschaftliches Denken Gemeinschaftsarbeit ist: Den Arbeitsschritten Verstehen und Formulieren (und dabei Erläutern, Veranschaulichen, Belegen) folgt das Diskutieren (und dabei mit Erkenntnissen anderer vernetzen und andere Perspektiven berücksichtigen) und schließlich das Neu-Verstehen und -Formulieren.

Am nachträglich verschriftlichten Referat zeigt sich, dass wissenschaftliches Denken Gemeinschaftsarbeit ist.

Die Hausarbeit

Ziel Ihrer Hausarbeit (Seminararbeit) ist es, aus einer angemessenen Perspektive auf den Gegenstand zu fokussieren und Ihre Erkenntnisse aus der Lektüre von Fachliteratur nachvollziehbar aufzubereiten. Dazu ist ein Themengebiet einzukreisen, auf ein Thema zu reduzieren, die Forschungslage zu sichten und die passendste Literatur auszuwählen. Darüber hinaus sind zu einem Thema unterschiedliche Positionen oder Quellen nicht nur zusammen- und darzustellen, sondern auch nachvollziehbar in den Text einzuarbeiten. Beim Verfassen einer Hausarbeit brauchen Sie nicht nur eine beobachtende, objektivneutrale Haltung gegenüber dem Untersuchungsgegenstand, sondern auch eine abwägende Haltung gegenüber den Positionen anderer, und vor allem eine über allem stehende Frage, die das Erkenntnisinteresse zum Ausdruck bringt.
Mit einer schriftlichen Hausarbeit als Prüfungsleistung sollen Sie zeigen, dass Sie das wissenschaftliche Arbeiten in einem bestimmten Fach beherrschen, das heißt, dass Sie ein Thema den Erfordernissen des Fachs entsprechend inhaltlich, formal und argumentativ angemessen erörtern, also sach- und fachbezogen vertieft darstellen können.

Für eine Hausarbeit bedarf es einer Frage, die das Erkenntnisinteresse zum Ausdruck bringt.

Die Arbeit dient dem Nachweis dreier Kompetenzen:

1. ein Thema zu erarbeiten und einzugrenzen sowie eine Frage zu formulieren,
2. die entsprechende wissenschaftliche Literatur zu recherchieren und auszuwerten,
3. einen Text zu verfassen, der für interessierte Leser/-innen aus dem Fach nachvollziehbar ist.

Eine Hausarbeit sollte einen Gegenstand bzw. Sachverhalt veranschaulichen und den Forschungsstand in den Blick nehmen.

Mit einer Hausarbeit sollen Sie Ihren Lesern und Leserinnen ein anschauliches Bild eines Gegenstands bzw. Sachverhalts einerseits und der wissenschaftlichen Forschung dazu andererseits vermitteln. Lassen Sie ihre Leser/-innen an ihren beim Lesen wissenschaftlicher Arbeiten zum Thema gewonnenen Erkenntnissen teilhaben. Sie sind zwar aller Wahrscheinlichkeit nicht in Ihr Thema eingearbeitet, aber sie sind vom Fach; gängige Fachbegriffe brauchen Sie also nicht zu erklären. Entfalten Sie Ihr Thema und definieren Sie nur diejenigen Begriffe, die in Ihrem Fach unterschiedlich verwendet werden, also umstritten sind. Sie sollten keine eigenen Definitionen entwickeln, sondern auf bekannte Definitionen zurückgreifen, die Sie zitieren, um die Grundlage ihrer Arbeit nachvollziehbar zu machen.
Orientieren Sie sich an Ihrem Erkenntnisinteresse und Ihrer Fragestellung und antworten Sie schrittweise auf alle ihre Aspekte, indem Sie nachvollziehbar für die Leser/-innen auf wissenschaftliche Arbeiten anderer Bezug nehmen. Kein anderer betrachtet das Thema genauso wie Sie mit Ihrem Vorwissen und Ihrem Erkenntnisinteresse. Kein anderer wählt die hinzuzuziehende Literatur genauso wie Sie und bezieht sich auf genau dieselben Stellen. Das genau macht das Wissenschaftliche einer Arbeit aus: dass die eigene Frage, das eigene Erkenntnisinteresse zu Texten und Erkenntnissen anderer in Bezug gesetzt werden. Also ist nicht jeder Satz Ihrer Arbeit ein Zitat.
Die Hausarbeit berücksichtigt die allgemeinen Merkmale des wissenschaftlichen Arbeitens: Sachbezogenheit, Nachvollziehbarkeit und Nachprüfbarkeit. Die auf der Basis einer wissenschaftlichen Frage ausgewählten und auf diese hin kommentierten wissenschaftlichen Erkenntnisse anderer müssen so gekennzeichnet sein, dass sie von den Lesern und Leserinnen nachvollzogen werden können. Auch das ist ein wesentliches Merkmal von Wissenschaftlichkeit, das den Kennzeichnungskonventionen für Belege und Zitate in wissenschaftlichen

Tipp

Der Zeitschriftenaufsatz als Vorbild

Machen Sie sich Folgendes klar: Als Vorbild für die schriftliche Hausarbeit gilt der in einer Fachpublikation veröffentlichte wissenschaftliche Aufsatz. Ihn nimmt eine Leserschaft zur Kenntnis, die wenn auch nicht jedes einzelne Thema, wohl aber das größere Fachgebiet mit Interesse verfolgt. Diese Leserschaft verfügt über Vorwissen – sowohl zu fachlichen Gegenständen als auch zu grundlegenden wissenschaftlichen Positionen und Diskussionen. Also gilt es, diesen Lesern bzw. Leserinnen die relevanten Grundlagen nachprüfbar, nachvollziehbar und verständlich zu vermitteln, sodass sie mit- und weiterdenken können.

Texten ihren Sinn gibt. Auch wenn die Konventionen von Fach zu Fach, manchmal sogar innerhalb eines Fachs variieren, so verbindet sie alle doch ein Anliegen: die Nachvollziehbarkeit der Aussagen zu sichern. Nur vollständige Belege und Literaturangaben gewährleisten, dass Leser/-innen auf die zitierten Texte zugreifen und bei der Gelegenheit erkennen können, ob diese sinnvoll eingebunden wurden.

Beispiel Jan Henze studiert Soziologie. Im ersten Semester hat er eine Übungsarbeit geschrieben, die gut bewertet wurde. Die Hausarbeit im dritten Semester geht er genauso an, muss sie jedoch überarbeiten. »Nicht wissenschaftlich« ist die Begründung. Dabei hat er doch drei Texte zitiert! Die Dozentin erklärt ihm, dass die erste Hausarbeit dazu diente, die Zitiertechniken einzuüben und zu lernen, formal genau zu arbeiten: »Dies ist ab sofort eine Selbstverständlichkeit, nun steht das wissenschaftliche Denken im Vordergrund. Stellen Sie also in Ihrem Text Vernetzungen her, indem Sie mehrere Texte so zitieren, dass Sie Aussagen aufeinander beziehen.« Dies habe er nicht erreicht, wenn er jedem seiner drei Kapitel genau einen Text zugrunde lege, quasi einen Text nach dem anderen referiere.

Deutlich werden die Unterschiede der drei Textsorten Mitschrift, Referat und Hausarbeit im Vergleich: Anders als die Mitschrift wird die Hausarbeit nicht für den Schreibenden selbst, sondern für Leser/-innen verfasst, anders als beim Referat jedoch sind Adressat und Thema der Hausarbeit nicht fest umrissen: Sie wird nicht für eine konkrete Person, deren Kenntnisstand man ermessen kann (der themenstellende Dozent, der die Arbeit betreut, fungiert als Vertreter der Fachöffentlichkeit) zu einem allgemeinen Thema verfasst, sondern sie ist die Antwort auf eine für die Leserschaft nachvollziehbare Frage.

Thema und Adressat einer Hausarbeit sind nicht fest umrissen.

Die schriftliche Hausarbeit ist als wissenschaftliche (Übungs-)Arbeit ein anspruchsvoller Text, der gut vorbereitet werden muss – sie lässt sich nicht an einem Tag erarbeiten. Dass Hausarbeiten zu einem bestimmten Termin abgegeben werden müssen, hat für das Schreiben einen erfreulichen Nebeneffekt: Sie können sie nicht beliebig lange vor sich herschieben.

Weitere Textsorten

Alle Textsorten im Studium können das wissenschaftliche Schreiben trainieren.

Bevor Sie im Studium aufgefordert sind, eine Hausarbeit, eine Bachelor- oder eine Masterarbeit anzufertigen, haben Sie höchstwahrscheinlich andere Textsorten kennengelernt – in Form von kleineren Texten, die Sie als schriftliche Studienleistungen oder als Schreibaufgabe im Seminar verfasst haben. Je nach Fach können dazu Seminar- und Laborprotokolle gehören, Exzerpte und Zusammenfassungen oder Thesenpapiere. Diese Texte haben im wissenschaftlichen Alltag ihre je eigene Funktion – und sie alle können das wissenschaftliche Schreiben trainieren. Gerade deshalb spielen sie im Studium eine besondere Rolle.

Seminar- und Vorlesungsprotokolle

Seminar- und Vorlesungsprotokolle dienen dazu, den Inhalt einer Seminarsitzung bzw. Vorlesungseinheit zu dokumentieren. Sie sollen weder den detailgetreuen chronologischen Verlauf von Seminardiskussionen oder Vorträgen abbilden – was einem Verlaufsprotokoll entspräche – noch Diskussionsbeiträge und -ergebnisse dokumentieren – was Aufgabe eines Ergebnisprotokolls wäre. Seminar- oder Vorlesungsprotokolle sind zumeist eine Mischung aus Verlaufs- und

Tipp

Protokollieren ist Schreibtraining

Nutzen Sie die Gelegenheit, ein Seminarprotokoll zu verfassen dazu, Ihre wissenschaftlichen Kompetenzen zu trainieren! Protokolle verlangen im Kleinen, was viele Textsorten wissenschaftlichen Schreibens im Großen verlangen: das konzentrierte Aufnehmen komplexer Inhalte, das bewusste Mitschreiben, also das Verschriftlichen von Mündlichem, das Festlegen dessen, was wichtig und was unwichtig ist, und vor allem das Formulieren nachvollziehbarer Gedankengänge.

Ergebnisprotokoll. Sie sollen die Kernaussagen des Seminarverlaufs bzw. Vorlesungsvortrags und die zugehörigen Positionen mit ihren Begründungen und Gegenargumenten festhalten und systematisieren.

Seminarprotokolle haben das Ziel, die behandelten Themen in eine logische Ordnung zu bringen, die Kernaussagen mündlicher Beiträge zu erfassen und zu strukturieren, kurz: mit Blick auf das Seminarthema die Ergebnisse einer Sitzung losgelöst vom Verlauf nachvollziehbar zu machen und zu verschriftlichen. Grundlage von Protokollen sind Mitschriften. Sie werden für ein Protokoll nicht abgeschrieben, sondern reformuliert. Das heißt, die für das Seminar wesentlichen Aussagen werden herausgearbeitet, sodass ein klares Bild von Thema und Erkenntnisinteresse des Seminars entsteht.

Seminarprotokolle sollen die Ergebnisse einer Sitzung losgelöst vom Verlauf nachvollziehbar machen.

Wer als Dozent die Anfertigung von Seminarprotokollen anregt, erhofft sich zweierlei: zum einen, dass nicht alle Seminarteilnehmer mit dem Schreiben beschäftigt sind, sodass die Mehrheit den Inhalten folgen kann, zum anderen, dass eine Person bewusst und konzentriert mitschreibt, das heißt, nicht irgendetwas mitkritzelt, sondern versucht, Strukturen zu entdecken. So verstandene Seminar- oder Vorlesungsprotokolle sind keine unsinnige Quälerei, sondern dienen der Entwicklung von Routinen, die schon im Studium, aber auch im späteren Berufsleben nützlich sind.

Seminarprotokolle beruhen auf Mitschriften aus der Seminarsitzung, aber die persönliche Mitschrift, die auf den individuellen Wissensstand abgestimmt ist und das individuelle Erkenntnisinteresse widerspiegelt, reicht nicht. Daher muss im Vorhinein bestimmt werden, wer protokolliert.

Versuchen Sie nicht, alles wörtlich mitzuschreiben – der Sinn des Seminarprotokolls liegt in der Ordnung der Gedanken. Zitieren Sie nur die wichtigsten Definitionen, Formulierungen und Begriffe. Als Protokollant oder Protokollantin dürfen Sie die Sitzung unterbrechen, um zu fragen, falls Ihnen Informationen fehlen. Helfen können Ihnen Zwischenüberschriften, Marginalien, Pfeile, Klammern, Hilfszeichen, farbige Markierungen usw. Entwickeln Sie Ihre persönliche Methode des Mitschreibens!

Schreiben Sie nicht alles wörtlich mit – der Sinn des Seminarprotokolls ist die Ordnung der Gedanken.

Seminarprotokolle sollen das Seminargeschehen reproduzieren, das heißt, sie dürfen keine eigene Wirklichkeit schaffen, keine neuen Informationen oder Inhalte produzieren. Sie dienen als Arbeitsgrundlage für das Seminar, zur Erinnerung und/oder zur Prüfungsvorbereitung und halten offene Fragen oder Hinweise auf die nächste Sitzung fest. Hilfreich ist es, den Protokollen zu einem Seminar eine feste Form zu geben, zum Beispiel mit Angaben zu Ort, Zeit, Beteiligten und Gesprächsanlass sowie Literatur bzw. Quellen. Diese Angaben sollten sich auf jedem Protokoll zu einer Veranstaltungsreihe wiederfinden.

Aufgabe von Protokollierenden ist es,

- beim Mitschreiben gesprochene Sprache, also vermutlich auch umgangssprachliche Formulierungen in Schriftsprache zu überführen,
- das Gesagte zu pointieren und zu bündeln, dabei vom Gesagten auf das Gemeinte zu schließen und
- Bezüge zum Gelernten zu zeigen und mit angesprochene Kontexte zu notieren.

Beim Protokollieren wird die Sprachkompetenz geschult. Die Verschriftlichung des Protokolls in ganzen Sätzen übt Sie darin, mündliche Sprache in Schriftsprache zu überführen und so einen auch für Außenstehende nachvollziehbaren Text zu produzieren. Indem Sie das in Ihrer Mitschrift Notierte strukturieren und so den Seminarverlauf verständlich machen (ohne ihn zu verfälschen), trainiert das Seminarprotokoll das Schreiben eines Textes, der sachorientiert (also nicht bezogen auf Verfasser/-in und Beteiligte) und präzise (also ohne Wertung, Übertreibung oder Mutmaßung) über die Inhalte der Seminarsitzung informiert.

Das pointierende Exzerpt

Einen Text zu exzerpieren heißt seiner ursprünglichen, aus dem Lateinischen stammenden Bedeutung nach (wörtlich »herauspflücken«), einen Auszug aus einem Text herzustellen. Stehen Sie vor der Aufgabe, ein Exzerpt anzufertigen, so ist in der wissenschaftlichen Praxis in aller Regel gemeint, dass Sie anhand der zentralen Aussagen Erkenntnisinteresse, Gang der Argumentation und das Fazit des vorliegenden Textes kurz und knapp nachvollziehen und dabei eng am Ausgangstext entlang arbeiten. Diese Vorgehensweise wird auch als »Konspektieren« bezeichnet. Ein solches an der Aussageabsicht des gelesenen Textes orientiertes – pointierendes – Exzerpt (alternativ auch »Konspekt« genannt) trainiert das aufmerksame Lesen und das Mitdenken. In der Schule haben Sie bereits die Textanalyse als Form des Schreibens zu nicht fiktionalen Texten kennengelernt – das pointierende Exzerpt ist mit dieser Schreibform ebenso verwandt wie mit dem Protokollieren.

Ein pointierendes Exzerpt ist ein Auszug aus einem Text.

Eine Analyse geht vom Ganzen auf das Einzelne, ist also überwiegend am Detail interessiert. Das dem pointierenden Exzerpt zugrunde liegende Analysieren (aus dem Griechischen, wörtlich »das Auflösen«) geht sowohl über die reine Wiedergabe als auch über die bloße Zusammenfassung hinaus: Der Argumentationsgang wird in seine einzelnen Schritte zergliedert, die textnah, also mit Zitaten zentraler Aussagen, dokumentiert werden. Insbesondere ist es Ziel, die Hauptaussagen des Textes im Rahmen eines Gesamtzusammenhangs hinsichtlich ihrer Stichhaltigkeit zu untersuchen, sodass diese in ihrem Zusammenspiel für das Ganze beschrieben werden können.

Es untersucht die Hauptaussagen eines Textes hinsichtlich ihrer Stichhaltigkeit.

Nutzen Sie beim Schreiben eines solchen pointierenden Exzerpts nicht ausschließlich die im Text selbst enthaltenen Informationen, sondern informieren Sie sich in Nachschlagewerken und einführender Literatur über den Text und den Autor bzw. die Autorin. Berücksichtigen Sie die Entstehungszeit und versuchen Sie, einen Entstehungsanlass zu ermitteln. Versuchen Sie, den Text einzuordnen (Textsorte, Autor/-in und Forschungsinteresse, Bezug zur Fachdisziplin, Zugehörigkeit zu einer wissenschaftlichen Schule).

Klären Sie nun aus dem Text heraus die Aussageabsicht und die Grundgedanken:

- Welches Ziel verfolgt der Verfasser bzw. die Verfasserin?
- Welche Fragestellung oder Hypothese formuliert er bzw. sie?
- Sind die Antworten oder Thesen explizit formuliert oder werden sie lediglich zwischen den Zeilen deutlich?

Wählen Sie Textstellen aus, die die Aussageabsicht auf den Punkt bringen.

Wählen Sie im Anschluss solche Textstellen aus, die die Aussageabsicht der Verfasserin bzw. des Verfassers auf den Punkt bringen (pointieren). Wenden Sie dabei die im Fach üblichen Zitierregeln an. Wenn Sie das Exzerpt als Schreibaufgabe zu einem Seminar verfassen sollen, kann es gewünscht sein, dass Sie einzelne zitierte Stellen kurz auf der Basis des im Seminar Gelernten und Erarbeiteten kommentieren: Was ist sachlich von der Aussage zu halten? Fügen Sie kleine Überleitungen und bei Bedarf auch Zwischenüberschriften ein, sodass ein für Außenstehende nachvollziehbarer Text entsteht.

Tipp

Exzerpieren ist Lesetraining

Nutzen Sie das Exzerpieren, um Ihre Lesefähigkeiten zu trainieren! Denn das Lesen, das dem Exzerpieren vorausgeht, verlangt von Ihnen mehr als die bloße Informationsaufnahme: den für wissenschaftliches Arbeiten charakteristischen distanzierten Blick auf Gegenstände und Diskurse sowie Recherchestrategien innerhalb von Texten. Und es zwingt Sie dazu, die Hauptaussagen sowie die Argumentationsgänge eines Textes herauszuarbeiten und schriftlich auf den Punkt zu bringen. Sie werden sehen: So mancher Text wird durch Exzerpieren wesentlich klarer.

Wer einen Text auf dessen Argumentationsgang und seine Hauptaussagen hin (also: pointierend) exzerpieren will, kann sich mithilfe einer Mindmap zunächst einen Überblick über den Textinhalt, die Textstruktur und den Argumentationsgang verschaffen. Das Exzerpt sollte in einer Hinführung den behandelten Themenbereich und das Erkenntnisinteresse der Autorin bzw. des Autors nennen. Im Anschluss werden die für die Argumentation zentralen Textstellen zitiert und dabei die den Regeln entsprechenden Zitationssysteme angewandt. Die vollständigen, den Vorgaben des Fachs entsprechenden bibliografischen Angaben werden dem Exzerpt voran- oder nachgestellt. Sinnvoll ist es, jeder zitierten Stelle eine kommentierende Erläuterung beizufügen und dabei auf Gelerntes zurückzugreifen; so trainiert bereits das textnahe Arbeiten das kritische Denken. Mit einem pointierenden Exzerpt wird der Argumentationsgang eines Textes Schritt für Schritt nachvollzogen, sodass deutlich wird,

- welches Ziel der gelesene Text verfolgt,
- welcher Konzepte und Methoden er sich bedient,
- welche wichtigen Ergebnisse er erzielen konnte und
- welche Schlussfolgerungen sich ergeben.

Beachten Sie beim Zitieren die Regeln des vorgegebenen Zitationssystems.

Das pointierende Exzerpt pflückt somit die Hauptaussagen eines Textes heraus und spiegelt dabei die Chronologie des Argumentationsverlaufs wider, bündelt aber auch – wie das Seminarprotokoll – zusammengehörende Aussagen, um Wesentliches von Unwesentlichem zu trennen.

Die Zusammenfassung

Eine Zusammenfassung soll einen knappen Überblick über einen Text bieten, also über das Thema, die zugrunde liegende Frage, das Erkenntnisinteresse, die Methoden und vor allem die Ergebnisse und Schlussfolgerungen informieren. Dabei darf und soll sie wie die Inhaltsangabe, die Sie in der Schule kennengelernt haben, verkürzen (dabei nicht verfälschen!). Sie muss aber auch leisten, was alle wissenschaftlichen Texte leisten müssen: die Inhalte nachvollziehbar darstellen und dabei auf die entsprechenden Textstellen verweisen.

Die Zusammenfassung darf verkürzen, aber nicht verfälschen!

Eine Zusammenfassung ist etwas anderes als eine Paraphrase. Es geht darum, das Ziel des Textes zu ermitteln und im Hinblick darauf die Argumentationsschritte herauszuarbeiten. Hierbei gilt es, wesentliche Inhalte – etwa Thesen oder Ergebnisse – von unwesentlichen – etwa Beispielen, Erläuterungen und Details – zu unterscheiden. So fördert die Zusammenfassung das vertiefte Verstehen des Textes. Damit ist sie zugleich ein Dokument des Mitdenkens.

Tipp

Fünf Sätze können reichen!

Auch wenn vielen Texten Zusammenfassungen (»Abstracts«) vorangestellt sind – schreiben Sie zu Texten, die für Ihre Arbeit wichtig sind, eigene Zusammenfassungen. So prüfen Sie, ob Sie die Aussageabsicht eines Textes und die Stichhaltigkeit seiner Argumentation wirklich verstanden haben. Streben Sie an, mit nur fünf Sätzen auszukommen. Das zwingt Sie dazu, das Wesentliche zu identifizieren und auf den Punkt zu kommen.

Als kurze »Abstracts« werden Zusammenfassungen längeren wissenschaftlichen Texten begleitend zur Seite gestellt, um potenziellen Lesern und Leserinnen einen Eindruck davon zu vermitteln, was sie erwartet.

Die Zusammenfassung muss ohne wörtliche Zitate auskommen.

Möglicherweise sollen Sie zu Ihrer eigenen Bachelor- oder Masterarbeit eine Zusammenfassung anfertigen. Wenn Sie darin geübt sind, Zusammenfassungen zu Texten anderer zu verfassen und das dort Ausgesagte auf den Punkt zu bringen, dürfte dies für Sie keine Hürde darstellen. Auch wenn die Zusammenfassung einige Überschneidungspunkte mit dem pointierenden Exzerpt hat – vor allem die Reduzierung auf das Wesentliche –, so unterscheidet sie sich methodisch doch in einigen Punkten wesentlich. Das Exzerpt ist nah am Original, wörtliche Zitate sind daher durchaus angebracht. Nicht so bei der Zusammenfassung: Hier gilt es, ohne wörtliche Zitate auszukommen.

Um einen Text zusammenzufassen, sollten Sie ihn zweimal lesen. Erst beim zweiten Lesen bearbeiten Sie ihn, denken also aktiv mit. Das heißt:

- Markieren Sie die wesentlichen Aussagen, z. B. mit kleinen Symbolen am Rand oder durch Unterstreichen.
- Notieren Sie am Rand außerdem, was Sie nicht verstanden haben oder wozu Sie Fragen haben (dies sollten Sie später mithilfe einer Recherche zu klären versuchen).

- Markieren Sie die Schritte des Gedankengangs (nicht immer ist er durch Kapitel oder Abschnitte und Absätze angezeigt). Wenn es Ihnen hilft, erstellen Sie eine Mindmap, die Ihnen die Textstruktur vor Augen führt.
- Bringen Sie in einem weiteren Durchgang jeden Absatz in einem eigenen vollständigen Satz auf den Punkt (Was ist das Thema? Was wird über das Thema ausgesagt?).
- Ergänzen Sie Hinweise zur Funktion von Absätzen (Hinführung, These, Begründung, Beispiel usw.). Hierfür können Sie auch Symbole und Abkürzungen nutzen.

Das Thesenpapier

Ein Thesenpapier ist etwas anderes als eine Zusammenfassung oder ein pointierendes Exzerpt. Ein Thesenpapier versteht sich als Grundlage für eine Diskussion, es dient also nicht dazu, anderen die Lektüre eines Textes abzunehmen. Wenn Sie ein Thesenpapier verfasst haben, werden Sie wahrscheinlich dazu aufgefordert werden, es mündlich zu erläutern, um ein Gespräch in der Gruppe anzustoßen. Indem Sie die Thesen eines Textes als begründete Behauptungen formulieren, zeigen Sie, wie Sie die Aussagen des Autors bzw. der Autorin auffassen und in den Kontext des Fachdiskurses einordnen. Dazu müssen Sie die im Text vertretenen Standpunkte, seine Argumentationsschritte und die Beziehung zum Seminarthema herausgearbeitet haben.

Das Thesenpapier dient als Grundlage für eine Diskussion.

Das Thesenpapier darf durchaus zuspitzen, sich aber nicht auf Stichworte beschränken. Formulieren Sie also prägnante Aussagesätze, die prinzipiell in Gegenthesen umformulierbar sein sollten. Setzen Sie die Argumente aus dem Text zueinander in Beziehung und in Beziehung zu den Thesen. Sich anschließende Erläuterungen und Belege – die Sie durch Beispiele und Zitate ergänzen können – verbinden Sie mit Erkenntnissen aus den vorherigen Seminarsitzungen, um sie in den Diskussionszusammenhang einzubetten.

Außer zur Vorbereitung von Gruppendiskussionen werden Thesenpapiere auch als Begleitung zu Referaten eingesetzt. In diesem Zusammenhang erfüllen sie allerdings eine andere Funktion: Sie sollen das Verständnis für das im Referat Vorgetragene unterstützen und dessen wesentliche Aussagen präsentieren. Dann wäre jedoch die Bezeichnung »Handout zum Referat« passender. Auch ist es möglich, dass ein Thesenpapier dazu dient, mündliche Prüfungen vorzubereiten und vorzustrukturieren. In diesem Fall kann es sich auch auf mehrere Texte beziehen. Wer sich auf diese Weise vorbereiten soll, kann das Thesenpapier nutzen, um sich selbst zu prüfen: Habe ich die gelesenen Texte vertieft verstanden? Hier können Sie durch das Formulieren von Thesen zeigen, dass Sie sich einen Überblick über einen Bereich der Forschung verschafft und die in der Diskussion strittigen Aspekte identifiziert haben.

Die Rezension

Rezensionen sind kritische Buchbesprechungen, in denen es auch darum geht, den rezensierten Text zu bewerten.

Rezensionen sind kritische Buchbesprechungen, sie folgen einem Gliederungsprinzip, das die Trennung von Beschreibung, Inhaltswiedergabe und Wertung oder Kommentar unterstützen soll. Das Schreiben von Rezensionen schult das genaue Lesen und das kritische Textverstehen, das Zusammenfassen und Wiedergeben von Inhalten sowie das Formulieren und Begründen eigener Standpunkte, die in eine der eigenen Aussageabsicht entsprechende argumentative Folge gebracht werden müssen.

Wer einen Text rezensiert, führt die bibliografischen Informationen an, gibt den Inhalt des rezensierten Textes in groben Zügen wieder, ordnet den Text in den wissenschaftlichen Kontext ein, beschreibt seine Fragestellung, kommentiert ausgewählte, charakteristische Beispiele, ergänzt kritische Anmerkungen um Bezüge zu anderen Texten, damit die Leser/-innen sich eine eigene sachliche Meinung bilden können.

In einer Rezension geht es also nicht nur um die Beschreibung von Aufbau und Logik des rezensierten Textes, um Auswahl und Anordnung von Argumenten, Beispielen, Personen, Episoden usw., sondern auch darum, seine Funktion zu beurteilen und zu bewerten.

Wenn Sie eine Rezension verfassen, geben Sie zunächst einen inhaltlichen Überblick in Form einer kurzen Zusammenfassung. Textstellen, auf die Sie in der Bewertung näher eingehen möchten, können Sie bereits hier etwas ausführlicher darstellen. Ergänzen Sie Hinweise zu Autor/-in, Entstehungsbedingungen und Textsorte. Nun ordnen Sie die Arbeit in den Forschungskontext ein. Beantworten Sie hier Fragen wie: Was ist das Besondere dieser Arbeit? Von welchem Erkenntnisinteresse ist sie geleitet? Welche Diskussion greift sie auf? Auf welcher theoretischen Grundlage argumentiert sie? Welche Methoden werden angewandt? Im Anschluss beurteilen Sie den Text, indem Sie auf den

Tipp

Mit dem Schlusssatz beginnen

Beginnen Sie Ihre Rezension mit dem Schlusssatz. Schreiben Sie dann Ihren gesamten Text auf diese abschließende Einschätzung hin: Wie kamen Sie zu diesem Urteil? – Die Rezension als Textsorte erlaubt den eigenen Blickwinkel und das kritische Urteil, sie verlangt zugleich aber auch die Nachvollziehbarkeit der eigenen Positionen und Bewertungen sowie die von anderen – sowohl am rezensierten Text selbst als auch durch Bezüge zur wissenschaftlichen Diskussion. Nutzen Sie beim Schreiben das bei der Analyse des rezensierten Textes angewandte Wissen: Ihre wertende Einschätzung muss klare Bezüge haben (Informationen über den Autor bzw. die Autorin, die Entstehungsbedingungen, den Zweck und/oder die Wirkung des Textes) und so für Leser/-innen nachvollziehbar werden.

Untersuchungsgegenstand eingehen und die Art, wie er im Text behandelt wird. Wenn es offene Fragen, Widersprüche oder Gegenpositionen in der Forschung gibt, sollten Sie diese ansprechen. Schreiben Sie also nicht einfach »gut«, sondern zeigen Sie deutlich und begründen Sie sachlich, wie Sie als Verfasser/-in der Rezension über den rezensierten Text denken.

Die annotierte Bibliografie

Für eine Haus-, Bachelor- oder Masterarbeit sind mehr als zwei oder drei Texte zu lesen. In einer annotierten Bibliografie halten Sie fest, welche Werke Sie nach und nach heranziehen werden. Ziel ist es, die mit Blick auf ein bestimmtes Erkenntnisinteresse zusammengestellte Literatur zu dokumentieren und die der Auswahl zugrunde liegenden Überlegungen übersichtlich darzustellen. Eine annotierte Bibliografie geht über die Zusammenstellung von Literatur zu einem Thema hinaus: Sie kann die Textsorte benennen (z. B. Nachschlagewerk, Dissertation, Studie, Aufsatz), knapp die wesentlichen Inhalte erläutern und ihre Bedeutung für die eigene wissenschaftliche Frage bewerten.

Annotationen (lateinisch *annotatio* = »Anmerkung«) können sein:

- eine Zusammenfassung des Inhalts,
- Hauptaussagen, Thesen, Gegenthesen,
- Schlagwörter,
- die thematische Einordnung,
- Berührungspunkte mit der eigenen wissenschaftlichen Frage,
- eine (mehr oder wenige persönliche) Bewertung,
- Informationen zum Autor bzw. zur Autorin, zur Zielgruppe und (als persönliche Einschätzung bezogen auf die Lesetätigkeit) zur Verständlichkeit.

Die annotierte Bibliografie hilft, von der Quantität zur Qualität zu kommen, denn sie zwingt zur Auswahl.

Wichtig: Es geht nicht darum, die Informationen des Klappentextes oder das Abstract zu übernehmen. Die annotierte Bibliografie ist *Ihr* Text, sie sollte Ihre eigenen Einschätzungen und Überlegungen festhalten, um Sie beim Mit- und Weiterdenken des Gelesenen zu unterstützen. Ihre annotierte Bibliografie hilft auch, von der Quantität zur Qualität zu kommen, denn sie zwingt Sie zur Auswahl: Das Annotieren ist aufwendig, und es lohnt sich nur für Literatur, die wirklich in die engere Auswahl zu ziehen ist. So bewahrt es Sie zunächst vor kopflosem Kopieren oder Scannen und Downloaden und schließlich vor überfordernder Masse.

Umgekehrt gilt: Wenn es Ihnen partout nicht gelingt, eine Annotation zu einem Text zu erstellen, haben Sie ihn vielleicht nicht verstanden. Dann müssen Sie ihn erneut lesen. Das muss aber nicht sofort sein. Lesen Sie erst andere wichtige Texte, um Abstand zu gewinnen. Viel-

Tipp

Nutzen Sie die Form, die zu Ihnen passt!

Wenn Sie die annotierte Bibliografie nur als Instrument für Ihre eigene Arbeit brauchen, dann müssen Sie sie nicht zwingend in einer Textverarbeitung anlegen oder in einem Literaturverwaltungsprogramm; annotieren kann auch heißen, PDF-Dokumente mit digitalen Anmerkungen zu versehen oder auf Fotokopien handschriftliche Vermerke und/oder Post-Its anzubringen. Probieren Sie aus, und nutzen Sie nur, was sie als nützlich empfinden!

leicht wächst dadurch auch Ihr Vorwissen und mit ihm die Fähigkeit, einen zunächst schwer zu verstehenden Text doch zu durchdringen.

Das Laborbuch

Das Laborbuch, ein Notizbuch mit hartem Einband, begleitet die Arbeit im Labor. Da das Laborbuch ein authentisches Dokument der experimentellen Forschung ist, wird es dokumentenecht, das heißt handschriftlich und mit Kugelschreiber, geführt (wobei mehr und mehr elektronische Dokumentationssysteme in wissenschaftliche Labore Einzug halten, sodass hybride, teils auf Papier und teils am Computer geführte Dokumente entstehen). Im Laborbuch werden Experimente, die zu einer Laborarbeit gehören, und Beobachtungen aus dieser Zeit in Versuchsprotokollen festgehalten. Da diese die Schritte und die Ergebnisse eines Experiments dokumentieren sollen, werden sie als ausführliche Verlaufsprotokolle angelegt. Sie sind verbindliche Unterlagen. Beobachtungen, Handlungen, Messwerte – auch solche, die nicht zum geplanten Verlauf des Experiments gehören – werden sofort und unmittelbar aufgezeichnet. Dokumentationen von mit dem Computer durchgeführten Berechnungen werden eingeklebt und signiert. Das Laborbuch fungiert als Logbuch des Forschungsprozesses, es ist Eigentum der Arbeitsgruppe, das von allen Beteiligten geführt wird.

Im Laborbuch werden Experimente und Beobachtungen festgehalten.

Die Seiten des Laborbuchs werden durchnummeriert, ebenso die Handlungen und Beobachtungen aus dem Experiment. Zusätzlich kann dem einzelnen Experiment noch ein Name oder Namenskürzel beigefügt werden, sodass klar ist, wer es durchgeführt hat.

Das Laborbuch fungiert als Logbuch des Forschungsprozesses.

Neue Experimente beginnen mit einer Überschrift und einer kurzen Einleitung auf einer neuen Seite. Leere und halb leere Seiten werden durchgestrichen, um nachträgliche Einträge (und damit Verfälschungen) zu verhindern. Deutlich wird zwischen Annahmen und tatsächlichem Versuchsverlauf unterschieden: Erstere stehen in der Einführung, Letzterer wird im Versuchsprotokoll detailliert festgehalten.

Das Laborbuch wird geführt, um

- regelmäßig das Wesentliche festzuhalten – nach einem gleichbleibenden Schema, das allen bekannt ist,
- in klar formulierten Einträgen zu beschreiben, wer was mit welchem Ziel in welchen Arbeitsschritten untersucht hat,
- verwendete Literatur anzugeben.

Ein Laborbuch kann auch die nicht experimentelle Forschungsarbeit unterstützen.

Damit Ihnen das Laborbuch eine Hilfe bei der späteren Interpretation der Daten sein kann, sind nicht nur die forschungsleitenden Hypothesen und das Ergebnis von Interesse, sondern auch der Weg dorthin: Halten Sie also sowohl die genauen Versuchsbedingungen als auch Details aus der Beobachtung fest, auch wenn Ihnen ihre Bedeutung noch nicht klar ist. Auch Abweichungen von der Versuchsplanung sowie die verwendeten Geräte und ihre Justierung sind wichtig. Protokollieren Sie den Versuchsverlauf inklusive etwaiger Umwege sorgfältig, fügen Sie – deutlich gekennzeichnet – spontane Deutungen und Überlegungen sowie Anregungen aus der Literatur bei. Dabei ist präzises Formulieren erforderlich: Nicht Stichworte, sondern nur ausformulierte beschreibende Sätze, ergänzt durch ebenfalls ausformulierte, aber klar als solche gekennzeichnete Vermutungen, machen es möglich, den Verlauf eines Experiments und Entscheidungen nachzuvollziehen.
Ein Laborbuch kann auch die nicht experimentelle Forschungsarbeit unterstützen. Regelmäßige Einträge in ein – aus eigener Initiative geführtes – Logbuch oder Journal, in dem Sie Ihr Schreiben schreibend begleiten, können auch Lese- und Denkarbeit dokumentieren (↗ Seite 66 ff.).

Der Versuchsbericht

Anders als das Laborbuch richtet sich der Versuchsbericht an Dritte.

Versuchsberichte fassen die im Laborbuch stichwortartig festgehaltenen Informationen über Ziel, Durchführung und Bedingungen eines Experiments sowie Beobachtungen, Bemerkungen und Überlegungen zur Durchführung eines Versuchs zusammen. Sie ziehen Schlussfolgerungen aus der Versuchsbeschreibung und der Diskussion der Ergebnisse. Versuchsberichte haben eine festgelegte Struktur. Wichtig ist die klare Trennung von Durchführung, Beobachtung und Auswertung. Anders als das Laborbuch richtet sich der Versuchsbericht an Dritte. Sie sollten daher Personen, denen die forschungsleitenden Hypothesen und der Versuchsverlauf unbekannt sind, ohne weitere Materialien verständlich sein. Deshalb muss der Versuchsbericht einerseits Zusammenhänge erläutern, andererseits manche (Detail-)Beobachtungen ausklammern, ohne zu verfälschen. Entscheidend ist, dass die Ergebnisse nachvollziehbar dargestellt werden.

Ein Versuchsbericht ist folgendermaßen aufgebaut: Vorab (bisweilen auch im Anschluss) werden die zentralen Inhalte resümiert. Der eigentliche Text beginnt mit einer Einleitung, die den Gegenstand bzw. das Thema, den gewählten Ansatz, das Ziel und einen Überblick über den Forschungskontext darstellt. Der Teil »Material und Methoden« enthält die experimentellen Vorarbeiten, den Versuchsaufbau – Materialien, Apparate, Messbedingungen, Versuchstiere, Vorbereitungen, Bedingungen, Proben – und den Versuchsverlauf. Der Teil »Ergebnisse« erläutert und veranschaulicht Zahlen und Fakten mithilfe von Tabellen und Diagrammen. Die »Diskussion« erläutert die Bedeutung der Ergebnisse, eventuell stellt sie Bezüge zu anderen Untersuchungen her. Ein dem Versuchsbericht beigefügter »Ausblick« beurteilt und bewertet die Ergebnisse, kommt zu einer Schlussfolgerung und eröffnet Perspektiven auf mögliche weitere Arbeiten. Das Literaturverzeichnis listet die zitierte Literatur auf.
Dieser für empirische Arbeiten charakteristische Textaufbau wird auch als IMRaD-Schema bezeichnet. Die Abkürzung stammt aus dem Englischen und steht für ***I**ntroduction* (Einleitung), ***M**ethods* (Methoden), ***R**esults* (Ergebnisse) ***a**nd* (und) ***D**iscussion* (Diskussion). Eine solche textsortenspezifische Gliederung normiert die Texte, um sie schneller lesbar und vergleichbar zu machen.

Versuchsberichte folgen i. d. R. in ihrem Aufbau einem Schema, wodurch sie schneller zu lesen und vergleichbar sind.

Der Forschungsbericht

Der Forschungsbericht referiert im Sinne eines Literaturberichts den Stand der Forschung zu einer wissenschaftlichen Frage, indem er die einschlägige Literatur auswertet. Wer einen Forschungsbericht schreiben soll oder will, braucht zunächst einen genauen Überblick über das Thema und darüber, welche Literatur einzubeziehen ist; ideale Vorarbeit ist die annotierte Bibliografie. Ziel eines Forschungsberichts ist es, zu klären, welches Wissen als gesichert gelten darf, wo es unterschiedliche Meinungen gibt und ob und wie diese aufeinander Bezug nehmen. So bildet er die Grundlage für die anschließende Definition von Forschungslücken und die Formulierung von Forschungsfragen. Einen Forschungsbericht zu schreiben heißt zunächst, einen Beobachtungsgegenstand und einen Beobachterstandpunkt zu wählen, um mehrere Texte in den Blick nehmen und Forschungsansätze in eine logische Abfolge bringen zu können; Gemeinsamkeiten und Unterschiede sind wichtige Anknüpfungspunkte. Dann gilt es, die Blickrichtungen der verschiedenen Autoren und Autorinnen, ihre Positionen und die unterschiedlichen Schwerpunktsetzungen zu benennen und voneinander abzugrenzen. Das bedeutet, dass Sie am Beispiel des Beobachtungsgegenstands die Besonderheiten der Forschungsarbeiten in ihrer Verschiedenheit beschreiben, um die Herangehensweisen und die Ergebnisse der Arbeiten auf den Punkt zu bringen.

Portfolios

Wer ein Portfolio erstellt, lernt, sich selbst zu beobachten und seine Leistungen einzuschätzen.

Ganz allgemein sind Portfolios Sammlungen von Dokumenten, wobei die Art der Dokumente, die zu sammeln sind, ebenso wie die Art, wie sie gesammelt werden, sehr verschieden sein kann: Zum einen können im Zusammenhang mit einer Bewerbung Bescheinigungen, Gutachten, Zeugnisse und Arbeitsproben ein Portfolio bilden, sodass das Portfolio gegenüber einer Institution nachweist und veranschaulicht, was man im Laufe seiner Ausbildung geleistet und gelernt hat. Zum anderen können Portfolios zum Beispiel die Arbeits- und Lernfortschritte eines Lernprozesses dokumentieren. Der Lernende selbst wählt aus, welche seiner Arbeiten er aufnimmt. Begleitend erläutert er seine Überlegungen zur Auswahl, beurteilt seine Arbeiten und seinen Lernfortschritt insgesamt.

Eine weitere Form des Portfolios entsteht, wenn Dokumente unterschiedlicher Art (z. B. eigene Arbeiten, Fotokopien, Zeitungsausschnitte und Internetfunde) zu einem Thema zusammengestellt und in Bezug zu einem Seminarthema gesetzt und reflektiert werden. Die in Lehr-Lern-Zusammenhängen anzufertigenden Portfolios haben stets die Komponente Reflexion – wer ein Portfolio erstellt, lernt, sich selbst zu beobachten und seine Leistungen in Bezug auf das zu Lernende einzuschätzen und dabei den Prozess genauso zu berücksichtigen wie die als Stationen der Lernentwicklung anzufertigenden Produkte. Arbeiten Sie also von vornherein an Ihrem Portfolio. Sie sollten

- im Vorhinein klären, welche Dokumente aufzunehmen sind,
- kontinuierlich arbeiten und zu jedem erarbeiteten Eintrag Überlegungen und Beobachtungen festhalten,
- jedes einzelne Dokument im Portfolio kommentieren,
- Vergleiche zwischen den Dokumenten ziehen,
- den Verlauf des Lernprozesses im Gesamten reflektieren (Betrachtung des Prozesses).

Der Bericht

Ein Bericht – zum Beispiel ein Praktikumsbericht oder ein Exkursionsbericht – ist ein informierender Text, der sich auf konkrete, eigene Erfahrungen und Beobachtungen bezieht, und diese für nicht beteiligte Leser/-innen verständlich machen will. Zentrales Anliegen ist die auf den Leser bzw. die Leserin zugeschnittene Darbietung von Fakten / Hintergründen.

Berichte beruhen auf präzisen Beschreibungen und, wie alle Texte, auf Selektion: Das Wesentliche der Entwicklung wird in einer für die Leser/-innen verständlichen Folge dargestellt. Ein Bericht legt Rechenschaft darüber ab, wer was wo wann mit welchem Ziel auf welche Weise mit welchem Ergebnis gemacht hat. Er wird vom Resultat her verfasst; Emotionen, Ansichten, Einschätzungen und Urteile werden zugunsten einer sachlichen Darstellung zurückgestellt. Im Rahmen eines Praktikums wird zumeist ein besonderer Aspekt beobachtet, der als Fokus für den Bericht dient.

Ein Bericht legt Rechenschaft darüber ab, wer was wo wann mit welchem Ziel auf welche Weise mit welchem Ergebnis gemacht hat.

Zwar schreiben Sie als beteiligter Beobachter auch in der Ich- oder Wir-Form, wenn Sie allerdings bei der Planung von Formulierungen bei der Sache (Was ist passiert? Zu beobachten?) und nicht bei Ihrer Person (Was habe ich beabsichtigt? Getan?) anfangen, dann ist es leichter, die dennoch geforderte sachlich-neutrale Haltung einzunehmen. Wenn Sie regelmäßig Berichte schreiben, sollten Sie sich an Ihren früheren Texten orientieren und sich ein Muster erstellen, sodass der Aufbau Ihrer – möglicherweise thematisch zusammengehörigen – Texte immer gleich bleibt.

Berichte werden vom Resultat her verfasst.

Zum Bericht gehören die Situationsanalyse, die Chronologie der Ereignisse, die Darstellung wesentlicher Beobachtungen oder Ergebnisse sowie die Dokumentation. Daher können dem Bericht in einem Anhang Materialien beigefügt werden, zum Beispiel Schriftstücke, Fotos oder Tafelbilder. So vermittelt der Bericht ein vollständiges, nachvollziehbares Bild von einer Entwicklung, einem Zeitraum, einem Ereignis oder einem Sachverhalt. Der Text muss auf den Anhang verweisen, sollte jedoch auch ohne verständlich sein.

Der Essay

Das, was mit einem Essay von Ihnen verlangt wird, kann sehr unterschiedlich sein, denn die Textsortenbezeichnung ist mehrdeutig. Zum einen meint man in anglo-amerikanischer Tradition nach der englischen Wortherkunft den *Essay,* übersetzt als »Probe«, eine kleine wissenschaftliche Arbeit (einen Fachaufsatz), die auf eine eingangs formulierte Frage eine klar strukturierte Antwort gibt. Auf eng begrenztem Raum sollen einem eigenen Argumentationsweg folgend Bezüge zur wissenschaftlichen Forschung hergestellt werden, indem verschiedene Argumente aus Theorie und Empirie aufeinander bezogen werden. Ziel ist es, ausgewählte Theorien und Modelle mit Blick auf die Frage kurz darzustellen und hinsichtlich ihrer Anwendbarkeit zu beurteilen, dabei Vor- und Nachteile zu diskutieren. Wie bei der Hausarbeit geht bei dieser Form des Essays dem eigentlichen Schreiben eine vorbereitende ausführliche Recherche- und Lesephase voraus.

Als »Essay« werden zwei recht unterschiedliche Textsorten bezeichnet.

Zum anderen meint man nach der französischen Wortherkunft den *Essai,* übersetzt als »Versuch«, einen knappen, stilistisch anspruchsvoll formulierten, bewusst subjektiven Text über ein bestimmtes Thema aus dem wissenschaftlichen, politischen oder philosophischen Bereich, der ohne eine vorhergehende Recherche verfasst wird. Der Essay in diesem Sinne eignet sich dafür, Denkanstöße zu geben und bietet Raum für eigene Überlegungen. Ausgangspunkt kann ein Problem, eine These oder eine kontrovers diskutierte Frage sein. Ein freier Essay fördert die kritische Beurteilung und das Abwägen wissenschaftlicher Positionen; er erhebt keinen Anspruch auf vollständige Darstellung in den Details. Wichtiger ist die Betrachtung des Gegenstandes in einem größeren Zusammenhang. Er gilt sowohl in Bezug auf Inhalt und Aufbau als auch hinsichtlich der verwendeten Sprache als offene, freie Form.
Ein freier Essay sollte bewusst perspektivisch geschrieben sein. Wählen Sie also nicht notwendigerweise Ihre favorisierte Position, lehrreicher ist es, eine abweichende Position zu vertreten: Als Verfasser/-in haben Sie die Möglichkeit, wissenschaftliche Erkenntnisse assoziativ zusammen mit Ihren persönlichen Beobachtungen und Eindrücken zu schildern. Auf diese Weise sollten Sie bemüht sein, zu argumentieren und Ihr Thema von verschiedenen Seiten zu beleuchten, sodass Ihr Text eine wissenschaftliche Argumentation aufgreift und sie zum Ausgangspunkt für Ergänzungen und weiterführende Überlegungen nimmt.

Beispiel Silvia Saur studiert 2-Fach-Bachelor Germanistik und Geschichte, sie ist im 3. Semester. Im Seminar »Zur Theorie des modernen Romans« soll sie als Studienleistung einen Essay verfassen. Die Dozentin sagt, dass für diesen Aufsatz keine weiteren Texte hinzugezogen werden sollen. Ziel sei, das im Seminardiskurs erarbeitete weiterzudenken. Silvia ist verwirrt. Im vergangenen Semester hatte der Dozent im Geschichtsseminar erklärt, dass sie in ihrem Essay auf drei Aufsätze Bezug nehmen solle. Jetzt wird ihr klar, was die Tutoren in der Einführungswoche gemeint haben, als sie sagten, die Textbezeichnungen an der Uni seien oft mehrdeutig. Sie wird in Zukunft um ein Textbeispiel bitten – wie übrigens die Germanistikdozentin und auch die Tutoren empfohlen haben.

Die Klausurarbeit

Für das wissenschaftliche Schreiben relevant sind solche Klausuren, in denen wenige Fragen (manchmal sogar nur eine) so allgemein formuliert sind, dass der bzw. die zu Prüfende die Möglichkeit hat, in einem frei formulierten Klausurtext nicht nur Wissen wiederzugeben, sondern Zusammenhänge zu erläutern. Die Abschlussklausur in den meisten geistes- und sozialwissenschaftlichen Fächern wird so aussehen: Studierende sollen beweisen, dass sie ein fachliches Problem erkennen, erörtern und in begrenzter Zeit (ansatzweise) lösen können. Obwohl sich eine solche Klausurarbeit demnach kaum von den übrigen Typen wissenschaftlicher Arbeiten unterscheidet, sieht ein Klausurtext anders aus als der eines Referates oder einer wissenschaftlichen Arbeit.

Die Klausurarbeit bietet die Möglichkeit, nicht nur Wissen wiederzugeben, sondern auch Zusammenhänge zu erläutern.

Bei einer Klausur ist die Schreibzeit klar begrenzt. Nicht nur aus diesem Grund ist jede Klausur eine besondere Stresssituation. Doch lassen Sie sich von solchen Äußerlichkeiten nicht beeindrucken: Lesen Sie zuerst die Frage(n) aufmerksam durch, widmen Sie sich dem Thema und lassen Sie dabei für einen Moment die Uhr aus den Augen. Ein anfängliches Brainstorming darf durchaus ein Viertel der Klausurzeit beanspruchen. Auch wenn die anderen schon schreiben – beginnen Sie erst dann, wenn Ihnen die Herangehensweise klar ist. Besser etwas länger nachdenken, als beim Schreiben in die falsche Richtung arbeiten. Lesen Sie Ihren Text, falls Sie am Ende noch einige Minuten

Tipp

Beobachten und nachfragen!

Die Ziele, die mit Texten erreicht werden sollen, unterscheiden sich. Daher werden auch die Wege der Vorbereitung nicht immer dieselben sein. Legen Sie nicht einfach los, sondern machen Sie sich klar, wie Sie idealerweise vorgehen; suchen Sie Beispiele oder Muster, an denen Sie sich orientieren können, fragen Sie Ihre Dozentinnen und Dozenten, wenn Sie unsicher sind, was von Ihnen verlangt ist. Insbesondere für das Schreiben im Studium gilt: Es gibt keine dummen Fragen – nur die Dummheit, nicht zu fragen.

haben, noch einmal durch – vielleicht können Sie noch das eine oder andere korrigieren.

Beginnen Sie mit dem Schreiben erst dann, wenn Ihnen die Herangehensweise klar ist.

Bei vielen Abschlussklausuren stehen zwei bis drei Themen zur Wahl, von denen nur eines bearbeitet werden muss. Da die Prüfungsfragen in der Regel vorher nicht im Wortlaut bekannt sind, gilt es, die eigenen Vorbereitungen *ad hoc* so auszuwerten, dass sie zum gewählten Thema passen. Andernfalls droht die Gefahr, dass Sie das Thema verfehlen. Wählen Sie also kein Themengebiet, in dem Sie sich nicht auskennen. Oder positiv formuliert: Wählen Sie einen Bereich, den Sie kennen! Allgemein gilt: Wenn es Ihnen gelingt, Ihr in der Klausurfrage angesprochenes Thema klar zu strukturieren, dürfte es Ihnen in der Regel auch leichtfallen, es aus der Erinnerung hervorzuholen, sie werden also griffiger und sogar unter Klausurstress besser zu formulieren in der Lage sein.

Wenn Sie Ihren Themenbereich kennen, arbeiten Sie so, wie Sie es von Ihren wissenschaftlichen Arbeiten her gewöhnt sind, beschränken Sie sich aber in Ihren Bezügen und Hinweisen zu anderen Texten auf Grundlagenwerke und ausgewählte Aufsätze. Ob Sie die Klausur als Ganze oder in Textblöcken vorschreiben oder eine Mindmap memorieren, können Sie selbst entscheiden: Was liegt Ihnen mehr? Falls Sie vorarbeiten wollen und ein gutes akustisches Gedächtnis haben, können Sie auch auf ein Aufnahmegerät sprechen und Ihr Manuskript oder Ihre Stichworte immer wieder abhören.

DIE ABSCHLUSSARBEIT

Jede wissenschaftliche Arbeit – von der Seminar- oder Hausarbeit bis zur Abschlussarbeit – fokussiert ihren Gegenstand, wobei nicht nur fachliches Wissen zu demonstrieren ist, sondern auch Konzepte und Methoden anzuwenden sind. Der Grad der Differenziertheit und Strukturiertheit wird sich mit zunehmender Praxis wissenschaftlichen Arbeitens erhöhen – bezogen auf die Vorarbeiten und auf den Text. Bachelor- und Masterarbeit sind gemeinsam als qualitätssichernde »Abschlussarbeit« definiert, verstehen sich als beschreibend und erklärend und können als Literatur- oder Forschungsarbeit oder auch als Arbeiten mit Praxisbezug angelegt sein. Erst mit der Doktorarbeit werden ein eigenständiges wissenschaftliches Arbeiten und ein neuartiger Beitrag zum Diskurs innerhalb des Fachgebiets erwartet. Während Ihnen die Hausarbeiten im Studium vor allem dazu dienten, sich mit dem wissenschaftlichen Arbeiten und Schreiben in den Fächern vertraut zu machen, geht die Abschlussarbeit (auf dieser Grundlage) weiter. Lag der Akzent in den Arbeiten der ersten Studienphase auf der Technik wissenschaftlichen Arbeitens und genügte eine schmale Literaturgrundlage, um das Nach-Denken wissenschaftlicher Positionen oder Argumentationslinien zu dokumentieren, so erhöht sich der erforderliche Eigenanteil, also der Grad selbstständiger Leistung, bis zur Bachelor- und Masterarbeit. Hier ist auch ein Mit- und ansatzweise Weiter-Denken erwünscht: Die Bezeichnung *Thesis* (aus dem Griechischen, wörtlich »aufgestellter Satz, Behauptung«), die im Kontext der Bachelor- und Masterstudiengänge häufig für die Abschlussarbeit gewählt wird, deutet an, dass ihre Verfasserin bzw. ihr Verfasser kritisch mit- und auch weiterdenkt.

Mit Ihrer Abschlussarbeit weisen Sie nach, dass Sie eine Aufgabe aus Ihrem Fachgebiet mit wissenschaftlichen Methoden selbstständig bearbeiten und Ergebnisse mit Bezug auf den Forschungsstand sachgerecht darstellen können, indem Sie zeigen, dass Sie

- die Zusammenhänge des Fachs überblicken,
- in der Lage sind, Erkenntnisse kritisch einzuordnen,
- wissenschaftliche Methoden anwenden können sowie
- Ergebnisse und Erkenntnisse formulieren können.

Mit Ihrer Abschlussarbeit weisen Sie nach, dass Sie eine Aufgabe mit wissenschaftlichen Methoden selbstständig bearbeiten können.

Somit steigert sich von der Seminar- über die Bachelor- bis hin zur Masterarbeit der Anteil des selbstständig forschenden Lernens. Auch der Umfang von Bearbeitungszeit und/oder Text nimmt zu. Ausschlaggebend für Umfang, Ausarbeitung und Gestaltung der Abschlussarbeiten sind die jeweiligen Prüfungsordnungen. Bei Lehramtsstudiengängen können darüber hinaus landesspezifische Vorgaben zu berücksichtigen sein.

Die Bachelorarbeit

Ihre Bachelorarbeit soll belegen, dass Sie fachspezifische Denkweisen und Methoden grundsätzlich beherrschen.

Da Bachelorstudiengänge in der Regel in drei bis vier Jahren absolviert werden und sich als erster berufsqualifizierender Abschluss sowie als Grundlage für einen sich anschließenden Masterstudiengang verstehen, dokumentiert die Bachelorarbeit, dass ihre Verfasserin bzw. ihr Verfasser im Studium

- die wissenschaftlichen Grundlagen eines Fachs,
- Methodenkompetenz und
- berufsfeldbezogene Qualifikationen

erworben hat. Das bedeutet, dass das im Studium Gelernte auf einen fachlichen Gegenstand bzw. fachliches Thema angewendet wird. Sie sollen zeigen, was Sie können: Ihre Bachelorarbeit soll belegen, dass Sie fachspezifische Denkweisen und Methoden grundsätzlich beherrschen, und zeigen, dass Sie wissenschaftlich arbeiten können, also in der Lage sind, ein Thema in einem eindeutig begrenzten Zeitraum der Perspektive und Methodik des Fachs entsprechend zu bearbeiten.

Die Masterarbeit

Der Master ist der zweite berufsqualifizierende Abschluss nach ein bis zwei Jahren, der entweder

- auf einem Bachelorabschluss aufbaut, also das im BA-Studium Grundgelegte inhaltlich spezialisiert oder vertieft bzw. interdisziplinär erweitert, oder
- nach üblicherweise mindestens einem Jahr berufspraktischer Erfahrung als wissenschaftliche Weiterbildung das im Berufsalltag Reflektierte inhaltlich spezialisiert oder vertieft bzw. interdisziplinär erweitert.

Verfasser/-innen einer Masterarbeit können stärker fokussieren – bei der Formulierung des Themas wie bei der Art der Einbindung von Forschungsliteratur: Wer seine Masterarbeit verfasst, verfügt durch umfänglicheres, auf die im Bachelor oder im Beruf erworbenen Fähigkeiten und Kenntnisse aufbauendes und diese vertiefendes, ergänzendes und ausdifferenzierendes Studium nicht nur über mehr Wissen, sondern hat auch die eigene Methodenkompetenz erweitert und einen strukturierteren Überblick über ein Fachgebiet erlangt. Daher können Sie in Ihrer Masterarbeit fachlich-kritisches Denken und fachliche Expertise auf der Basis eines gründlicheren Literaturstudiums durch die Anwendung fachlicher Methoden und Konzepte belegen. Ihnen stellen sich prinzipiell dieselben Fragen wie bei der Bachelorarbeit, diese können Sie jedoch auf der Grundlage erweiterter Fach- und Methodenkompetenz spezifischer und differenzierter beantworten.

Ihre Masterarbeit soll belegen, dass Sie fachspezifische Denkweisen und Methoden detailliert beherrschen.

Abhängig vom angestrebten Abschluss soll die Abschlussarbeit als Bachelor- bzw. Masterarbeit sicherstellen, dass die Prüfungskandidatin bzw. der Prüfungskandidat für den folgenden Lernabschnitt (Masterstudiengang oder Promotion) oder das Berufsleben vorbereitet ist. Unterschiedliche Schwerpunkte liegen in den durch die jeweilige

Tipp

Zum Anspruch von Haus- und Abschlussarbeit

Schon Ihre erste Hausarbeit hat Sie in das Schreiben wissenschaftlicher Arbeiten in Ihrem Fach eingeführt. Sie lernten schrittweise (und in mehreren Fächern gleichzeitig, also vergleichend) Techniken und Strategien kennen, die Ihnen halfen, eine wissenschaftliche Haltung den Gegenständen gegenüber einzunehmen. Mittlerweile wissen Sie: Eine wissenschaftliche Arbeit ist keine nach formalen Vorgaben erstellte Montage aus Informationen zum Thema, sondern ein mit einem klaren Erkenntnisinteresse auf eine Frage hin verfasster Text, der Aussagen anderer nachvollzieht, kritisch reflektiert und kommentiert. Dass Sie in Ihrer Abschlussarbeit stärker fokussieren, differenzieren und selbstständig agieren, können Ihre Betreuer bemerken … Sie selbst nicht unbedingt.

Prüfung nachzuweisenden Qualifikationen begründet, in den musischen Fächern können auch künstlerisch-gestalterische Projekte Gegenstand sein.

Ausblick: die Dissertation

Eine Doktorarbeit soll einen wesentlichen und innovativen Beitrag zum Erkenntnisfortschritt des Fachs leisten.

Erst von Doktorandinnen und Doktoranden ist zu erwarten, dass sie mit ihrer Abschlussarbeit, der Dissertation (lateinisch *dissertare* = »gründlich besprechen, erörtern«), einen wesentlichen und innovativen Beitrag zum Erkenntnisfortschritt des Fachs leisten, der als solcher – den Publikationsanforderungen der Promotionsordnung entsprechend – veröffentlicht wird. Aufbauend auf die im Master vertieften theoretischen und methodischen Kenntnisse und Erfahrungen qualifizieren sich Promovierende als Nachwuchswissenschaftler/-innen im Prozess vertiefter spezialisierter wissenschaftlicher Arbeit im Fach weiter und beweisen dabei selbstständiges und eigenverantwortliches Handeln in Forschung und Wissenschaft. Dabei bleiben die Doktorandinnen und Doktoranden nicht auf sich gestellt: Exposés, Berichte und regelmäßige Gespräche mit ihrem »Doktorvater« bzw. ihrer »Doktormutter« und einer zweiten Ansprechperson verlangen begleitende Reflexion der wissenschaftlichen Arbeit, die Promovierende auch auf Tagungen, bei Kolloquien oder im Rahmen von Graduiertenkollegs zur Diskussion stellen. So werden Nachwuchswissenschaftler/-innen am Ende eines idealtypisch etwa drei Jahre umfassenden Prozesses promoviert (lateinisch *promovere* = »jmdn. vorwärtsbewegen, vorschieben«), ihre Dissertation kann von einer Disputation (lateinisch *disputare* = »für und wider sprechen, auseinandersetzen«) begleitet werden, die auch der Fakultätsöffentlichkeit die Möglichkeit zur Mitwirkung bietet.

Abgabefristen können Sie zum effektiven Arbeiten motivieren, aber auch unter Druck setzen. Wer eine Promotion in Erwägung zieht, muss sich selbst Fristen setzen und sollte daher versuchen, hierfür bereits während der Masterarbeit Strategien zu entwickeln, etwa mithilfe von Exposés und Leseproben Feedback einzuholen und sich mithilfe eines Logbuchs über die eigene Arbeitsweise zu orientieren. Zu keinem Thema können Sie alles lesen oder gar alles schreiben. Bedenken Sie:

Tipp

Konzentriert und regelmäßig arbeiten

Wenn Sie Ihre wissenschaftliche Abschlussarbeit schreiben, sollten Sie a) gewohnte Nebentätigkeiten (Job, Hobby, Social Media) zurückschrauben oder zumindest hintanstellen, b) einen Themenbereich wählen, in dem Sie sich bereits auskennen und c) für Regelmäßigkeit und Routine sorgen, damit Sie vorankommen und nicht immer wieder Zeit damit vertun, den Anschluss zu suchen und zu finden: besser jeden (zweiten) Tag zwei Stunden lesen, exzerpieren oder formulieren als jedes Wochenende sechs Stunden am Stück!

Eine wissenschaftliche Arbeit ist kein Lehr- oder Handbuch. Wie bei Hausarbeiten müssen Sie sich bei Abschlussarbeiten beschränken und fokussieren: Holen Sie sich bei Ihren Betreuern oder Betreuerinnen Rat und arbeiten Sie auf eine sinnvoll formulierte Frage hin.

Checkliste

Abschlussarbeit

- Das Fach, in dem die Arbeit angefertigt werden soll, bestimmen: Vielleicht fühlen Sie sich in dem einen Fach wohler und sicherer als in einem anderen?
- Das Teilgebiet oder einen Themenbereich näher ins Auge fassen: Vielleicht haben Sie einen Anknüpfungspunkt aus einem Seminar, einer Vorlesung oder aus Ihrer Lektüre?
- Arbeitstechniken oder Forschungsmethoden, die Sie für die Arbeit brauchen, abschätzen: Vielleicht arbeiten Sie gern in Archiven oder mit Textkorpora, führen gern Interviews, interpretieren lieber Daten, transkribieren Handschriften besonders gut oder können schnell viel Forschungsliteratur lesen?
- Die Formalien klären: Welche Bestandteile braucht Ihre Arbeit nach den Vorgaben Ihres Fachbereichs? Wie viel Umfang muss sie haben? Welche Zitierweise ist anzuwenden?

Etappe 1: Thema und Text einordnen

Welches Thema ist für eine Haus-, Bachelor- oder Masterarbeit geeignet? Worauf ist bei der Vorbereitung zu achten? Und: Wie lässt sich ein Thema eingrenzen? In diesem Kapitel finden Sie Tipps, wie Sie Ihr Schreiben schreibend begleiten können, um Arbeit zu sparen und Gedanken festzuhalten – nicht alle müssen Sie aufgreifen. Sie entscheiden, welche Vorgehensweise für Ihre Aufgabe die beste ist.

Sie stehen vor der Aufgabe, eine Haus-, eine Bachelor- oder eine Masterarbeit zu schreiben. Sie sind motiviert und wollen am liebsten sofort loslegen – so weit, so gut. Dennoch: Halten Sie kurz inne, um zu klären, was zu tun ist und wie Sie vorgehen sollten.

DER ZUGANG ZUM THEMA

Die Themen für Hausarbeiten werden in der Regel aus dem Seminarthema abgeleitet – Sie haben also bereits Vorkenntnisse. So sind Sie in der Lage, sich auch an den Fragen zu orientieren, die in Fachzeitschriften behandelt wurden. In der Regel hängt es vom Studienfach ab, ob Sie das Thema Ihrer Haus- oder Abschlussarbeit selbst wählen oder nicht: Während in den Wirtschafts-, Natur- und Ingenieurwissenschaften Themen an Forschungsprojekte angebunden sein und daher vorgegeben werden können, ist es in den Geistes-, Sozial- und Bildungswissenschaften Teil der Qualifikationsleistung, das Thema selbst zu formulieren.

Ihr Thema muss zu Ihren Fähigkeiten passen und es muss sie interessieren.

Egal ob Sie es selbst formulieren oder aus einem Katalog wählen können oder müssen: Das Thema sollte Sie und Ihre Fähigkeiten nicht überfordern. Sie sollten daher für eine schriftliche Arbeit kein Thema wählen, das Ihnen gänzlich fremd ist. Sie sollten ein Interesse haben oder zumindest entwickeln können. Die Herkunft des Wortes »Interesse« – lateinisch *inter esse* = »dazwischen/dabei sein« – bietet einen Hinweis darauf, dass zunächst einmal nur ein wie auch immer geartetes »Dabeisein« erforderlich ist. Das kann von Anfang an da sein, sich aber auch während der Beschäftigung mit einem Thema herausbilden.

Wenn Sie ein Thema frei suchen möchten, können Sie sich fragen, ob Sie bereits etwas vage im Sinn haben, das Sie daraufhin überprüfen, ob es als Thema für eine wissenschaftliche Arbeit taugt. Wenn ja, benötigen Sie kein weiteres Brainstorming. Wenn Sie aber unsicher sind, sollten Sie Schritt für Schritt nach einer Alternative suchen.

DIE ART DER ARBEIT

Sie können Ihre Arbeit als Literaturarbeit anlegen oder zu einem fachlichen Problem Forschungsergebnisse unter Berücksichtigung einer Leitfrage aufeinander beziehen oder sich mit einer Theorie befassen, die Sie anwenden, oder mehrere Theorien miteinander vergleichen. Denkbar ist auch, dass Sie selbst forschen, also empirisch arbeiten, indem Sie Daten erheben, oder dass Sie in Ihrer Arbeit in einem Unternehmen ein praktisches Problem erörtern.

Die Literaturarbeit

Ziel der Literaturarbeit ist das Mit- und Weiterdenken wissenschaftlicher Erkenntnisse im Sinne einer eigenständigen und kritischen Auseinandersetzung mit der Forschungsliteratur. Die Eigenleistung wird in der Auswahl und der Anordnung des Inhalts deutlich. Indem sie Positionen nicht nur referiert, sondern auch zueinander in Beziehung setzt, diskutiert und in einen Gesamtzusammenhang einordnet, geht die Literaturarbeit über die rein reproduzierende Darstellung hinaus. Wählen Sie diese Herangehensweise, ist es Ihr Ziel, bezogen auf eine von Ihnen formulierte Frage und mit Blick auf einen bestimmten Gegenstand Antworten auf der Grundlage der Lektüre der von Ihnen ausgewählten Forschungsliteratur zu formulieren. Daher sind Verfahren der Materialbeschaffung und -auswertung zentral: das Suchen und Auffinden von Texten sowie die Bezugnahme auf Forschungsergebnisse und -positionen.

Die Literaturarbeit nimmt ausgewählte Forschungsliteratur in den Blick.

Die Literaturarbeit will

- die Bezugnahmen innerhalb eines wissenschaftlichen Diskurses nachvollziehen und systematisieren,
- Einwände und Probleme erläutern, diskutieren und dadurch
- Forschungslücken identifizieren.

Die Forschungsarbeit

Die Forschungsarbeit basiert auf einem Experiment oder einer Datenerhebung.

Je nach Fach können oder sollten Sie aber auch selbst forschen, indem Sie eine empirische (zu griechisch *émpeiros* »erfahren, kundig«), auf systematischer Beobachtung beruhende Herangehensweise, eine qualitative oder quantitative Erhebung, wählen. Ihr Text bezieht sich dann auf eine durch Lektüre vorbereitete Forschungsarbeit, bei der Sie im Labor experimentell gearbeitet, Personen mit Fragebögen oder in Interviews befragt oder durch standardisierte oder freie Beobachtung Daten erhoben haben. Empirische Arbeiten verfolgen meist das Ziel, ein Phänomen zu beschreiben (= deskriptive Untersuchung) oder kausale Zusammenhänge und ihre Ursachen zu erklären (= hypothesenprüfende Untersuchung). Die geeigneten Methoden sollten Sie in Ihrem Studium kennengelernt und erprobt haben, wenn Sie Ihre Abschlussarbeit als empirische Arbeit anlegen wollen. Bei einer empirischen Arbeit gilt es,

- die Forschungsliteratur zu sichten,
- die relevanten theoretischen Ansätze aufzubereiten und
- die Ergebnisse verwandter empirischer Untersuchungen auf die eigenen Ergebnisse zu beziehen.

Die Arbeit im Praxisbezug

Wer seine Abschlussarbeit für ein Unternehmen oder eine andere Organisation schreibt, zielt darauf, Praxisprobleme zu lösen und so Verbindungen zwischen Wissenschaft und Wirtschaft herzustellen. Viele Unternehmen veröffentlichen Themenlisten auf ihrer Homepage oder suchen über entsprechende Internetportale nach Interessenten aus bestimmten Fachgebieten. Aber auch Initiativbewerbungen mit eigenem Themenvorschlag sind erwünscht.

Wenn Sie Wirtschafts- oder Ingenieurwissenschaften, Informatik oder Elektrotechnik studieren, ist Ihnen die Arbeit an der Schnittstelle von Theorie und Praxis vielleicht bereits vertraut. Unternehmen suchen aber auch Absolventen der Psychologie oder der natur-, geistes- und sozialwissenschaftlichen Fächer. Sie sind – so die Annahme der Praxis – kurz vor Ihrem Studienabschluss in der Lage, Impulse aus dem aktuellen Stand der Wissenschaft zu geben.

Tipp

Vor- und Nachteile der Arbeit im Praxisbezug

Wenn Sie Ihre Abschlussarbeit in und/oder für eine Organisation schreiben wollen, dann können Sie sich außer auf den Websites der Organisationen auch auf Karrieremessen informieren, welche Themen wo vergeben werden. Je genauer Sie recherchieren, desto besser wird es Ihnen gelingen, eine realistische Vorstellung von reizvollen Berufen und Arbeitgebern zu entwickeln. Beachten Sie auch, dass eine Abschlussarbeit im Unternehmen gleich in dreifacher Weise Neuland bedeuten könnte: Sie arbeiten in der Praxis, möglicherweise an einem unbekannten Ort und sind dabei auf sich gestellt.

Das ist eine hohe Erwartung. Wenn Sie diese Herausforderung annehmen, sollten Sie darauf gefasst sein, dass von Ihnen eigenständiges, methodisch sauberes Arbeiten verlangt wird.
Es ist nicht leicht, die eigenen Kenntnisse einzuschätzen – viele können genauer sagen, was sie nicht wissen oder nicht verstehen, als das benennen, was sie wissen und verstanden haben. Wenn Sie unsicher sind, sollten Sie sich von Ihren Dozenten bei der Themensuche beraten lassen. Bereiten Sie das Gespräch gut vor: Verschaffen Sie sich mithilfe einer allgemeinen Recherche einen Überblick, um innerhalb des Themengebiets, das Sie ins Auge gefasst haben, einen griffigen, fassbaren Aspekt zu identifizieren.

Die Arbeit im Praxisbezug soll ein konkretes Problem in einer Organisation lösen.

DAS THEMA FORMULIEREN

Vielleicht haben Sie einen im Seminar angesprochenen Themenvorschlag aufgegriffen, dazu eine Idee entwickelt und den Dozenten nach dem Seminar angesprochen. Er hat Ihnen zwei Literaturhinweise gegeben und sich bereit erklärt, Sie zu betreuen. Ein Sprechstundengespräch kann nur auf einer gemeinsamen Wissensbasis gelingen.

Ohne sie ergibt sich leicht eine Art Vortragssituation, sodass unklar bleibt, ob beide Gesprächspartner dieselbe Vorstellung entwickelt haben oder entwickeln können. Sie müssen wissen, was Sie können: Ehe Sie sich auf eine Themenformulierung festlegen (lassen), die zu bearbeiten Sie nicht in der Lage sind, sollten Sie die Konsequenzen abschätzen und Alternativen erwägen. Vorsicht also, wenn Sie mit methodischen Grundlagen nicht vertraut sind, die Literatur nicht verfügbar ist oder Ihnen zwingend nötige Fremdsprachenkenntnisse fehlen!

Tipp

Besuchen Sie die Sprechstunde!

Ist das Thema groß genug für die geplante Arbeit? Oder zu umfangreich? Was sollte wie vorbereitet werden? Gibt es methodische Aspekte, die zu berücksichtigen sind? Ist der Aufwand der Materialbeschaffung und Datenerhebung angemessen? Fragen wie diese sind nach einer ersten allgemeinen Recherche und damit im Anschluss an eine erste Lesephase zu stellen. Sie müssen also Darstellungsmöglichkeiten einschätzen, sich genauer mit dem geplanten Text beschäftigen und ihn im Groben konzipieren, einen Plan erstellen: Sprechen Sie mit dem Betreuer der Arbeit! Ideal ist es, wenn Sie zur Vorbereitung Ihre Überlegungen in einer Mindmap visualisieren.

Sie sollten also die im Seminar genannte Literatur sichten und, wenn Sie eine eigene, freie Themenidee verfolgen möchten, Ihr Thema beherrschen und argumentieren können – und dennoch nicht enttäuscht sein, wenn ein Dozent anders fokussiert oder es ablehnt, Sie mit diesem Thema zu betreuen. Auch ein Gutachter benötigt Vorkenntnisse und einen Überblick über den Themenbereich, um eine Arbeit adäquat beurteilen zu können.

Eine Voraussetzung für Ihre wissenschaftliche Arbeit ist, dass Sie das Thema handhaben und auch einen Text dazu erarbeiten können. Eine zweite Voraussetzung ist, dass Frage und Anspruch der Arbeit zueinander passen. Anders als Dissertationen, die einen eigenständigen Beitrag zur Forschung im Fach darstellen, sollen Bachelor- und Masterarbeiten zeigen, dass ein Thema inhaltlich und methodisch den Regeln des jeweiligen Fachs entsprechend untersucht wurde. Bei der Einschätzung des im Rahmen der Arbeit Möglichen kann und wird Ihr Sie Dozent bzw. Ihre Dozentin unterstützen.

Die Themenformulierung setzt die Abstimmung mit dem bzw. der Betreuenden voraus.

Auch in der Prüfungsordnung werden Sie eine Erläuterung zur schriftlichen Prüfungsleistung finden, etwa »soll nachweisen, dass der Kandidat / die Kandidatin ein wissenschaftliches Thema bearbeiten kann« oder – bezogen auf die schriftliche Arbeit – »soll zeigen, dass ihr Verfasser bzw. ihre Verfasserin ein Thema den Erfordernissen des Fachs angemessen inhaltlich, formal und argumentativ beherrscht«. Daran sollten Sie sich bei der Themenfindung orientieren. Außerdem finden Sie in den Prüfungsordnungen Hinweise zur Bearbeitungszeit. Auch diese sollten Sie in Ihre Überlegungen einbeziehen, ebenso wie die Vorgaben für die Ausarbeitung und die Gestaltung des Textes.

Checkliste

Themenformulierung

- Was gehört zum Thema?
- Ist das Thema im Umfang angemessen für die geplante Arbeit?
- Welche Aspekte sind wie wichtig?
- Welche Fragen lassen sich stellen?
- Welche Frage scheint am aufschlussreichsten?
- Wie lässt Sie sich beantworten?
- Welche methodischen Zugänge sind nötig?
- Beherrsche ich die Grundlagen?
- Ist der Aufwand der Materialbeschaffung bzw. der Datenerhebung angemessen?

DAS ZEITMANAGEMENT

Pragmatische Fragen schon früh zu klären, hilft Ihnen, rechtzeitig den organisatorischen Aufwand einzuschätzen.

Um eine Hausarbeit zu verfassen, brauchen Sie Zeit und Konzentration – das wissenschaftliche Schreiben ist eine Hauptaufgabe und lässt sich nicht wie Chatten nebenbei erledigen. Vor allem wenn Sie einen Abgabetermin einzuhalten haben, müssen Sie sich Freiräume zum Schreiben schaffen.
Klären Sie folgende Fragen:

- Wann und wo muss ich abgeben? – Die Antwort auf diese Frage ist nicht nur wegen des Arbeitszeitraums wichtig, sondern auch wegen der Abgabemodalitäten: Gilt der Poststempel? Wo kann man die Arbeit persönlich abgeben? Zu welchen Zeiten? Gibt es einen Briefkasten beim Prüfungsamt oder einen zentralen Nachtbriefkasten, den man nutzen kann, um den Tag der Abgabe im Notfall einbeziehen zu können?
- Wie muss ich die Arbeit abgeben? – Die Antwort auf diese Frage gibt Ihnen Hinweise, wie viel Zeit Sie für die Aufbereitung des Textes einplanen müssen: Sind mehrere Exemplare einzureichen? Gebunden oder geheftet? Ist zusätzlich eine digitale Version abzugeben? In welcher Form?
- Welche Bestandteile gehören zum Text? – Wenn Sie früh wissen, dass Sie einen Anhang benötigen, dass ein Abkürzungsverzeichnis erwartet wird, dass Sie Tabellen und Diagramme erarbeiten müssen und wie das Titelblatt zu gestalten ist, können Sie diese Textteile auch bereits früh vorbereiten und sogar fertigstellen.
- Wo werde ich die Arbeit ausdrucken? Zu Hause? Ist genug Papier da und sind die Druckerpatronen gefüllt? Im Copyshop? In welcher Form wird die Datei benötigt? Wie sind die Öffnungszeiten?

Wenn Sie sich diese Fragen schon zu Beginn stellen und beantworten, bekommen Sie eine genaue Vorstellung davon, wie der Endspurt Ihres Arbeitsprozesses ablaufen kann und ob es einen Plan B gibt. Sollten Sie die Antworten erst in der Schlussphase suchen, kann es zu spät sein. Wenn Sie Ihre Arbeit nicht auf dem eigenen Drucker ausdrucken, empfiehlt es sich, ein PDF-Programm zu nutzen, um Formatierungsprobleme im Copyshop zu vermeiden. Klären Sie, welches infrage kommt.

Im zweiten Schritt sollten Sie klären, wie eine typische Woche in dem Zeitraum, in dem Ihre wissenschaftliche Arbeit anzufertigen ist, aussieht. Orientieren Sie sich an solchen Leitfragen:

- Was ist im Zeitraum der Arbeit außer dem Schreiben noch zu erledigen?
- Welche dieser Aufgaben sind dringend oder unaufschiebbar? Welche sind mir sehr wichtig, welche weniger wichtig?
- Welche regelmäßigen Termine habe ich (z. B. Job, Familie, Sport oder Essen)?
- Welche Termine sind variabel (z. B. Haushalt oder Einkaufen)?
- Gibt es Zeitpuffer für Unerwartetes?
- Bleibt Freizeit für Entspannung, Hobby und Sport?
- Zu welcher Tageszeit ist meine Konzentration am höchsten? Wie lange bin ich wirklich bei der Sache?

Tipp

Nehmen Sie die schriftliche Arbeit ernst!

Für die Dauer Ihres Schreibprojekts »wissenschaftliche Arbeit« müssen Sie in der Regel Ihre Prioritäten verlagern: Sie können nicht alle Ihre liebgewonnenen Gewohnheiten und sonstigen Verpflichtungen in vollem Umfang beibehalten und gleichzeitig Ihre wissenschaftliche Arbeit vorantreiben. Der Tag hat 24 Stunden – die gilt es fair zu verteilen und effektiv zu nutzen.

Für das Schreiben, aber auch schon für das Recherchieren und Lesen benötigen Sie Zeit – nicht nur Zeit an sich, sondern auch und vor allem Zeit am Stück. Ein Bibliotheksbesuch unter Zeitdruck wird dazu führen, dass Sie einerseits alles ausleihen oder kopieren, was verfügbar ist, und so Ballast anhäufen, und andererseits nicht rechts und links schauen und so Hilfreiches nicht in den Blick bekommen. Eine realistische Zeitplanung ist unabdingbar, wenn man die verfügbare Zeit gut nutzen will. Zeitdruck entsteht nur allzu leicht, weil Wege mehr Zeit beanspruchen als veranschlagt (müssen Sie sich wirklich um 16 Uhr in der Rushhour in Richtung Bibliothek aufmachen?), Wartezeiten nicht eingeplant wurden (z. B. der Stau im Parkhaus, die Schlange beim Kopierer oder beim Ausleihschalter) oder länger dauern als gedacht.

Schauen Sie auf die Uhr, um festzustellen, wie lange Sie wofür benötigen!

Fehleinschätzungen kommen auch häufig beim Lesen und beim Schreiben vor: Manche Text lesen sich wie von selbst, andere erweisen sich als aufwendig; manche Passagen schreiben sich schnell, andere brauchen wesentlich länger als geplant; manche müssen mehrmals überarbeitet werden, bis sie flüssig zu lesen sind. Schauen Sie einfach mal auf die Uhr, um festzustellen, wie lange Sie wofür benötigen und wann Ihre Konzentration für wissenschaftliches Arbeiten ideal ist.
Teilen Sie Ihre Zeit gewissenhaft ein:

- Versuchen Sie, Zeitfenster von mindestens zwei, besser vier bis fünf Stunden zu finden, zu reservieren und zu verteidigen. Eine Stunde ist bereits für einen Bibliotheksbesuch zu Recherchezwecken knapp kalkuliert. Wenn Sie frei denken, lesen oder schreiben wollen, benötigen Sie auf jeden Fall mehr Zeit.
- Stellen Sie sich einen Wecker, sodass Sie die Zeit, die Ihnen zur Verfügung steht, nutzen können, ohne der Uhr besondere Aufmerksamkeit zu widmen.
- Bringen Sie Regelmäßigkeit in Ihre Arbeitswoche, machen Sie sich einen Stundenplan, in dem Sie Ihre Aufgaben notieren. Ideal ist es, wenn Sie täglich oder an jedem zweiten Tag Raum für Ihre Arbeit einplanen können: So können Sie zügig Ihren eigenen Rhythmus finden und Routine entwickeln.
- Nicht immer brauchen Sie Schreibzeit. Sie benötigen auch Zeit dafür, das Schreiben vorzubereiten: Bedenken Sie, dass Sie die Bibliothek besuchen und die Texte, die Sie auswählen, lesen und bearbeiten wollen.
- Schaffen Sie Zeiträume, in denen Sie effektiv arbeiten können. Es nützt Ihnen nichts, abends vier Stunden Zeit zu haben, wenn Sie nach ereignisreichen Tagen müde, unkonzentriert und unproduktiv sind. Vielleicht müssen Sie auch ein Hobby hintanstellen oder im Nebenjob für eine Weile kürzertreten – dann wird Ihnen besonders deutlich, warum man davon spricht, Zeit zu »investieren«.
- Planen Sie am Ende zwei bis drei Tage als Zeitpuffer ein.

Beispiel Sarah Sander muss ihre Hausarbeit morgen abgeben. Sie schreibt noch am letzten Kapitel, das Literaturverzeichnis ist noch nicht komplett, Einleitung und Schluss fehlen. Sie ärgert sich, dass sie zu spät angefangen und keine Textbausteine erarbeitet hat – sie hatte doch Ideen, neulich. Auf der Party hatte sie doch erzählt, wie interessant ihr Thema sei und ein Ergebnis hatte sie mündlich gut auf den Punkt gebracht. Es wird 3 Uhr, am nächsten Tag ist sie müde und kann zu einem Zitat die Belegstelle nicht finden, sie muss es löschen. Auch der Schluss gefällt ihr noch nicht. So ist sie noch den ganzen Tag beschäftigt. Erst nach 16 Uhr sind Literaturverzeichnis und Titelblatt fertig; persönlich kann sie die Arbeit nicht mehr abgeben. Sie korrigiert mithilfe der Rechtschreibprüfung, druckt aus und macht sich auf den Weg. Gut, dass sie weiß, wo der Nachtbriefkasten ist. In der U-Bahn fällt ihr ein, dass sie aus Texten vor 1996 wörtlich zitiert hatte und jetzt den gesamten Text nach neuer Rechtschreibung korrigiert hat …

Wenn Sie festgestellt haben, dass Sie immer wieder erst auf den letzten Drücker fertig werden, kann Ihnen ein Logbuch helfen, in das Sie Ihre individuellen Vorgehensweisen und Beobachtungen eintragen.

Planen Sie zwei, drei Tage als Zeitpuffer ein!

LITERATUR RECHERCHIEREN

Die erste, allgemeine Literaturrecherche dient dazu, mithilfe eines Überblicks über das Themengebiet und die Forschungsarbeiten den eigenen Standort zu bestimmen. Um sich diesen Überblick zu verschaffen und sich das Wissen, über das Sie verfügen können, bewusst zu machen, sollten Sie mithilfe einer allgemeinen Recherche den Themenbereich strukturieren. Selbst vermeintlich gut bekannte Themen bergen bei intensiver Beschäftigung Überraschungen. Noch wichtiger ist die erste Recherche bei einem unbekannten Thema: Wo alles neu ist, bleiben die Ränder lange unscharf, es ist nicht leicht, Grenzen zu ziehen und zu fokussieren.

Orientierendes Lesen

Verschaffen Sie sich lesend Orientierung in Ihrem Thema!

Ziel Ihrer ersten, auf die groben Zusammenhänge gerichteten Suche ist es, lesend Orientierung in Ihrem Thema zu gewinnen, um im Anschluss einen im Rahmen Ihrer wissenschaftlichen Arbeit bearbeitbaren Bereich zu bestimmen. Dazu gehört es, Texte nicht wahllos zu rezipieren, sondern ihre Ausrichtung (die deutlich wird durch ihre Textsorte) zu berücksichtigen und die ausgewählten Texte in geeigneter Reihenfolge einerseits und angemessener Intensität andererseits zu bearbeiten.

Für die erste Orientierung eignen sich v. a. Lexika, Fachwörter-, Hand- und Lehrbücher sowie Einführungen.

Für eine erste Orientierung sind Lexika, Fachwörterbücher, Hand- und Lehrbücher sowie Einführungen gedacht. Sie werden auch als »Referenzwerke« bezeichnet, da sie nicht nur dazu dienen, Themenbereiche zu erschließen, sondern auch Hinweise auf einschlägige Literatur bieten. Auf der Basis einer ersten schnellen, aber doch systematischen Orientierung können Sie ein Erkenntnisinteresse entwickeln und eine Fragestellung formulieren, die es Ihnen erlaubt, die übrigen zu lesenden Texte (wissenschaftliche Monografien sowie Aufsätze in Sammelbänden und Fachzeitschriften, sowohl im Hinblick auf die in den Referenzwerken genannten als auch auf die mithilfe der in der ersten Recherche ermittelten Stich- und Schlagwörter) ausführlicher und gründlicher zu bearbeiten.

Besuchen Sie die Bibliothek – vor Ort sind die allgemeinen Nachschlagewerke in der Regel leicht in den jeweils vorderen Regalen zugänglich. Sie sehen die Aufstellungssystematik an den Regalreihen. Das Nachschlagen und Blättern in Lexikon, Hand- und Lehrbuch macht Ihnen klar, wie weitläufig und umfassend Themen sein können: Diese Referenzwerke geben Ihnen Orientierung und stellen allgemein anerkannte Zusammenhänge dar. Insoweit lassen sich (Online-)Kataloge, Datenbanken und Bibliografien auch als Referenzquellen begreifen, denn sie dienen der grundlegenden Vorab-Information über Primärquellen und Sekundärliteratur: Primärtexte bzw. Quellen bilden den Gegenstand einer Untersuchung, es können Romane, Zeitungsartikel, Briefe, Chats oder auch Münzen, Inschriften, Gespräche, aber auch wissenschaftliche Aufsätze sein. Sekundärliteratur sind wissenschaftliche Arbeiten (Aufsätze, Monografien) über den Forschungsgegenstand mit ihrem jeweils eigenen Erkenntnisinteresse.

Im Folgenden werden die für das wissenschaftliche Arbeiten relevanten Textsorten vorgestellt, die sich für die Literatursuche anbieten: Wer diesem idealen Rechercheweg folgen will, beginnt nicht mit dem Katalog und Datenbanken, sondern mit Büchern.

Die Überblicksrecherche

Um den Überblick zu gewinnen, empfiehlt es sich, mit allgemeiner, überschaubarer Literatur anzufangen, um sich dann über weitere Recherchen und das Lesen zunehmend spezialisierter Texte in ein Thema einzuarbeiten. So können Sie schrittweise differenzierend Ihr Verständnis der wissenschaftlichen Konzepte zu Ihrem Forschungsgebiet und seiner Terminologie aufbauen. Möglicherweise hilft Ihnen dabei auch eine erste Mindmap.

Die Überblicksrecherche führt Sie langsam näher an Ihr Thema heran.

Allgemeine Lexika

Die Definitionen von Begriffen, die für ein Thema relevant sein könnten, sind in einem allgemeinen Lexikon von alltagsweltlicher Natur, also fachunabhängig oder auch fächerübergreifend. Allgemeine Lexika und umfangreichere Enzyklopädien bilden das Wissen einer Zeit ab. Sie bieten einen ersten Überblick und zeigen, dass einige Begriffe in unterschiedlichen Bereichen unterschiedliche Bedeutungen haben. Über den Einstieg in ein Thema hinaus liefern sie häufig auch Literaturhinweise. Artikel und Definitionen aus allgemeinen Lexika und Enzyklopädien sind zwar zitierfähig (weil zugänglich), aber nur bedingt zitierwürdig (weil zu unspezifisch).

- Nutzen Sie allgemeine Lexika nur für eine erste Orientierung: Machen Sie sich mit ihrer Hilfe Ihr Vorwissen bewusst.
- Gehen Sie auch Verweisen zu anderen Stichwörtern nach! – So bringen Sie Wissenselemente in einen Zusammenhang.
- Berücksichtigen Sie vorhergehende und nachfolgende Stichwörter – welche gehören in den von Ihnen gewählten Bereich?
- Achten Sie auf die Struktur der Artikel, sie bietet Anhaltspunkte für Teilaspekte eines Themas.

Fachlexika

Lexika bieten übergeordnete Definitionen von Fachbegriffen.

Fachlexika enthalten Definitionen und Erläuterungen zu den Fachbegriffen (Termini) einer bestimmten wissenschaftlichen Disziplin. Sie sind detaillierter als allgemeine Lexika. Darüber hinaus ermöglicht die komplexe Verweisstruktur die Erstellung von Begriffssystemen. Über die fachspezifische Information hinaus verweist ein Fachlexikon auch auf weitere Literatur – Standardwerke, Klassiker, wissenschaftliche Aufsätze und weiterführende Bibliografien. Einige Fachlexika bieten auch Hinweise zum Gebrauch der Termini und Übersetzungen.
In Fachlexika sehen Sie auch, welche Begriffe innerhalb des Fachs mehrere Bedeutungen haben. Dies sollten Sie bei der weiteren Lektüre im Blick behalten: Wie genau sind einzelne Begriffe definiert? Prüfen und vergleichen Sie Definitionen in verschiedenen Fachlexika einer Disziplin und – wo es sich anbietet – in Fachlexika von Nachbardisziplinen, um Bezüge herzustellen.

Handbücher

Handbücher sind Nachschlagewerke zum Forschungsstand.

Handbücher sind Nachschlagewerke zu einem bestimmten Sachgebiet; hier werden wesentliche Gegenstände und Erkenntnisse eines Fachs – der Forschungsstand – in Form von Artikeln oder Aufsätzen dargestellt. Diese können alphabetisch, chronologisch geordnet oder systematisch, dem Gegenstand entsprechend strukturiert sein.
Handbücher ermöglichen einen Überblick über Inhalte und Schwerpunkte eines Sachgebiets, die Artikel sind ausführlicher, erklärender als (Fach-)Lexikonartikel, liefern aber – wie diese – keine neuen Erkenntnisse, sondern nur das gesicherte Wissen. Sie finden auch hier weiterführende Literatur. Wenn diese im Handbuchartikel zitiert wurde, haben Sie einen ersten Eindruck und vielleicht sogar Anknüpfungspunkte für Ihre Lektüre der genannten Texte.

Lehrbücher und Einführungen

Lehrbücher und Einführungen dienen dazu, fachbezogen Grundlagenwissen zu vermitteln und Themenbereiche zu verdeutlichen. Sie bieten gesichertes Wissen und informieren in verständlicher Form, erklären Begriffe im Kontext und entwickeln Zusammenhänge. Sie verstehen sich nicht als Beiträge zum wissenschaftlichen Diskurs und werfen daher keine eigenen Forschungsfragen auf. Die Lektüre eines Lehrbuchs oder einer Einführung ermöglicht es, die Einordnung eines

Themas in eine Disziplin nachzuvollziehen und empfiehlt sich daher als Einstieg in die Themenabgrenzung. Die verschiedenen Dimensionen eines Themas werden genauso aufgezeigt wie weitere Literatur, die einzelne Themenaspekte vertieft darstellt.
Unter Stichwörtern wie »Einführung«, »Lehrbuch« oder »Studienbuch«, kombiniert mit einem themenspezifischen Begriff, lassen sich diese Texte gezielt im Katalog recherchieren. Erkundigen Sie sich nach den einschlägigen Einführungen – sammeln Sie Literaturlisten aus Seminaren und sichten Sie Vorlesungskommentare! Dies ist online auch jenseits der eigenen Hochschule möglich.
Einführungswerke sind deshalb so interessant, weil sie regelmäßig auf den aktuellen Stand gebracht werden und in der Absicht verfasst sind, Studienanfängern das Fach und die fachlichen Erkenntnisinteressen verständlich zu machen. Sie können mit ihrer Hilfe (auch wenn Sie an Ihrer Abschlussarbeit oder auch Dissertation arbeiten) leicht prüfen, ob Sie sich bereits ein treffendes Bild der Zusammenhänge erarbeitet haben.

Lehrbücher und Einführungen vermitteln fachliches Grundlagenwissen.

Bibliografien

Bibliografien sind Verzeichnisse von Literaturnachweisen – und insoweit vergleichbar mit Datenbanken. Bibliografien können nach verschiedenen Gesichtspunkten erarbeitet werden:

- Es gibt themenspezifische Bibliografien, die einen umfassenden Überblick über die Arbeiten zu einem Themengebiet bieten. Insbesondere Studienbibliografien verzeichnen Einführungen, Standardwerke und Klassiker ebenso wie spezielle Literatur zu detaillierten Fragen in systematischer Ordnung. Ergänzend findet sich in der Regel ein einführendes Kapitel zum Aufbau der Bibliografie und somit zur Strukturierung des Themengebietes.
- Es gibt auch Bibliografien, die die in einem bestimmten Zeitraum zu einem bestimmten Themengebiet oder in einem bestimmten Fachgebiet erschienenen Arbeiten verzeichnen.

Bibliografien bieten einen Überblick über die Publikationen zum Forschungsstand.

Bedenken Sie: Eine Bibliografie kann nur den Forschungsstand erfassen, der zu ihrem Erscheinungstermin publiziert war. Es lohnt sich also, verschiedene Bibliografien zu konsultieren und darüber hinaus selbst zu recherchieren. Und noch ein Hinweis: Bibliografien sind auf den ersten Blick endliche Verzeichnisse – dasselbe gilt für Datenbanken. Auch hier ist nur auffindbar, was verzeichnet ist. Daher sollte man

a) sich darüber informieren, wie eine Datenbank aufgebaut ist, und
b) verschiedene Datenbanken nutzen.

Monografien

Monografien sind einer einzigen Frage gewidmet.

Monografien sind wissenschaftliche Darstellungen eines in sich geschlossenen Gegenstandes. Monografien liefern Beiträge zum wissenschaftlichen Diskurs; allgemein oder sehr speziell und somit entweder überblicksartig oder detailliert. Monografien sind also Bücher, die von der ersten bis zur letzten Seite einer Frage gewidmet sind (und entsprechen insoweit dem alltäglichen Verständnis von »Buch«). In der Regel sind sie von einem Autor bzw. einer Autorin oder von einem Autorenteam verfasst. Monografien können Dissertations- oder Habilitationsschriften sein, die auf der Grundlage jahrelanger Forschungsarbeit verfasst wurden – entsprechende Hinweise finden Sie in der Titelei.

Aufsätze in Sammelbänden

Aufsätze in Sammelbänden können spezielle Perspektiven auf ein Thema eröffnen.

In Sammelbänden finden sich Aufsätze mehrerer Autoren bzw. Autorinnen, die ein Herausgeber bzw. eine Herausgeberin – oder mehrere – zusammengestellt hat und die bestimmte Aspekte eines Themas erörtern. Aufsätze haben den Vorteil, dass sie Informationen sehr komprimiert vermitteln. Dafür ist der erörterte Gegenstand nicht selten entsprechend speziell. Wenn man mit einem Thema schon vertraut ist, sind sie eine sinnvolle Informationsquelle.
Aufsätze in Sammelbänden (wozu auch Kongressakten und Tagungsbände gehören) eröffnen spezielle, manchmal (besonders in Festschriften, die zu Ehren eines Jubilars herausgegeben werden und mit seinem Lebenswerk in Zusammenhang stehen) auch ungewöhnliche Perspektiven auf ein Thema, sodass Sie Ihnen Anregungen für Ihre Bearbeitung eines Themas oder für die Themeneingrenzung geben können.

Aufsätze in Fachzeitschriften und Jahrbüchern

Wie bei Aufsätzen in Sammelbänden sind auch die in Zeitschriftenaufsätzen enthaltenen Informationen dicht und scheinen vielen beim ersten Lesen komplex und kompliziert. Dies liegt daran, dass sie – anders als Lehrbücher und andere Tertiärquellen – im Fach eigene Fragen verfolgen. In vielen Zeitschriftenaufsätzen präsentieren die

Autoren bzw. Autorinnen neue Thesen und Ideen zu einem Thema und stellen sie zur Diskussion. Aufsätze in Fachzeitschriften sind also Beiträge zum wissenschaftlichen Diskurs. Oft durchlaufen sie vor dem Erscheinen eine Begutachtung (Peer Review: Experten geben ein Feedback und die Autoren bzw. Autorinnen erhalten so Anknüpfungspunkte und Gelegenheit für ein zielgerichtetes Überarbeiten (↗ Etappe 6, Seite 198 ff.). Dennoch richten sich Zeitschriftenaufsätze nicht unbedingt an Spezialisten: Sie müssen auch für Fachleute, die in den behandelten Bereich nicht eingearbeitet sind, nachvollziehbar sein, sodass sie in der Fachgemeinschaft diskutiert werden können. Aufsätze in Fachzeitschriften sind aktuelle Texte und bieten neue weiterführende Literatur – viele Zeitschriften erscheinen vierteljährlich. In jährlich erscheinenden Veröffentlichungen von Institutionen – den Jahrbüchern – finden Sie zum Beispiel Aufsätze und Forschungsberichte zu aktuellen Fragestellungen oder Rahmenthemen, aber auch Tagungsberichte.

- Verschaffen Sie sich einen Überblick über die Zeitschriften und Jahrbücher Ihres Fachs.
- Stöbern Sie in den neueren Bänden einiger Fachzeitschriften, um einen Einblick in die Themen Ihres Fachs zu gewinnen.
- In Zeitschriften finden Sie auch Rezensionen zu Neuerscheinungen, die erste Anhaltspunkte für deren Einordnung liefern.

Aufsätze in Fachzeitschriften sind aktuell und bieten neue weiterführende Literatur.

Tipp

Lesen Sie Zeitschriftenaufsätze!

Durch die Lektüre von Zeitschriftenaufsätzen können Sie die Herangehensweise an wissenschaftliche Untersuchungen kennenlernen, aber auch Forschungszusammenhänge beobachten. Achten Sie auch darauf, wie die Autoren bzw. Autorinnen dort ihr Erkenntnisinteresse formulieren, ihren Standpunkt markieren, Bezüge zur Forschungsliteratur herstellen und mithilfe von Verweisen Zusammenhänge deutlich machen. Indem Sie die Aufsätze Ihrer Studienfächer vergleichen, können Sie fachspezifische Ausprägungen des wissenschaftlichen Schreibens erkennen.

Wie Aufsätze in Sammelbänden sind auch die in Zeitschriftenaufsätzen enthaltenen Informationen sehr dicht. In Zeitschriftenaufsätzen stellen die Autoren oder Autorinnen neue Thesen und Ideen vor und damit zur Diskussion. Nicht selten lassen sich in den verschiedenen Bänden wissenschaftliche Diskurse in Form von Antworten auf Artikel nachvollziehen.

Wörterbücher

Wörterbücher gehören zum Handwerkszeug der Wissenschaft.

Wörterbücher, ob gedruckt oder elektronisch, verzeichnen den Wortschatz einer Sprache. Neben Rechtschreibwörterbüchern gibt es Fremdwörterbücher und Universalwörterbücher, die den Wortschatz erklären und auch Angaben über die Aussprache und die Verwendung von Wörtern enthalten können, Bedeutungsvarianten anführen sowie Informationen zu Stilebene, Grammatik, Synonymen und typischen Wortverbindungen geben.
In Etappe 6 (↗ Seite 198 ff.) können Ihnen ein Synonymwörterbuch (das bedeutungsgleiche und -ähnliche Wörter verzeichnet), ebenso ein »Wörterbuch der sprachlichen Zweifelsfälle« und möglicherweise auch ein Stilwörterbuch gute Dienste leisten. In Etappe 7 (↗ Seite 210 ff.) ist das Rechtschreibwörterbuch unabdingbar. Wörterbücher gelten als Handwerkszeug und werden im Literaturverzeichnis nicht aufgeführt – es sei denn, sie wurden wörtlich zitiert.

EIN LOGBUCH FÜHREN

Wie ein Tagebuch ist das Logbuch, auch Journal genannt, ein Werkzeug der Denkarbeit. Es dient dazu, Erlebtes und Beobachtetes festzuhalten und zu verarbeiten. Das Logbuch (das kann ein besonderes Notizbuch, ein einfaches Heft oder eine Datei sein) dokumentiert Ihre Arbeitsschritte und führt Ihnen regelmäßig vor Augen, wie und dass es vorangeht. Ihr Logbuch schreiben Sie nur für sich selbst.

Tipp

Strategien beobachten und entwickeln

Ein Logbuch begleitet Sie und Ihr Schreiben und unterstützt Sie beim Fokussieren und Entschleunigen. Im Logbuch notieren Sie Ihre persönlichen Einschätzungen zusammen mit Ihren Erkenntnissen. Sie halten fest, was Sie beschäftigt, woran Sie wie lange lesen und was Sie im Schreiben hemmt oder voranbringt. Mit dem Logbuch können Sie sich beobachten. Nutzen Sie diese Möglichkeit und dokumentieren Sie Ihre individuellen Vorgehensweisen, um Ihre persönlichen Strategien zu finden und neue Ideen zu entwickeln – und um im Auge zu behalten, warum Sie sich womit beschäftigen und welche Überlegungen sich daraus ergeben.

Damit das Logbuch seinen Namen zu Recht trägt, verlangt es tägliche, mit Datum versehene Einträge. Sie dokumentieren in chronologischer Folge Ihre Beobachtungen bezogen auf Ihre wissenschaftliche Arbeit, also Fort-, aber auch etwaige Rückschritte, und gewinnen so eine Übersicht über den Verlauf des Arbeitsprozesses. Mithilfe des Logbuchs können Sie sich jederzeit (auch in Zeiten eines vermeintlichen Stillstands) darüber vergewissern, dass Sie am Ball geblieben sind, wie Sie zu bestimmten Entscheidungen gekommen sind und aus welchem Grund Sie einen bestimmten Text nicht weiter berücksichtigt haben. Da nur Sie in Ihrem Logbuch lesen, können und sollten Sie sich ehrlich Rechenschaft darüber ablegen, welche Arbeitsschritte Sie gegangen sind, was Sie dabei herausgefunden haben (so zwingen Sie sich in gewisser Weise sanft dazu, etwas herauszufinden). Ob Ihre Arbeit zügig oder schleppend vorangeht, ob geradlinig oder auf Umwegen, können Sie durch die Lektüre Ihres Logbuchs ebenso nachvollziehen wie Lücken im Gedankengang oder ein Abschweifen.

Ihr Logbuch schreiben Sie nur für sich selbst.

Führen Sie Ihr Logbuch sorgfältig und ehrlich. Achten Sie vor allem auf:

Führen Sie Ihr Logbuch sorgfältig!

- Angaben zu den zu lesenden Texten und zu Rechercheinstrumenten: Woher stammt der Literaturhinweis? Sollte das Lesen ein spezielles Interesse verfolgen? Was ist bei der Bedienung von Datenbank X zu bedenken?
- Stichworte zu den gelesenen Texten: Was war im Zusammenhang mit der eigenen Arbeit wichtig? Gibt es Bezüge zu anderen Texten, die nachvollzogen werden sollten?
- Grundannahmen: Welche Gegebenheiten oder Zusammenhänge erwarte ich? Sind diese Einschätzungen zutreffend? Wodurch/wie werden sie bestätigt/widerlegt?
- Kommentare zu gewählten Strategien: Ist z. B. das Arbeiten am frühen Morgen oder späteren Abend effektiv? Welche Tätigkeit im Zusammenhang mit der wissenschaftlichen Arbeit erledige ich idealerweise wann? Welcher Arbeitsplatz bringt welche Vor- oder Nachteile mit sich?

Führen Sie Ihr Logbuch ehrlich!

- Anmerkungen zum Zeitmanagement: Wie lange lese einen 20-seitigen wissenschaftlichen Aufsatz? Wie lange dauert es, ein Exzerpt dazu zu verfassen? Wie viele Tage des Nicht-an-der-Arbeit-Arbeitens verursachen einen zu großen Abstand, sodass ich mich quasi neu eindenken muss?
- Einfälle, Überlegungen, Erwägungen: Habe ich zum gerade Gelesenen eine eigene Idee, etwa ein Beispiel oder einen bereits gelesenen Text? Kann ich einen Bezug zur Seminardiskussion oder zu einer Vorlesung erkennen und herstellen?
- Fragen, Zweifel, Enttäuschungen: Was verstehe ich nicht genau und sollte ich daher später nochmals lesen und prüfen? Stimmt diese Überlegung? Welchen meiner Gedanken lese ich nun in einem anderen Text? Handelt es sich um eine völlige Übereinstimmung? Oder habe ich eine andere Perspektive?
- Schlussfolgerungen: Kann ich im Besonderen, in der eben gelesenen Aussage, meiner Quelle, meinem Material allgemeine Gesetzmäßigkeiten erkennen? Oder umgekehrt: Kann ich das Allgemeine (die Theorie, die Gesetzmäßigkeit) in einem konkreten Beispiel, der gerade gelesenen Aussage oder meinem Material erkennen?

- Entscheidungen: Welche der Monografien lese ich zuerst und warum wähle ich sie? Warum sollte ich diesen Fachbegriff definieren? Warum ändere ich meine ursprüngliche Planung und ziehe dieses Unterkapitel vor? Welche Konsequenzen hat das für die Planung?

Das Logbuch schreiben Sie für sich selbst – hier formulieren Sie persönliche Einschätzungen, Urteile, Kritik und Wertungen; Sie können daher in der Ichform schreiben. (Wenn Sie möchten, können Sie auch mal schriftlich schimpfen.) Verfassen Sie an jedem Arbeitstag einen neuen Eintrag – auch wenn es nichts Besonderes zu geben scheint, sollten Sie dokumentieren, was Sie gemacht haben. Im Rückblick kann auch ein vermeintliches Auf-der-Stelle-Treten von Bedeutung sein oder eine Nichtigkeit spannende Fragen aufwerfen. So können Sie sich selbst besonders dann eine Hilfe sein, wenn Sie unzufrieden mit ihren Arbeitsergebnissen sind: Wenn Sie sich über Pläne und das, was tatsächlich passiert ist, Rechenschaft ablegen, können Sie erkennen, wie verbindlich Sie sich selbst gegenüber handeln – und bei Bedarf nachjustieren.

Im Logbuch können Sie in der Ichform schreiben.

Interview

? Wie sind Sie auf Ihr Thema für die Bachelorarbeit gekommen?

In einem Seminar wurde das Thema »Co-Teaching« am Rande angesprochen. Ich hatte noch nicht viel davon gehört, fand es aber interessant und habe angefangen, mich einzulesen. Außerdem habe ich mich informiert, wo Co-Teaching umgesetzt wird, und schnell gemerkt, dass es im Kontext von Inklusion sehr aktuell ist.

? Wo und wie haben Sie recherchiert?

Die Universität zu Köln hat Fachdatenbanken mit Zeitschriftenaufsätzen und aktuellen Büchern. In deren Literaturverzeichnissen habe ich nach weiteren Quellen gesucht. Für praktischen Input habe ich einen Tag in einer Schule hospitiert und schließlich für den Überblick eine Art Exposé geschrieben.

? Wie war der Weg zum konkreten Thema?

Es war gar nicht so leicht, das erst mal sehr weite Thema einzugrenzen und auf den Punkt zu bringen. Das hat sich vor allem im Gespräch mit der Dozentin entwickelt. Sie hat mir geraten, präzise und nicht zu offen zu formulieren. Ich bin oft in die Sprechstunde gegangen und wir haben immer wieder daran herumgefeilt. Es hat sicher zwei Monate gedauert, bis das endgültige Thema feststand: »Chancen und Herausforderungen von Co-Teaching in inklusiven Lernsettings – eine qualitative Studie zum Erleben von Lehrpersonen«. Von daher ist es wichtig, einen Dozenten zu haben, mit dem man gut klarkommt und den man schätzt.

Was raten Sie Studierenden, die ein Thema suchen oder konkretisieren müssen?

Es kommt darauf an, den ersten Schritt zu tun. Sich nicht von der großen Arbeit, die man schreiben muss, abschrecken zu lassen, sondern zu fragen: Was interessiert mich? An dem Punkt kann man weitermachen, ein paar Artikel lesen, sich im Kommilitonenkreis über das Thema austauschen. Ich kann die Sprechstunden nur empfehlen. Ich habe immer wieder Termine gemacht, um mit der Dozentin zu reden, zum Beispiel wenn ich gemerkt habe, ich komme gerade nicht weiter. Die meisten Dozenten, die Abschlussarbeiten annehmen, haben ein Interesse daran zu helfen.

Was ist mit vorgegebenen Themen?

In meinem Bereich bieten viele Professoren Bachelorarbeiten innerhalb ihres Forschungsprojektes an. Die Studierenden müssen ihr Thema zwar selbst konkretisieren, aber im Kern ist es vorgegeben. Viele, die ich kenne, haben das so gemacht. Mein Gefühl war allerdings, dass manchen ihr Thema dann nicht so viel Freude gemacht hat. Ich bin in meiner Arbeit richtig aufgegangen – ich glaube, das liegt daran, dass ich mir das Thema selbst gesucht habe. Eine Hausarbeit ist schnell geschrieben, aber eine Abschlussarbeit beschäftigt einen eine Weile. Auch vorgegebene Themen sollten einen also wirklich interessieren.

Tabea Dross studiert an der Universität zu Köln Lehramt für sonderpädagogische Förderung im Masterstudiengang.

Etappe 2: den Text vorbereiten

Wie lassen sich Leseergebnisse festhalten? Wie die Vielzahl der Aufsätze und Aussagen zum Thema sortieren? Und: Was kann ich zum Thema beitragen? Fragen wie diese stellen sich während der Vorbereitung immer wieder. Wichtig ist es, regelmäßig zu arbeiten, Routine zu entwickeln und zu bedenken, welche Texte zu welchem Zweck wie gelesen werden sollten.

Sie haben Ihr Thema näher kennengelernt, den Bereich und die Art und Weise, wie Sie es bearbeiten wollen, näher bestimmt. Nun können Sie beginnen, Ihren Text vorzubereiten, indem Sie Ihr Material erarbeiten, beispielsweise Daten erheben (falls Sie empirisch arbeiten) und vor allem die hinzuzuziehende Literatur bearbeiten und bibliografieren.

LITERATUR AUSWERTEN

Sie müssen Ihr Material nicht nur erarbeiten, sondern auch auswerten.

Es reicht nicht, dass Ihr Material – Daten und Texte – vorliegt; zum Erarbeiten gehört auch, dass Sie es auswerten. In Bezug auf empirische Daten liegt dies auf der Hand, aber auch mit Blick auf die Literatursuche sollten Sie methodisch vorgehen und deshalb das Lesen schreibend begleiten.

Ihr erstes Nachschlagen in Lexika, Handbüchern und Einführungen, dessen Ergebnis Sie möglicherweise in Ihrer Mindmap vor sich sehen, lieferte Ihnen Orientierung für die weitere Literatursuche: Buchtitel sowie Autorennamen, Stich- und Schlagwörter, die Sie in einen Bibliothekskatalog oder eine Datenbank eingeben können. Das Recherchieren mithilfe von Verweisen (Schneeballsystem, ↗ Seite 76 f., Katalogen und Fachdatenbanken zeigt Ihnen Zusammenhänge. Auch wenn über das Internet zahlreiche Informationen zugänglich sind, ist das Worl Wide Web kein umfassender Wissensspeicher, der sich per Suchmaschlne erschließen lässt, denn

- nicht alle relevanten wissenschaftlichen Texte sind online zugänglich,
- nicht alle Dokumente, die Sie im Internet finden, sind in ihrer Qualität geprüft,
- nicht alle verfügbaren wissenschaftlichen Texte oder ihre bibliografischen Daten werden über allgemeine Suchmaschinen gefunden.

Tipp

Das Internet strategisch nutzen

Das Internet kann bei der Vorbereitung einer wissenschaftlichen Arbeit eine große Hilfe sein. Etwa weil man, ohne das Haus zu verlassen, die Online-Angebote von Stadt-, Universitäts- und Fachbibliotheken nutzen kann. Hier werden nicht nur der Katalog, die Aufstellungssystematik (die Logik der Signaturen), Fachdatenbanken, sondern auch Fachportale vorgestellt, die einen systematischen Zugang für weitere Internetrecherchen und Informationen zu Texten bieten – beispielsweise Abstracts und Verschlagwortung. Die über die Website einer Bibliothek zugänglichen Portale, die es erlauben, Suchanfragen thematisch einzugrenzen, sind auf der Basis von Fachkenntnissen zusammengestellt, geprüft und kommentiert. Daher: Nutzen Sie die Online-Angebote Ihrer (Fach-)Bibliothek!

Da Sie sich – noch immer – in Ihr Thema einarbeiten, hilft es Ihnen sehr, wenn Sie Zusammenhänge nachvollziehen können. Dabei kann Sie ein gut vorbereiteter Bibliotheksbesuch unterstützen: Die Signaturen an den Regalreihen zeigen Ihnen, dass Sie sich zurechtfinden müssen und wollen Sie dabei unterstützen. Wenn dies nicht gelingt: Lassen Sie sich an der Information beraten! Die Notwendigkeit, eine Frage zu stellen, bedeutet auch, die eigenen Gedanken in Worte fassen zu müssen. Das unterstützt Sie dabei, Ihr Anliegen zu präzisieren. Insoweit ist ein Informationsgespräch in der Bibliothek etwas völlig anderes als eine Suchanfrage bei Google: Hier ist eine Erklärung, Erläuterung, Fokussierung erforderlich, die wechselseitige Verständigung unterstützt den Prozess des Wissenserwerbs. Erst wenn Sie Ihr Thema beherrschen, haben Sie die Übersicht und können Zusammenhänge herstellen (und einen Suchmaschinenfund bewerten und einordnen).

Die Notwendigkeit, eine Frage zu stellen, bedeutet auch, die eigenen Gedanken in Worte fassen zu müssen.

Ähnliches gilt für Artikel aus Wikipedia: Diese Enzyklopädie wird von einer Vielzahl selbst berufener Autorinnen und Autoren verfasst, Wikipedia-Artikel können jederzeit bearbeitet werden, sie verändern sich. Die Autoren und Autoriinnen bleiben anonym und die Qualität der Artikel wird nicht von einer Redaktion, sondern durch die Nutzer selbst sichergestellt. Auch wenn Wikipedia aus diesen Gründen nicht zitierfähig ist, lässt sie sich doch zusammen mit Referenzwerken wie Hand-, Lehr- und Fachwörterbüchern nutzen: für den ersten Überblick, für Zusammenhänge und Bezüge sowie für die ersten Hinweise auf einschlägige oder möglicherweise relevante Literatur. Aber Vorsicht: Es gibt auch (grob) fehlerhafte Wikipedia-Artikel! Nutzen Sie daher zusätzlich andere Enzyklopädien sowie Fachwörterbücher.

Bibliografieren

Bibliografieren heißt, Informationen über Texte zu sammeln.

Sie beginnen schon zu bibliografieren, wenn Sie sich lesenswerte Titel notieren oder Literaturlisten sammeln, die Sie in Seminaren erhalten haben. Ein Berg von Zetteln und Notizen ist aber noch keine Bibliografie. Bibliografieren bedeutet, die Buch- und Zeitschriftentitel sowie die Online-Publikationen zu finden und aufzulisten, die für ein Thema wichtig sind, also Informationen über Texte zu sammeln.

Das Schneeballsystem

Ein erster Weg der Literatursuche und damit ein erster Schritt zu einer Bibliografie ist das Sammeln von Verweisen beim Lesen. Dies hilft Ihnen, Zusammenhänge nachzuvollziehen, indem Sie Textvernetzungen folgen: Wenn Sie beim Lesen eine zitierte Stelle für Ihr Erkenntnisinteresse aufschlussreich finden, ist das ein erster Literaturhinweis, dem Sie nachgehen sollten – zitieren Sie also nicht aus zweiter Hand, sondern besorgen Sie sich den Ursprungstext, um die Aussage im Originalkontext zu prüfen. Bereits Kapitel in Einführungswerken oder Handbüchern liefern Ihnen Verweise, die ihre Vernetzungen zu anderen Texten abbilden.
Verfolgen Sie diese Verweise mit Blick auf Ihr Erkenntnisinteresse (starten Sie also eine rückwärtsgerichtete Suche nach dem Schneeballsystem), so können Sie sich beim Lesen eines Textes in der Regel lesenswerte Titel notieren. Der Vorteil dieses kontextgebundenen

Vorgehens liegt darin, dass die gefundenen Titel in Bezügen stehen, die Sie nachvollziehen können. Dies ist zugleich der Nachteil: Neue Bezüge lassen sich schwer herstellen. Zudem wählen Sie aus einer eng begrenzten Menge von Literatur aus (und zwar aus derjenigen, auf die der zugrunde liegende Text verweist). Die so gefundenen Titel sind älter als der zugrunde liegende Text, neuere Literatur entgeht Ihnen. Um diesen Nachteil aufzuheben, müssen Sie diese Form der Literatursuche durch Katalog- und Datenbankrecherchen ergänzen.

Die bibliografische Angabe

Eine vollständige bibliografische Angabe besteht aus den folgenden Bestandteilen, deren Anordnung und Kennzeichnung vorgegeben sein kann:

Bibliografische Angaben müssen vollständig sein.

- **Nachname, Vorname von Verfasser/-in oder Herausgeber/-in:** Diese Angaben informieren über die Autorschaft; vom Zitationssystem kann vorgegeben sein, dass Vornamen abgekürzt werden. Um Autoren bzw. Autorinnen von Herausgebern bzw. Herausgeberinnen zu unterscheiden, folgt ihrem Namen die Abkürzung Hg. oder Hrsg. in Klammern: »(Hg.)« oder »(Hrsg.)«. Bis zu drei Autoren bzw. Autorinnen oder Herausgeber/-innen werden namentlich genannt; sind es mehr, wird nur der bzw. die erste genannt und auf die weiteren mit »u. a.« (= und andere) verwiesen. Als Verfasser/-in oder Herausgeber/-in kann auch eine Institution fungieren.
- **Erscheinungsjahr:** Diese Angabe informiert über die Aktualität; bei großem zeitlichen Abstand eines Neudrucks oder einer Neuauflage kann in einer eckigen Klammer das Jahr des Ersterscheinens ergänzt werden.
- **Titel und Untertitel:** Diese beiden Elemente werden durch ein vom Zitationssystem vorgegebenes Satzzeichen, z. B. einen Punkt, getrennt. Anführungs-, Frage- und Ausrufezeichen im Titel werden übernommen; eventuell ist im Zitationssystem eine typografische Hervorhebung (z. B. kursiv) vorgegeben.
- **Zahl und Art der Auflage:** Diese Angaben sind geboten, wenn es sich nicht um eine Erstausgabe handelt; so wird, wenn es sich um eine x-te, überarbeitete Auflage handelt, angezeigt, dass und warum man in der ersten Auflage eine Textstelle auf einer bestimmten Seite nicht findet. Die Auflage kann auch mit einer

hochgestellten Ziffer vor dem Erscheinungsjahr angezeigt werden (»^{5}2018«).

- **Name des Übersetzers/Bearbeiters:** Diese Angaben nennen Übersetzer/-innen und Bearbeiter/-innen; in der Regel wird auch das Erscheinungsjahr der Übersetzung oder Bearbeitung angegeben.
- **Erscheinungsort(e):** Diese Angabe nennt den Verlagsort bzw. die Verlagsorte.
- **Name des Verlags und Reihentitel:** Diese Angaben ordnen das Werk näher ein. Wenn es im Kontext einer Reihe erschienen ist, zeigt das den Diskurszusammenhang.

Die bibliografischen Angaben können Sie bei Monografien dem inneren Titelblatt und dem Impressum entnehmen. Was auf dem Schutzumschlag oder dem Einband steht, ist möglicherweise verkürzt oder verändert.

Tipp

Erkundigen Sie sich nach Vorgaben!

Zur Anordnung der Elemente (Wo steht das Erscheinungsjahr? Wird der Verlag mit angegeben?) sowie zu den Trennzeichen zwischen den einzelnen Elementen und zur Verwendung von Abkürzungen gibt es unterschiedliche Traditionen. Auch die Formatierung (z. B. die Kennzeichnung von Namen durch Kapitälchen oder von Titeln durch Kursive) kann sich von Fach zu Fach unterscheiden. Um sich später aufwendige Rekonstruktionsarbeit zu ersparen, sollten Sie bibliografische Angaben sorgfältig und nach einem immer gleichen System erfassen. Am besten erkundigen Sie sich, bevor Sie mit dem Bibliografieren beginnen, in Ihrem Fachbereich oder beim zuständigen Prüfungsamt nach einer Handreichung!

Typen bibliografischer Angaben

Die Struktur einer bibliografischen Angabe zeigt die Publikationsform an. Man unterscheidet zwischen selbstständig und unselbstständig erschienener Literatur. Zu selbstständig erschienener Literatur gibt es genau eine Titelangabe; die Publikation bildet eine komplette Einheit. Zu unselbstständig erschienener Literatur – dazu zählen vor allem Aufsätze in Sammelbänden oder Zeitschriften – gibt es zwei Titelangaben, wobei der eine Text einen Teil des anderen bildet, gekennzeichnet durch »In:«, weil er von diesem abhängt; die Seitenzahlen der ersten und der letzten Seite des abhängigen Textes werden angegeben (z. B.: »S. 173–212«).

Die vollständige bibliografische Angabe einer selbstständigen, im Buchhandel erschienenen Veröffentlichung eines Autors bzw. einer Autorin oder mehrerer Autoren bzw. Autorinnen zu einem Thema (einer Monografie) enthält den oder die Namen, Titel und Untertitel, Auflage, Erscheinungsort und Erscheinungsjahr (der Verlag kann, muss aber nicht genannt werden). Im Folgenden wird eine im Harvard-System übliche Abfolge der Elemente bibliografischer Angaben mit Blick auf verschiedene Publikationsarten durchgespielt

Was bibliografische Angaben enthalten müssen, hängt von der bibliografierten Publikationsform ab.

- **Selbstständige Publikation: Monografie**
  Mustermann, Max / Musterfrau, Maximiliane 2018: Musterliteraturangaben und ihre Gestaltung. 8., völlig neu bearb. Aufl. Essen: Beispielverlag.
- **Unselbstständige Publikation: Aufsatz im Sammelband**
  Die bibliografische Angabe hat zwei Bestandteile: a) den Titel des Aufsatzes sowie b) den Titel des Sammelbandes als der selbstständigen Veröffentlichung. Auf den Namen des Verfassers bzw. der Verfasserin folgt der Aufsatztitel, dann »In:« und die bibliografische Angabe des Sammelbandes sowie die Seitenzahlen der ersten sowie der letzten Seite des Aufsatzes:
  Musterfrau, Maximiliane 2018: Der Aufsatz. In: Editor, Erika (Hg.) 2018: Das Buch der Aufsätze. Eine Sammlung. Essen: Beispielverlag, S. 33–44.
- **Unselbstständige Publikation: Aufsatz in einer Zeitschrift**
  Die bibliografische Angabe hat zwei Bestandteile: a) den Titel des Aufsatzes sowie b) den Titel der Zeitschrift als der selbstständigen Veröffentlichung. Auf den Namen des Verfassers bzw. der Verfasserin folgt der Aufsatztitel, dann »In:« und die bibliografische

Angabe der Zeitschrift (Name, Jahrgang, Jahr, Heftnummer) sowie die erste und letzte Seite des Aufsatzes:
Mustermann, Max 2018: Der Zeitschriftenaufsatz. In: Die Zeitschrift 35/2018, H. 3, S. 22–31.

- **Unselbstständige Publikation: Lexikonartikel**
  Lexikonartikel werden unter den Namen ihres Verfassers bzw. ihrer Verfasserin (sofern bekannt) oder unter ihrem Titel bibliografiert (und nicht unter den Namen ihrer Herausgeber). Wenn Bände in verschiedenen Jahren erschienen sind, sollte man den Band und sein Erscheinungsjahr angeben:
  Die Enzyklopädie 2016: Schreiben. Band 6. München: Beispielverlag, S. 1101 f. oder
  Musterfrau, Maximiliane 2016: Schreiben. In: Die Enzyklopädie 2016. Band 6. München: Beispielverlag, S. 1101 f.
- **Online-Publikationen (HTML-Seiten)**
  Online-Publikationen werden wie Aufsätze zitiert, im Anschluss ergänzt um die Internetadresse sowie das Datum, an dem der Text aufgerufen wurde. Seitenzahlen können nicht angegeben werden.
  Musterfrau, Maximiliane 2016: Veröffentlichen im World Wide Web. [www.arbnet/wiss/schreib.html, abgerufen am 31. 3. 2018]

Die bibliografischen Angaben zu digitalen Publikationen müssen so korrekt sein wie die zu gedruckten auch.

- **Artikel aus elektronischen Zeitschriften (PDFs)**
  Artikel aus elektronischen Zeitschriften werden wie gedruckte Monografien oder Aufsätze zitiert. Hier können Seitenzahlen angegeben werden.
- **E-Books**
  Bei einigen Formaten ist die Textdarstellung variabel, Schriftarten und -größen lassen sich verändern, die Seitenangabe ist nicht möglich. Anstelle von Positionsangaben (die Ihr Reader Ihnen möglicherweise anzeigt, die aber je nach Ausgabeart variieren), sollten Sie auf das Kapitel verweisen. In der Bibliografie geben Sie das Dateiformat mit an, um nachvollziehbar zu machen, warum beim Zitat das (Unter-)Kapitel genannt ist.

Verschiedenen Arten von Online-Publikationen (Aufsätzen, E-Books, Online-Dokumenten) wird mithilfe dauerhafter Links, DOIs *(Digital Object Identifiers)* oder URNs *(Uniform Resource Names)* eine eindeutige und permanente Identifikation mitgegeben. DOIs und URNs funktionieren wie ISBN- und ISSN-Nummern für gedruckte Bücher und Zeitschriften und sorgen für Wiederauffindbarkeit. Sie sollten sie dann mit angeben, wenn es in der für Ihre Arbeit verbindlichen Handreichung verlangt wird. Auch hier müssen Sie das Datum angeben, an dem Sie die Publikation (zuletzt) abgerufen haben (z. B. »abgerufen am 31. 3. 2018«).

Tipp

Websites speichern

Es empfiehlt sich, zitierte Websites sowie PDF-Dokumente auf dem eigenen Rechner zu speichern, um einen Beleg verfügbar zu haben, falls die Seite verändert oder vom Netz genommen werden sollte. Bevor Sie Ihre Arbeit abgeben, sollten Sie die WWW-Dokumente noch einmal aufrufen und im Literaturverzeichnis nach einer Ergänzung wie »letzter Abruf am«, »Zugriff am« das Datum angeben.

Bibliothekskataloge und Datenbanken

Im Katalog einer Bibliothek sind die verfügbaren Medien (Bücher, Zeitschriften, CD-ROMs usw.) verzeichnet. Wer hier nachschlägt, kann dreierlei in Erfahrung bringen:

- Welche Bücher eines Autors bzw. einer Autorin oder zu einem Thema zum Bestand der Bibliothek gehören,
- ob ein bestimmtes Buch entliehen ist und
- unter welcher Signatur ein bestimmtes Buch zu finden ist.

Sie können mithilfe eines Katalogs also prüfen, ob die Texte, die Sie suchen, in einer bestimmten Bibliothek zugänglich sind. Somit ist auch die Recherche in einer Bibliothek ein Suchen in einer begrenzten Menge von Texten (die aber im Umfang um ein Vielfaches größer ist, als die in einem Buch erwähnten). Wenn Sie keine geeigneten Texte finden, bedeutet dies nicht notwendigerweise, dass es keine Literatur gibt, sondern zunächst nur, dass es sie in Ihrer Bibliothek nicht gibt.

Nutzen Sie auch Kataloge anderer Bibliotheken (auch der Stadtbibliotheken).
Über die Websites von (Universitäts-)Bibliotheken können Sie auf fächerübergreifende und fachspezifische Datenbanken zugreifen, die nicht nur Monografien und Fachzeitschriften, manchmal auch Fachaufsätze, die in Zeitschriften oder Sammelbänden erschienen sind, sowie Sammelbände und Online-Dokumente verzeichnen, sondern auch Nachschlagewerke sowie Patente, DIN-Sammlungen und Werkausgaben.

Spezialisierte Datenbanken enthalten meist auch fachspezifische Schlagwörter sowie Abstracts.

Bibliografische Datenbanken verzeichnen Verweise auf gedruckte und elektronische Texte. Spezialisierte bibliografische Datenbanken, die für einen bestimmten Verwendungszweck oder Fachzusammenhang aufgebaut wird, enthalten meist über die bibliografischen Angaben zu Autor/-in, Titel, Erscheinungsort und Erscheinungsdatum hinaus auch fachspezifische Schlagwörter und Abstracts (Zusammenfassungen).

Beispiel Erkan Küçük studiert Wirtschaftswissenschaften und sucht ein Thema für seine Bachelorarbeit. Zufällig liest er im »Spiegel« einen Artikel über den Online-Einkauf von Lebensmitteln. Dieses Thema im Kopf, besucht er einen Kurs zur fachspezifischen Datenbankrecherche in der Universitätsbibliothek. Dort lernt er, Schlag- und Titelstichwörter zu ermitteln, Suchanfragen zu präzisieren und zu diesem sehr aktuellen Thema Literatur zu finden. Er erstellt eine kurze annotierte Bibliografie zu seinem Thema und geht damit in die Sprechstunde. Der Dozent lobt seine Auswahl und nennt ihm noch zwei Titel. Gemeinsam formulieren sie die Fragestellung für seine Bachelorarbeit.

In einer Datenbank können Sie in einzelnen Arbeitsschritten zuerst nach den Namen von Autoren und Autorinnen suchen, dann nach vollständigen Buchtiteln, dann nach Stichwörtern (die grundsätzlich im Titel enthalten sind) oder Schlagwörtern (die die Bibliothekare unter thematischen Aspekten vergeben). Sie können aber auch Anfragen kombinieren und sich durch Eingaben in die entsprechenden Felder beispielsweise alle Titel eines bestimmten Autors oder einer bestimmten Autorin zu einem bestimmten Thema auflisten lassen. Solche Verknüpfungen schränken die Anzahl der Treffer ein, Sie

sollten sie daher vor allem erst dann anwenden, wenn die Anzahl der Treffer bei einfachen Eingaben zu umfangreich bleibt. Alternativ können Sie in einem zweiten Schritt innerhalb ausgegebener Titellisten weitersuchen und so die Wirkungsweise von Einschränkungen beobachten.
Machen Sie von solchen Möglichkeiten ebenso Gebrauch wie von Operatoren, mit deren Hilfe Sie Suchbegriffe innerhalb eines Feldes kombinieren können. Vielleicht kennen Sie die Operatoren *UND, ODER, NICHT* aus der Mengenlehre: Indem Sie einen dieser Operatoren zwischen zwei Suchbegriffe setzen, können Sie die Zahl der Treffer verringern (*UND* bildet eine Schnittmenge, *NICHT* bildet eine Differenzmenge) oder vergrößern (*ODER* bildet eine Vereinigungsmenge).
Außerdem gilt: Gehen Sie mit Schlagwörtern und Stichwörtern sinnvoll um. Wenn Sie beispielsweise einen Begriff im Singular suchen lassen, werden Ihnen Einträge, die den Begriff im Plural enthalten, nicht angezeigt. Nutzen Sie in solchen Fällen bei Ihrer Suchanfrage Trunkierungszeichen, datenbankspezifische Platzhalter für eine beliebige Menge von Zeichen. In der Regel sind Rechtstrunkierungen am Ende eines Wortes möglich, seltener auch Linkstrunkierungen am Wortanfang. Weiterhin ist zu bedenken: Auch die Zuordnung von Schlagwort und Titel ist nicht in allen Datenbanken gleich; lassen Sie sich daher die Liste der in einer Datenbank verwendeten Schlagwörter anzeigen. Und: Legen Sie sich zur Vorbereitung Ihrer Datenbankrecherche mehr als ein Schlagwort zurecht – zur Orientierung können Sie mit einem bekannten Text zu Ihrem Thema eine Palette von Schlagwörtern abrufen, unter denen dieser geführt wird.

Mithilfe von Operatoren können Sie die Zahl der Treffer verringern oder vergrößern.

Datenbankrecherchen vor- und nachbereiten

Die Wahl der Datenbank bestimmt das Suchergebnis: Bevor Sie mit der Suche beginnen, sollten Sie sich über Besonderheiten der Bedienung informieren und klären, ob der von Ihnen gesuchte Dokumenttyp von der Datenbank erfasst wird. Nehmen Sie sich die Zeit, die Datenbank kennenzulernen und nutzen Sie Einführungskurse Ihrer Bibliothek. Gehen Sie beim Recherchieren in Datenbanken strategisch vor und protokollieren Sie sowohl Ihre Abfragen als auch die Suchergebnisse: Wonach habe ich gesucht? Was habe ich gefunden? (Falls Sie ein Logbuch führen, schreiben Sie diese Überlegungen ohnehin auf.)

In der Regel können Sie die Ergebnisse Ihrer Datenbankrecherchen ausdrucken (oder als PDF-Datei speichern) oder auch exportieren und so Ihren Rechercheweg nachvollziehen. Um den Überblick zu behalten, ist es bei einer umfangreicheren Arbeit sinnvoll, zusätzlich zur Mindmap während der Recherche eine Arbeitsbibliografie zu führen oder ein Literaturverwaltungsprogramm zu nutzen. Denn: Die in einem Text, einem Katalog oder auch in einer Datenbank gefundene bibliografische Angabe ist kein Rechercheergebnis – ebenso wenig wie ein in einem Fachportal gefundenes Abstract oder gegoogeltes PDF-Dokument. Dass ein Text geschrieben wurde, ist kein hinreichender Grund dafür, ihn zu bearbeiten. Es gilt, festzustellen, ob er in einen sinnvollen Zusammenhang mit der eigenen Fragestellung gebracht werden kann.

In der Regel können Sie Ihre Rechercheergebnisse ausdrucken oder speichern.

Mit jedem neuen gelesenen Text, mit jeder Suchanfrage in Bibliothekskatalog oder Fachdatenbank finden Sie weitere Literaturhinweise. Diese sind für Sie zunächst nichts anderes als Anknüpfungspunkte, die Sie auf ihre Verwertbarkeit für Ihr Erkenntnisinteresse prüfen müssen. Insofern empfiehlt es sich nicht, Suchanfrage auf Suchanfrage folgen zu lassen und in relativ kurzer Zeit Hunderte Titel zusammenzustellen, ohne die Texte zu lesen.

Um den Überblick zu gewinnen (und zu behalten), sollten Sie die Texte, die Sie recherchieren, möglichst bald sichten und lesend bearbeiten. Ihre Fortschritte können Sie in einer Arbeitsbibliografie dokumentieren, die Sie anlegen, um Ihren intensiven Leseprozess vorzustrukturieren.

Die Arbeitsbibliografie

Indem Sie alle zu Ihrem Thema interessanten Titel in einem Dokument zusammenfassen, entsteht Ihre individuelle Arbeitsbibliografie. Diese ist ein eigenständiges Dokument und wird weder mit dem endgültigen Literaturverzeichnis Ihrer Arbeit (das üblicherweise ausschließlich die im Text erwähnten Titel verzeichnet) noch mit irgendeiner anderen Bibliografie zu demselben Thema übereinstimmen.

Damit die Bibliografie Ihnen den Überblick über den Stand und die To-dos Ihrer Vorarbeiten bieten kann, sollten Sie sich eine strukturierte Literaturübersicht als Mindmap anlegen, in der Sie die gesuchte Literatur notieren – zusammen mit den Texten, in denen Sie die Verweise gefunden haben: Der gelesene Text bildet die Überschrift (bzw. den übergeordneten Ast), die dort erwähnten Titel sind darunter eingeordnet (bzw. bilden die Zweige). So sehen Sie auf einen Blick die von Ihnen genutzten Vernetzungen. Im Laufe Ihrer Lesearbeit werden Sie weitere Bezüge entdecken und ergänzen können. Dies zeigt Ihnen Ihre eigenständige wissenschaftliche Arbeit: Dass Sie sich zu Beginn auf den über Verweise ausgeschilderten Wegen bewegen, ist nur vernünftig.

Ziel der Arbeitsbibliografie ist es nicht, in möglichst kurzer Zeit eine lange Liste von Literaturhinweisen zu haben, ganz im Gegenteil: Ziel der Arbeitsbibliografie ist es, jedem einzelnen Literaturhinweis nachzugehen, die Texte zu prüfen und nur solche Titel in die Bibliografie aufzunehmen, die mit dem eigenen Thema in Zusammenhang stehen und für das Erkenntnisinteresse nutzbar sind. Um die in die Arbeitsbibliografie aufgenommenen Texte auf ihre Relevanz zu prüfen, das heißt herauszufinden, ob sie für Ihr Thema so wichtig sind, wie der Titel es versprach, müssen Sie (noch) nicht alles gründlich lesen: Ein Blick in Inhaltsverzeichnis, Register und Literaturverzeichnis sowie in Einleitung und Schluss ermöglicht Ihnen, die Bedeutung des Textes einzuschätzen.

Ihre individuelle Arbeitsbibliografie entsteht, indem Sie alle zu Ihrem Thema interessanten Titel in einem Dokument zusammenfassen.

In Ihrer Arbeitsbibliografie stellen Sie (Sekundär-)Literatur zusammen, die Sie für Ihre wissenschaftliche Arbeit heranziehen möchten – eine solche Bibliografie unterstützt also Ihre Recherche der wissenschaftlichen Literatur. Eine Arbeitsbibliografie ist prinzipiell offen. Gerade dies macht sie so nützlich, zugleich aber auch pflegebedürftig: Sie können (und sollten) der Arbeitsbibliografie in jeder Arbeitsphase Titel hinzufügen, aber auch Titel, die sich während des Arbeitens als irrelevant erweisen, als solche kennzeichnen. So hilft die Arbeitsbibliografie, den Überblick zu bewahren – es könnte ja sein, dass Sie später erneut auf die Titel stoßen und sie erneut verwerfen würden. Diese Schleife kann Ihnen die Arbeitsbibliografie ersparen.

Am besten arbeiten Sie mit drei Farben oder Formaten: Kennzeichnen Sie Titel, die Sie

- bereits gelesen, bearbeitet und für wichtig befunden haben,
- bereits gelesen, bearbeitet und für unwichtig befunden haben (ergänzen Sie zwei, drei Sätze, warum) und
- noch zu recherchieren, zu lesen und zu bearbeiten haben.

Je nach Erkenntnisinteresse lassen sich die Literaturangaben in der Arbeitsbibliografie zum Beispiel nach Erscheinungsjahr, Signatur oder Zeitschriftentitel oder aber alphabetisch nach den Nachnamen der Autoren und Autorinnen ordnen. Bei größeren Arbeiten empfiehlt es sich, für jedes Kapitel eine Bibliografie anzulegen. Sie werden dies besonders dann als echte Hilfe empfinden, wenn Sie nicht kontinuierlich arbeiten können: Ein Blick in die mit Sorgfalt selbst erstellte (annotierte) Bibliografie erspart Ihnen die langwierige Wiedereinarbeitung.

Literaturverwaltungsprogramme

Mit einem Literaturverwaltungsprogramm können Sie Ihre gesammelten bibliografischen Angaben ordnen.

Literaturverwaltungsprogramme (wie Citavi, Endnote, Zotero oder RefWorks, die Ihnen über Campuslizenzen oder frei im Web zur Verfügung stehen) können Sie für Anmerkungen (Annotationen) nutzen. Der Nutzen dieser Programme besteht aber vor allem darin, dass sie bibliografische Angaben nach verschiedenen Systemen erstellen können. Wer also zu seinem Thema viele verschiedene Texte publizieren will, kann mithilfe der Programme leicht Daten per Mausklick sortieren und eine Bibliografie aus einem Literaturverwaltungsprogramm direkt ins Textverarbeitungsprogramm exportieren: Sollten sich formale Vorgaben ändern, kann die Abfolge der Elemente (Name, Titel, Erscheinungsjahr usw.) der bibliografischen Angabe den neuen Anforderungen entsprechend geändert werden.
Die Möglichkeiten von Literaturverwaltungsprogrammen gehen deutlich über das Sammeln und Verwalten bibliografischer Daten und das Erstellen von Bibliografien hinaus; entsprechend komplex ist auch ihre Anwendung. Sie lassen sich mit Bibliothekskatalogen und Fachdatenbanken vernetzen, um bibliografische Angaben und sogar Abstracts direkt zu importieren. Auch PDF-, Ton- und Filmdokumente lassen sich einfügen. In eigenen Feldern ist es möglich, Notizen anzulegen, Kategorien zuzuweisen oder auch Hauptaussagen und Zitate festzuhalten. Auf diese Weise laden die Programme dazu ein, sie anstelle von Exzerpten zu nutzen.
Wenn Sie die Gelegenheit haben, sollten Sie an Einführungskursen Ihrer Universitätsbibliothek teilnehmen, um sich einzuarbeiten.

Tipp

Literaturverwaltungsprogramm – ja oder nein?

Nur allzu leicht kann das eigentliche Ziel wissenschaftlichen Arbeitens – das von einem Erkenntnisinteresse geleitete Formulieren eines für interessierte Leser/-innen nachvollziehbaren Textes – in den Hintergrund rücken, wenn man sich auf die Herausforderungen neuer Arbeitsinstrumente einlässt. Das gilt auch für Literaturverwaltungsprogramme. Für Ihre ersten Hausarbeiten sollten Sie sich mit Ihrem Textverarbeitungsprogramm, mit Katalogen und Datenbanken vertraut machen – da gibt es genug zu bedenken. Erst wer das beherrscht und dann umfangreichere Forschungsarbeiten vor sich hat, sollte erwägen, ein Literaturverwaltungsprogramm zu nutzen.

EFFEKTIV LESEN

Wissenschaftliches Lesen unterscheidet sich vom unterhaltenden Lesen beispielsweise eines Romans oder einer Illustrierten nicht nur in der Leseabsicht, sondern auch hinsichtlich der Vorgehensweise. Während das unterhaltende Lesen ohne Vorbereitung und in der Regel aus einem inneren Impuls heraus erfolgt, sind für das wissenschaftliche Lesen die Auswahl und der Wunsch nach Effektivität konstitutive Elemente.

Wenn Sie (idealerweise Ihrer Arbeitsbibliografie folgend) lesen, sollten Sie die Titel nach Erscheinungsjahren sortieren und die zuletzt erschienenen, also die neueren Texte, zuerst prüfen. So gewinnen Sie am schnellsten einen Eindruck vom aktuellen Stand der Wissenschaft. Außerdem werden Sie auf diese Weise feststellen, welche (oft zitierten) Werke zum Standard gehören, und haben beim Lesen bereits Vorinformationen, die Ihnen das Verstehen erleichtern.

Abhängig vom Leseziel wenden Sie unterschiedliche Strategien an. Es gibt aber weitere Unterschiede: Anders als ein Roman, den Sie womöglich beiseitelegen, wenn er Ihnen nicht zusagt, muss ein wissenschaftlicher Text zu Ende gelesen werden, wenn er für die geplante Arbeit von Relevanz ist. Und: In der Regel werden Sie ihn mehrmals lesen – mit Absicht und Methode.

Drei Formen des Lesens

Zur Vorbereitung Ihrer wissenschaftlichen Arbeit sollten Sie alle drei Formen des Lesens anwenden.

Grob lassen sich drei unterschiedliche Arten der lesenden Informationsaufnahme unterscheiden. Sie kennen sie aus dem Alltag: Romane lesen Sie höchstwahrscheinlich Seite für Seite, Zeitungen und Zeitschriften blättern Sie zunächst durch, um dann an der einen oder anderen Stelle ausführlicher zu lesen. Websites wiederum rezipieren Sie ganz anders. Dort steuern Links die Aufmerksamkeit und die damit verbundenen Auswahlprozesse.
Zur Vorbereitung Ihrer wissenschaftlichen Arbeit sollten Sie alle drei Formen des Lesens anwenden:

1. das kursorische Lesen (»Querlesen«) zur Vorbereitung,
2. das gründliche, vergleichende Lesen (»studierendes Lesen«) in der Hauptarbeitsphase,
3. das selektive, fokussierte Lesen (»Auswahllesen«) als Ergänzung.

Um Ihre Leseleistung zu optimieren, sollten Sie regelmäßig lesen und sich dabei Routine aneignen: Lesen Sie jeden Text im ersten Durchgang kursorisch. Das lässt sich trainieren: Blättern oder scrollen Sie den Text langsam durch, überfliegen sie die Seiten, indem Sie sie von links oben nach rechts unten mit den Augen abscannen; nach diesem Durchgang entscheiden Sie, ob Sie den Text gründlich, selektiv oder aber auch gar nicht weiterlesen. Unterbrechen Sie sich, Ihr Mitdenken und Ihren Lesefluss nicht dadurch, dass Sie immer wieder nachschlagen – versuchen Sie, Fachwörter während des Lesens aus dem Kontext zu entschlüsseln; auf ein Fachlexikon können Sie später zugreifen.

Strategien des Lesens: Wann welcher Text?

Nicht allein die Form des Lesens spielt eine Rolle, sondern auch die jeweils auf das Leseziel ausgerichtete strategische Textauswahl. Das Planen der Abfolge, in der Sie die zu lesenden Texte bearbeiten, verhilft Ihnen zu bestmöglichen Leseergebnissen. Der ideale Rechercheweg berücksichtigt diese Ordnung.

Allgemeine Texte vor speziellen
Für den Einstieg in ein neues Thema sollten Sie zunächst allgemeine Texte wählen. Das können Lexikonartikel sein oder Überblickstexte aus Hand- und Lehrbüchern, dann aber auch etwas umfangreichere Einführungen. So erarbeiten Sie sich Schritt für Schritt einen Überblick, sodass Sie die in Monografien oder Aufsätzen erwähnten Details einordnen können.

Die richtige Reihenfolge des Lesens verhilft Ihnen zu bestmöglichen Ergebnissen.

Neuere Texte vor älteren lesen
Lesen Sie neuere Texte vor älteren! So kommen Sie schnell auf den aktuellen Stand der Wissenschaft, denn Sie können bereits Vorwissen und Einschätzungen über erwähnte Texte einbringen, wenn Sie dann auf ältere Texte zurückgreifen. Es ist nicht hilfreich, wissenschaftliche Diskurse (die ja in den Texten geführt werden) in ihrer historisch-chronologischen Abfolge abzuarbeiten. Ein solches Vorgehen bringt es mit sich, dass man auch all das rezipiert, was die Wissenschaft nach und nach wieder verworfen hat. Umgekehrt ist es effektiver. Das soll allerdings nicht heißen, dass nur neuere Texte rezipiert werden: Das Lesen auch der (älteren) einschlägigen Literatur und der Grundlagentexte ist unverzichtbar für das Bearbeiten wissenschaftlicher Fragen.

Kürzere Texte vor längeren lesen
In aller Regel sind kürzere Texte leichter zu bearbeiten als längere. Nutzen Sie das als Chance und ziehen Sie sie vor. Das hat den Vorteil, dass Sie sie im Ganzen bearbeiten können: In überschaubarer Zeit können Sie Argumentationen komplett nachvollziehen und auf dieser Grundlage mit Aspekten aus umfangreicheren Texten gedanklich verbinden.

Einfachere, leichte Texte vor komplexen
Ein Text ist nicht an sich leicht oder schwer zugänglich, sondern für einen bestimmten Leser oder eine bestimmte Leserin (zu einem bestimmten Zeitpunkt) einfach oder komplex. Der eine bevorzugt locker Gesetztes mit vielen Zwischenüberschriften, Grafiken und Tabellen, der andere fühlt sich durch Zusatzelemente in der Lektüre

gestört und mag möglichst wenig unterbrochene Texte. Der Zugang zu komplexen Texten kann durch ein hohes Maß an Details und dadurch, dass sie Fachwissen voraussetzen, die Einarbeitung in ein Thema verkomplizieren. Gehen Sie daher besser umgekehrt vor: Lesen Sie zunächst einfachere Texte! Und nehmen Sie dabei auch Rücksicht auf das, was Ihnen persönlich leichtfällt. Machen Sie sich also das Lesen nicht dadurch schwer, dass Sie mit Texten beginnen, die Sie für schwierig halten. Lesen Sie diese einfach später – wenn Sie mehr Vorwissen haben, sind sie Ihnen wahrscheinlich zugänglicher.

Machen Sie sich vor dem Lesen Ihre Leseabsicht bewusst!

Da es den Text, der zugleich allgemein, aktuell, kurz und leicht zugänglich ist, nicht unbedingt gibt, liegt es an Ihnen, abzuwägen und gute, ehrliche Entscheidungen zu treffen. Denn auch für das Lesen gilt: Allzu leicht unterschätzt man die Anforderungen (bzw. überschätzt man sich selbst und die eigenen Fähigkeiten). Ineffektiv ist das Lesen dann, wenn man Seite um Seite ohne Ertrag umblättert oder scrollt.
Beobachten Sie sich dazu selbst: Das Lesen vorzubereiten bedeutet nicht zuletzt auch, sich die Leseabsicht bewusst zu machen und für den Leseprozess zu nutzen. Stellen Sie sich Fragen:

- Was will ich wissen?
- Kenne ich den Zusammenhang, in dem der Text steht?
- Wer ist der bzw. die Autor/-in? Welche Position vertritt er bzw. sie? Welches Erkenntnisinteresse hat er bzw. sie? Wie argumentiert er bzw. sie?
- Suche ich bestimmte Informationen oder will ich die Argumentation Schritt für Schritt nachvollziehen?
- Interessiere ich mich für Informationen zum Thema/Forschungsgegenstand oder suche ich nach Zusammenhängen und Bezügen innerhalb der wissenschaftlichen Diskussion?

Strategien des Lesens: Wann worauf achten?

Um mit den Texten von anderen im Rahmen Ihrer wissenschaftlichen Arbeit adäquat umzugehen, sollten Sie grundsätzlich drei Lesephasen einplanen: eine Phase der Lesevorbereitung, das Lesen selbst mit angemessener Lesebegleitung sowie eine Phase der Lesenachberei-

tung. Direkt danach sollten Sie eine Phase der Schreibvorbereitung anschließen, in der Sie die Leseergebnisse mit Blick auf Ihr Schreibvorhaben sichern.
Sie lesen sich ein – Sie eignen sich lesend nicht nur das Wissen über bestimmte Themen an, sondern auch die Art und Weise, darüber zu sprechen und zu schreiben. Dass Sie, indem Sie sich lesend wissenschaftliche Sprache und fachsprachliche Terminologie aneignen, Ihre eigene Sprache verändern, darf Sie nicht davon abhalten, sie zu verwenden. Wenn ein Formulieren in eigenen Worten ausdrücklich erwünscht ist, heißt das nicht, dass Sie Fach- und Wissenschaftssprache vermeiden sollen. Um das im Fach übliche Formulieren zu trainieren, sollten Sie Ihr Lesen schreibend begleiten und sich so reflektiert und Schritt für Schritt eindenken und einarbeiten.

Lesevorbereitung

Nutzen Sie Ihr Vorwissen über Textsorten, um den Text und sein Anliegen einzuordnen: Handelt es sich um ein Einführungswerk oder um einen Fachaufsatz? – Hiervon sollten Sie abhängig machen, wie Sie im weiteren Verlauf mit dem Text umgehen, wann Sie ihn lesen und wie Sie ihn bearbeiten. Bevor Sie anfangen, einen Text zu lesen, sollten Sie für sich klären, was Sie von ihm erwarten (können):

Klären Sie vor dem Lesen, was Sie vom Text erwarten können.

1. Überfliegen Sie den Klappentext oder ein Abstract, das Inhaltsverzeichnis, das Literatur- und Stichwortverzeichnis, das Vorwort, das einleitende Kapitel und den Schluss, um den Text einzuordnen und seine Relevanz einzuschätzen.
2. Danach beurteilen Sie ihn – sowohl in Bezug auf seinen Inhalt als auch auf seine Verständlichkeit: Sind Termini so verwendet, wie Sie es gewohnt sind? Wenn nicht, machen Sie sich ihre Bedeutung in diesem speziellen Zusammenhang klar.

Die Lesebegleitung

Die meistgewählte Form der Lesebegleitung ist das Unterstreichen oder Markieren mit (elektronischen) Stiften in verschiedenen Farben und/oder mit Haftnotizzetteln an wichtigen Seiten. So lässt sich die Lesearbeit dokumentieren. Ähnlich wie Zuhörer/-innen mitschreiben, um bei der Sache zu bleiben und Wissen »mitzunehmen«, unterstreichen Lesende wichtige Wörter, zentrale Aussagen und notieren Schlussfolgerungen.

Tipp

Wissenschaftliche Texte wissenschaftlich lesen

Wichtigste Aufgabe beim wissenschaftlichen Lesen ist nicht, Detailinformationen aufzunehmen. Das ist nur beim Lesen von Referenzwerken (Lexika, Hand- und Lehrbüchern) sinnvoll. Sekundärliteratur, insbesondere Aufsätze, sind argumentative Texte, und als solche wollen sie auch gelesen werden. Achten Sie also auf die Zusammenhänge, in die die Autoren bzw. Autorinnen ihre Aussagen stellen, und ihre Argumentationsschritte. Möglicherweise gelingt Ihnen das besser, wenn Sie eine Mindmap zum Text anlegen, was Ihnen einen Überblick verschaffen kann.

Aber Vorsicht: Wer zu viel markiert, merkt hinterher oft, dass er sich die Mühe hätte sparen können – das lenkt den Blick ebenso wenig wie gar keine Markierungen. Daher der Rat: Markieren Sie erst nach dem kursorischen Lesen, also erst dann, wenn Sie einen ersten Eindruck von dem Text und seinem Inhalt gewonnen haben.

Strukturieren Sie Ihre Lesebegleitung!

Nutzen Sie drei Formen von Markierungen, mit denen Sie drei Ebenen Ihrer lesenden Denk-Arbeit bzw. denkenden Lese-Arbeit protokollieren:

1. auf den Inhalt bezogene Stichwörter,
2. auf die Argumentation bezogene Randkommentare (z. B. »Def.« für Definition, »Th.« für These, »Arg. 1« für erstes Argument) sowie
3. auf Ihren Erkenntnisprozess bezogene Symbole wie »!« für wichtig, »?« für unklar, fragwürdig und für widersprüchlich, zweifelhaft.

Sparsame Markierungen dieser Art am Rand sind empfehlenswerter als Unterstreichungen oder farbige Markierungen im Text, weil sie zum einen den Grund für eine Hervorhebung nennen (ist eine Stelle wichtig, fragwürdig, widersprüchlich?) und zum anderen ein zweites, neues, unvoreingenommenes Lesen bei abgedecktem Rand möglich machen. Dies kann von Nutzen sein, wenn Sie einen Text mehrmals mit verschiedenen Fragen lesen möchten, also unterschiedliche Informationen suchen.

Noch empfehlenswerter als sparsame Notizen am Rand sind Mindmaps zu einem gelesenen Text, Notizen auf Karteikarten oder in einem eigens für Ihre Arbeit angelegten Logbuch, die Ihnen dazu dienen, die Schritte Ihrer Vorgehensweise zu dokumentieren (↗ Seite 66ff.). So können Sie nicht nur relevant oder interessant scheinende Stellen notieren, sondern auch Ihre eigenen Gedanken dazu.

Die Leseverwertung

Dass man Gelesenes weiterverarbeitet, ist auch im Alltag zu beobachten: Nicht wenige Leser/-innen neigen dazu, ihre Mitmenschen an ihren Leseerlebnissen teilnehmen zu lassen; sie berichten über interessante Lektüre, geben Leseempfehlungen oder geben das durch das Lesen Gelernte weiter. All dies sind Strategien einer intuitiven Leseverwertung. Beim wissenschaftlichen Arbeiten jedoch sollte die Leseverwertung fokussiert und schriftlich erfolgen, was Ihre gedankliche Auseinandersetzung mit dem Text zu einer bestimmten Frage nicht nur dokumentiert, sondern auch vertieft – mit dem Blick auf das aktuelle Erkenntnisinteresse. Dazu können Sie unterschiedliche Formen wählen.

Beim wissenschaftlichen Arbeiten muss die Leseverwertung fokussiert und schriftlich erfolgen.

Eine Technik der Leseverwertung orientiert sich am pointierenden Exzerpt und will die Struktur des Originals nachvollziehen:

- Geben Sie zentrale Thesen und eine Schlussfolgerung kurz, knapp und präzise dem Anliegen des Textes entsprechend wieder.
- Komprimieren Sie den Text direkt, d.h. der Perspektive des Autors bzw. der Autorin entsprechend.
- Vermeiden Sie persönliche Stellungnahmen, Wertungen oder Einschätzungen.

Auf diese Weise erarbeitete Begleittexte haben ihren Nutzen, wenn es darauf ankommt, Texte zu verstehen und sich ihre Inhalte einzuprägen. Indem Sie sie verfassen, können Sie dokumentieren, dass Sie die gelesenen Texte verstanden haben.

Eine andere Technik der Leseverwertung ist die distanzierte Einordnung, etwa in einer annotierten Bibliografie. Sie orientiert sich an der Zusammenfassung. Hilfreich kann es sein, weitere Texte hinzuzuziehen, um den ersten Eindruck zu bestätigen oder zu widerlegen.

- Ordnen Sie den Text in seinen (wissenschaftlichen) Kontext ein.
- Erfassen Sie seine Intention.
- Um die Einordnung zu begründen, erläutern Sie ausgewählte Textstellen und beschreiben Sie sie in ihrer Funktion für die Argumentation.

Eine dritte Technik der Leseverwertung schließlich bereitet das Schreiben der Kapitel von Haus-, Bachelor- und Masterarbeiten vor: Mehrere verschiedene Texte werden so bearbeitet, dass auf eine Frage (einen Fokus) hin mit Blick auf ein bestimmtes Erkenntnisinteresse Aussagen zu einem Gesamtbild zusammengefügt werden.

- Lesen Sie auf genau eine Frage hin, die in Zusammenhang mit Ihrem Erkenntnisinteresse steht.
- Vergleichen Sie Aussagen, die Sie in den Texten finden, miteinander, beziehen Sie sie aufeinander, wägen Sie ab.

Diese Leseverwertung ist besonders intensiv. Man geht systematisch vor, um die Nachvollziehbarkeit der Argumente und Gedankengänge sicherzustellen. Hierzu sollten Sie schreibend denken und fokussierte Exzerpte (↗ Seite 95 ff.) verfassen, die Ihnen dabei eine Hilfe sind.

Eine gewissenhafte Leseverwertung ist ein solides Fundament für Ihren Text.

Für Ihre wissenschaftliche Arbeit mit und an Texten benötigen Sie also Techniken, die es Ihnen erlauben, die eigene Perspektive nach und nach zu schärfen. Denn eines ist klar: Wenn das Lesen und die Arbeit an Texten dazu dienen, das eigene Wissen auszudifferenzieren, muss sich dies auch in der Vorbereitung des Schreibens widerspiegeln. Klar ist aber auch: Man kann nicht erst alles lesen und danach die Arbeit schreiben, sondern man muss bereits beim Lesen wichtige Überlegungen schriftlich fixieren. Sonst gehen nicht nur wichtige, hilfreiche Gedanken verloren, sondern es wird auch immer schwieriger, mit dem Schreiben zu beginnen.

Sie wollen durch Lesen Erkenntnisse gewinnen; steuern Sie Ihr Lesen also entsprechend: Lassen Sie sich nicht von Details ablenken, die Ihr Erkenntnisinteresse nicht weiter tangieren. Behalten Sie Ihre wissenschaftliche Frage im Blick.

In Ihrem Text wird es darum gehen, Aussagen anderer aufeinander zu beziehen und auf dieser Basis mit Blick auf die Frage zu argumentieren. Bereits beim Lesen sollten Sie eigene Gedanken schriftlich festhalten und sich schreibend mit der Argumentation des Textes auseinandersetzen. So fundieren Sie Ihre wissenschaftliche Arbeit. Erstellen Sie als Arbeitsmittel fokussierte Exzerpte, auf die Sie immer zurückgreifen können.

Beispiel Daniel Hermann arbeitet seit drei Wochen an seiner Bachelorarbeit im Fach Soziale Arbeit. Obwohl er schon viel Erfahrung aus dem Studium hat – durch eine Hausarbeit mit Präsentation, einen Praxisbericht, mehrere Projektarbeiten, Protokolle, Referate sowie Klausuren und mündliche Prüfungen –, Erfahrung mit dem Schreiben eines längeren Textes über eine so lange Zeit hat er nicht, und er tut sich schwer. Hilfe bietet ihm der vom Fachbereich herausgegebene Leitfaden für die Bachelorarbeit. Hier findet er kein Beispiel für sinngemäße Zitate mit mehreren Belegstellen, aber eine Anleitung zum »fokussierten Exzerpieren«. Jetzt ist ihm klar, wie er vorgehen kann.

Fokussierte Exzerpte schreiben

Fokussierte Exzerpte sind das Rohmaterial für eine wissenschaftliche Arbeit.

Um mit Blick auf Ihr Erkenntnisinteresse Anknüpfungspunkte zu sammeln, eine eigene Textidee zu entwickeln und daraufhin Aussagen aus den gelesenen Texten auszuwählen, mit- und weiterzudenken, sollten Sie beginnen, zu den gelesenen Texten zu schreiben. Dieses Schreiben beim Lesen wird auch »fokussiertes Exzerpieren« genannt, die entstehenden Exzerpte dienen der Vorbereitung, liefern das Rohmaterial für eine wissenschaftliche Arbeit. Sie werden auf eine eigene Frage hin angefertigt, die einen Zusammenhang mit dem Erkenntnisinteresse der geplanten Arbeit herstellt. Das pointierende Exzerpt, das Sie orientiert am gelesenen Text erstellen (↗ Seite 27 ff.), ist also etwas grundsätzlich anderes als das Exzerpt, mit dem Sie Ihren Text vorbereiten:
Im Unterschied zum fokussierten Exzerpt ist das pointierende Exzerpt auf die Hauptaussagen eines gelesenen Textes ausgerichtet. Es soll Ihnen dabei helfen, das Bild, das die Verfasserin bzw. der Verfasser des von Ihnen gelesenen Textes vom Thema hatte, nachzuzeichnen und seinen Gedankengang zu verfolgen. Zu einem Text verfassen Sie also genau ein Exzerpt. Pointierende Exzerpte beziehen sich auf das Er-

kenntnisinteresse des gelesenen Textes und sammeln die für seinen Autor bzw. seine Autorin zentralen Aussagen.

Fokussiertes Exzerpieren will Sie darin unterstützen, den Zusammenhang, den Sie beim Lesen eines Aufsatzes oder Buches zu Ihrem Thema und Ihrem Erkenntnisinteresse hergestellt haben, festzuhalten, das heißt das Gelesene auf Ihren Gedankengang hin mit- und auch weiterzudenken. Sie ergänzen also das Exzerpt um eigene Überlegungen. Bei einem fokussierten Exzerpt wählen Sie einen Fokus, daher müssen Sie bei einem anders gelagerten Erkenntnisinteresse den Text neu lesen und deshalb auch neu exzerpieren. Wenn Ihnen ein Text mehrere verschiedene Anknüpfungspunkte bietet, legen Sie mehrere Exzerpte an.

Fokussierte Exzerpte stellen die inhaltliche Verbindung eines Textes zu Ihrer Arbeit her.

Das Zusammenspiel von Lesen, Denken und Schreiben ist für das eigenständige wissenschaftliche Arbeiten zentral. Fokussiertes Exzerpieren ist eine elaborierte Form des Schreibens beim Lesen – und somit mehr als ein Annotieren oder ein die Lektüre begleitendes Mitschreiben (oft auch als »Rausschreiben«) bezeichnet. Im fokussierten Exzerpt sammelt man »Herausgepflücktes« zu einer Frage, die in Zusammenhang mit dem bestimmten eigenen Erkenntnisinteresse steht, daher ist diese Form des Exzerpierens immer mit einer selbst getroffenen Auswahl verbunden und insoweit etwas grundlegend anderes als ein Zusammenfassen. Es gilt, zweierlei zu sammeln:

1. Gedanken, die sich lohnen festgehalten zu werden und aus dem gelesenen Text stammen; diese sollten als Aussagen eines anderen (also zunächst als wörtliche Zitate) mit Verweisen auf ihre Herkunft (vorangestellten Hinführungen) notiert werden.
2. Eigene Überlegungen, die das Gelesene in Beziehung zu eigenem Erkenntnisinteresse und zur Fragestellung bringen; auch diese gilt es – als Eigenes markiert – aufzuschreiben.

Wenn Sie mit Blick auf Ihr Erkenntnisinteresse exzerpieren, erkennen Sie in Ihrem Arbeitsprozess, dass wissenschaftliches Arbeiten mehr ist, als Texte zusammenzufassen oder das zu referieren, was andere festgestellt haben. Sie können mit dieser dem Schreiben Ihrer wissenschaftlichen Arbeit vorgelagerten Schreibtätigkeit Ihren Text Kapitel für Kapitel vorbereiten. Das bietet einige Vorteile: Zunächst gewinnen Sie durch fokussiertes Exzerpieren eine Schreibroutine und trainieren quasi nebenbei, Ihre Gedanken in Worte zu fassen. Mit dem Ziel, das

Tipp

Ihre Beim-Lesen-schreibend-Mitdenken-Strategie

Auch wenn Sie im Rahmen kleinerer Studienarbeiten und Propädeutika Zusammenfassungen als – eventuell mit wörtlichen Zitaten angereicherte – Exzerpte kennengelernt haben, die den gelesenen Text auf das Wesentliche reduzieren: Entwickeln Sie die Technik des Exzerpierens weiter, sodass Sie sich mit dem gelesenen Text auseinandersetzen können, um Ihren Text Ihrer Fragestellung entsprechend kapitelweise vorzubereiten. Dieses fokussierende Schreiben beim Lesen will Sie zu einem schriftlichen Auf-die-eigene-Frage-hin-Mitdenken des Gelesenen anregen.

in einem gelesenen Text für die eigene Fragestellung Wichtige zu identifizieren und zu kommentieren, produzieren Sie am Abend desselben Tages oder am folgenden Tag zügig Textbausteine, die Sie beim Schreiben der Kapitel Ihrer Arbeit gut weiterverarbeiten können. Ist ein Text aus verschiedenen Perspektiven für die Arbeit interessant (lassen sich also verschiedene Fragen an ihn richten), empfiehlt es sich, mehrere, gleich oder ähnlich fokussierte Exzerpte zu schreiben. So lässt sich jedes Exzerpt zusammen mit thematisch ähnlichen Exzerpten einem Kapitel des eigenen Textes zuordnen und leicht weiterverarbeiten.

Der Aufbau des fokussierten Exzerpts

Sinnvoll ist es, fokussierte Exzerpte mit dem Textverarbeitungsprogramm zu schreiben (für jedes Exzerpt eine eigene Datei) und sie von vornherein so zu formatieren, dass die Seite (und damit der Textumfang) mit Blick auf die zu schreibende Arbeit beurteilt werden kann. Dies betrifft insbesondere die Seitenränder, Zeilenabstände und Schriftgrößen (↗ Seite 116). Hier lässt sich das Arbeiten mit Formatvorlagen für den Haupttext, für wörtliche Zitate und eigene Anmerkungen ebenso trainieren wie die Bezugnahme auf Formulierungen anderer. Wenn Sie Ihre Exzerpte am Layout Ihrer geplanten wissenschaftlichen Arbeit orientieren, machen Sie es sich leicht, Passagen aus dem Exzerpt hinterher im eigenen Text weiterzuverarbeiten, und Sie können zudem beurteilen, wie viel Vorarbeit Sie bereits geleistet haben.

Notieren Sie im Kopf des Exzerpts die komplette bibliografische Angabe!

Halten Sie im Kopf des Exzerpts die komplette bibliografische Angabe fest. Schnell können Sie so (frühzeitig!) feststellen, dass Ihnen Teile einer bibliografischen Angabe fehlen oder die Form bibliografischer Angaben unklar ist. Sie können also Erkundigungen einziehen oder nachrecherchieren. Mit Ihren Exzerpten haben Sie so ein formal einwandfreies Literaturverzeichnis vorbereitet.

Notieren Sie Angaben zum Lesedatum und zum Standort des Textes. Das Lese- bzw. Exzerpierdatum ist wichtig, um den Verlauf Ihres Erkenntnisweges nachzuvollziehen. So wird es möglich, zu entscheiden, ob ein zweites Lesen des exzerpierten Textes notwendig oder sinnvoll sein könnte. Dies hat – genauso wie eine Notiz zur Signatur des Buches oder zur Nummer des Ordners, in dem er abgelegt ist – einen mehr praktischen Aspekt und versetzt Sie in die Lage, den Verlauf Ihres Arbeitsprozesses zu beobachten.

Halten Sie sowohl die Hauptaussage des gelesenen Textes als auch Ihren Fokus fest!

Halten Sie sowohl die Hauptaussage des gelesenen Textes als auch die Frage fest, unter der Sie exzerpieren (die im Zusammenhang mit Ihrem eigenen Erkenntnisinteresse steht, also nicht notwendigerweise auf Hauptaussagen des gelesenen Textes gerichtet ist).

Das Abstract (eine Kurzzusammenfassung in drei bis fünf Sätzen, die auf das Erkenntnisinteresse am gelesenen Text gerichtet ist) und Ihr Fokus dienen Ihnen zur Orientierung, wenn Sie das Exzerpt weiterverarbeiten, und verhindern Fehlschlüsse: Ist das für die eigene Fragestellung Interessante im Text eher eine Nebensache oder die Hauptaussage? Worin genau lag Ihre Leseabsicht? – Denkbar ist, dass Sie im Zuge der Vorbereitung Ihr Erkenntnisinteresse verlagern und deshalb die Leseergebnisse, die mit anderer Schwerpunktsetzung entstanden sind, nicht sinnvoll weiterverarbeiten können, also neu exzerpieren müssen.

Sammeln Sie nun die mit der an den Text gerichteten Frage in Zusammenhang stehenden Textstellen als (wörtliche) Zitate (ohne Kürzungen!), die Sie einleitend anmoderieren (um die Aussage im Originalkontext zu charakterisieren). Auch wenn Sie in Ihrer Arbeit keine wörtlichen Zitate verwenden werden, ist es sinnvoll, sie im Exzerpt zu notieren. Nun wählen Sie die Stellen aus dem Text aus, die der Frage folgend für das eigene Erkenntnisinteresse relevant sind (und deshalb in den Fokus genommen werden). Sammeln Sie wörtliche Zitate, die

Sie mit einem einleitenden Satz anmoderieren, der den Zusammenhang im Originaltext klärt. Auf diese Weise entfernen Sie sich nicht von der Originalaussage. Notieren Sie Belege in der im Fach üblichen Form (Fußnote oder Klammer direkt im Anschluss). Beim späteren Schreiben können Sie relevante Stellen dann – auf der Grundlage Ihrer bis dahin intensiven Beschäftigung mit dem Thema – umformulieren und so in sinngemäße Zitate verwandeln. Routinemäßig sollten Sie Ihre im Exzerpt gesammelten Zitate in An- und Abführungszeichen setzen und mit vorangestellten Hinführungen einleiten.
Ergänzen Sie im Anschluss an jede exzerpierte Textstelle eigene Überlegungen (das können Ideen, Fragen, Kommentare, Schlussfolgerungen oder Querverbindungen sein), die den Bezug zu der von Ihnen verfolgten Fragestellung verdeutlichen und dabei auf Gelerntes zurückgreifen.

Ergänzen Sie jede exzerpierte Textstelle um eigene Überlegungen.

Markieren Sie Ihre Ideen zur zitierten Stelle durch ein klar erkennbares Format (eine andere Farbe, eine besondere Schrift), sodass sie klar als eigene Zusätze erkennbar sind. Denken Sie die zitierte Stelle mit Blick auf Ihr Erkenntnisinteresse mit und weiter, stellen Sie aktiv Verknüpfungen zu anderen gelesenen Texten her. Übernehmen Sie keine Textstelle, ohne sie zu kommentieren. Oder umgekehrt: Wenn Sie ein Zitat nicht kommentieren können, fragen Sie sich, inwiefern es mit Ihrem Erkenntnisinteresse in Zusammenhang steht und ob es überhaupt in Ihr Exzerpt gehört. In der Fußzeile des Exzerpts können Sie eigene Schlagwörter oder andere individuelle Zuordnungen ergänzen.
Bei umfangreicheren Arbeiten, in denen Sie viel Material einbeziehen, werden Ihnen Ihre eigenen organisatorischen Hinweise (das können – über ein individuelles System der Verschlagwortung hinaus – Hinweise zur Weiterverarbeitung oder auch Bemerkungen zur Vernetzung des Textes mit anderen Texten sein) dabei helfen, die Übersicht zu behalten.
Im Zusammenspiel von Hinführungen und Kommentaren zeigt Ihnen Ihr fokussiertes Exzerpt, dass und wie Sie beim Lesen vom Fremden zum Eigenen gelangen, indem Sie gelesene Texte auf Ihre Fragestellung hin über- und auch weiterdenken. Ihre eigenen Ergänzungen (die in gewisser Weise ein auf ein Thema begrenztes Gespräch mit dem einzelnen Text simulieren) können Ihnen später als Anknüpfungspunkte für die Beantwortung der Fragestellung dienen. Das so gestal-

Tipp

Drei bis fünf fokussierte Exzerpte pro Kapitel

Wenn Sie einplanen, drei (bei einer umfangreicheren Arbeit etwa fünf) der für ein Kapitel oder Unterkapitel relevanten Texte zu exzerpieren, werden Sie irgendwann feststellen, dass während der Arbeit an einem Exzerpt das Kapitel, das Sie zu schreiben beabsichtigen, in Ihrem Kopf mehr und mehr an Kontur gewinnt. Hören Sie jetzt mit dem Exzerpieren auf und beginnen Sie mit dem Schreiben – Ihre Exzerpte bilden so Ihr Sprungbrett in den Text: Verarbeiten Sie die drei bis fünf auf ein Kapitel Ihrer Arbeit bezogenen Exzerpte mit Copy-and-Paste, indem Sie eine neue Datei für das Kapitel anlegen.

tete fokussierte Exzerpt ist ein Steinbruch, zwischen den exzerpierten Stellen werden keine Übergänge formuliert.

Denken Sie auf diese Weise schreibend das Gelesene mit- und weiter; dokumentieren Sie das in Form von Kommentaren in Ihren fokussierten Exzerpten. Sie können leichten Herzens spontane Schlüsse sowie Ideen zur Weiterverarbeitung notieren – das, was Sie festgehalten haben, lässt sich später im eigenen Text argumentativ sinnvoll nutzen (oder verwerfen). Sie werden beim Schreiben Ihres wissenschaftlichen Textes, dankbar sein, wenn Sie mehr als nur Stichworte formuliert haben.

Formulieren Sie mehr als nur Stichworte!

Ihre fokussierten Exzerpte zeigen Ihnen Ihren Wissenszuwachs. Sie werden bemerken, dass Sie zunächst nur erste, vorsichtige Einschätzungen und vor allem Fragen und Vermutungen festhalten können. Aber nach und nach wird es Ihnen möglich, Vergleiche zu ziehen, Unterschiede zu erkennen, Bezüge herzustellen, zu kommentieren. Beobachten Sie, wie Sie dazulernen!

Musterseite »Fokussiertes Exzerpt«

14. 8. 2018

PÜSCHEL, ULRICH 1995: Normen und Normenkonflikte. Am Beispiel eines Schreibseminars in der beruflichen Fort- und Weiterbildung. In: BIERE, BERND ULRICH/ HOBERG, RUDOLF (Hg.) 1995: Bewertungskriterien in der Sprachberatung. Tübingen: Narr, S. 91–109.

Thema des Textes ist die Vermittlung sprachreflexiven Bewusstseins im Rahmen von Schreibseminaren. Püschel arbeitet heraus, dass den Seminarteilnehmern klar gemacht werden muss, warum und wie sie den eigenen Sprachgebrauch kritisch reflektieren sollen.

Die Hauptaussage des Textes in 3–5 Sätzen auf den Punkt bringen.

Wie können Formulierungsprobleme mithilfe von sprachreflexivem Bewusstsein gelöst werden?

Genau eine Frage, die in Bezug zum Erkenntnisinteresse steht, stellen.

Püschel stellt mit Blick auf die Vorbereitung von Seminaren fest, dass die mithilfe von Grammatiken lösbaren Sprachprobleme nicht den Kern darstellen:

„Dabei [bei der Erstellung eines Seminarprogramms, xy] schälte sich sehr schnell als erster Konsens heraus, daß das klassische Feld der Sprachnormendiskussion von Orthographie und Grammatik in der hier angesprochenen Fort- und Weiterbildung keine Rolle spielt." (Püschel 1995, 96)

Wörtliche Zitate sammeln (ungekürzte ganze Sätze, nicht mehr als 5) und durch einen einleitenden Satz anmoderieren.

Grammatikregeln sind ja auch nicht als Hinweise für das Schreiben von Briefen gedacht. Die meisten Schreibprobleme sind Formulierungsprobleme – hier Antos' Theorie des Formulierens einbinden.

Eigene Überlegungen festhalten und farblich hervorheben.

Püschel betont, wie wichtig es ist, dass Teilnehmer beurteilen lernen, was eine angemessene Formulierung ist:

„Der Trainer ist gehalten, möglichst viele solcher Vorschläge [alternative Formulierungen, xy] in die Auswertung mit einzubeziehen mit dem Ziel, den Teilnehmenden ständig vor Augen zu führen, daß es für Schreibprobleme eben nicht *eine* Lösung gibt, sondern eine Vielfalt an Lösungen. Allerdings darf aus dieser Vorgehensweise nicht der Schluß gezogen werden, daß alle Vorschläge als gleichwertig akzeptiert werden. Selbstverständlich wird auch danach gefragt, was die verschiedenen Lösungsvorschläge leisten und wie angemessen sie sind." (Püschel 1995, 98, Hervorh. im Original gesperrt)

Das nächste Zitat und seinen einleitenden Satz nicht mit dem vorherigen verknüpfen (sodass die Textstellen separat verwendet werden können).

Schlagworte: Gutes Deutsch | Angemessenheit

Etappe 3: das Material ordnen

Wie bringe ich Ordnung in mein Material und behalte den Überblick? Wie zeigt sich die Struktur des Themas in meinen Text? Wie kann ich das Thema eingrenzen? Und: Wie konkretisiere ich meine Fragestellung? Bei der Strukturierung hilft eine Mindmap, und auch das Layout ist dafür von großem Nutzen.

Sie sind dabei, sich genauer mit Ihrem Thema zu befassen – haben Fachaufsätze und Monografien gelesen sowie Daten erhoben, Quellen analysiert, Beobachtungen dokumentiert oder Befragungen durchgeführt. Bei der Lektüre lernen Sie andere Blickwinkel, andere Erkenntnisinteressen kennen. Diese können Sie nach und nach hinzuziehen, indem Sie Ihr Erkenntnisinteresse von den Zielen anderer Autoren und Autorinnen abgrenzen.

ZUSAMMENHÄNGE DARSTELLEN

Der nächste Schritt auf dem Weg zum eigenen Text ist die systematische Auswahl aus dem erarbeiteten Material.

Während Sie aus Ihrer Perspektive lesen, Ihren Fokus justieren und Ihre Exzerpte erarbeiten, klären Sie Facetten und Zusammenhänge Ihres Themas – Sie weisen Exzerpten Schlagwörter zu, Begriffe, die Ihnen dabei helfen, die von Ihnen gesammelten Aussagen und Ihre Überlegungen dazu zu sortieren, zu filtern und zu systematisieren. Parallel dazu arbeiten Sie an Ihrer Mindmap, die Sie verfeinern und – sollten Sie neue Zusammenhänge erkennen – auch neu anlegen. Der nächste Schritt auf dem Weg zum eigenen Text beginnt mit der systematischen Auswahl aus dem bisher erarbeiteten Material aus der Perspektive Ihres Erkenntnisinteresses. Wenn Sie mit einer Mindmap arbeiten, visualisieren Sie ihr begrifflich-konzeptuelles Denken.

Das Denken visualisieren: die Mindmap

Eine Mindmap (ins Deutsche übersetzbar mit »Bild im Kopf«) verdeutlicht die Struktur eines Themengebietes, verschiedene Bereiche und Komponenten sowie ihre Zusammenhänge. Idealerweise erstellt man sie handschriftlich:

- Legen Sie ein DIN-A4-Blatt quer,
- schreiben Sie das Thema Ihrer Recherche in einen Kreis oder ein Oval in der Mitte der Seite,
- ordnen Sie größere Äste und kleinere Zweige an, die Sie mit Schlag- und Stichwörtern, die Sie beim Lesen ermittelt haben, beschriften.

So gewinnen Sie einen Überblick über Schlag- und Stichwörter, die Sie für eine tiefergehende Recherche nutzen können.
Die Mindmap lässt sich nach und nach ergänzen und differenzieren. Eine beim Lesen erstellte Liste würde eine Ordnung ergeben, die zwar der Chronologie der Erarbeitung, aber nicht unbedingt auch der Ordnung des Themengebiets entspricht. Mit einer Mindmap dagegen gewinnen Sie wie mit einer Landkarte den Überblick über ein Gebiet, seine Teilgebiete und vor allem ihre Verbindungen untereinander. Sie können aber auch Grenzlinien einziehen, um auszugrenzen, was zu Ihrem Gebiet gehört und was nicht mehr: Alles, was Ihre Arbeit behandeln soll, ist dann umgrenzt, und gleichzeitig bleibt Ihnen vor Augen, was jenseits dieser Grenze liegt. Eine Mindmap ist das Ergebnis einer Visualisierung. Was in anderer Form ausschließlich verbal – also in Form von Text – vorliegt, ist in der Mindmap anschaulich, sichtbar gemacht: Es ist zu sehen, nicht (allein) zu lesen.

Eine Mindmap lässt sich nach und nach ergänzen und differenzieren.

Tipp

Begriffe im Griff halten

Um den Überblick zu behalten und begrifflich präzise zu arbeiten, ist es hilfreich, wenn Sie die in der Mindmap zur Strukturierung des Themas verwendeten Bezeichnungen sowie weitere zentrale Begriffe Ihrer Arbeit definieren und sich die zugrunde zu legenden Definitionen vor Augen führen. Legen Sie dazu eine Datei an, in der sie zentrale Definitionen – als Zitate – auflisten, um sie schnell nachschlagen zu können. Beim Schreiben werden definierte Begriffe nicht durch andere Wörter ersetzt, sondern wiederholt! Die Verwendung eines anderen Wortes würde suggerieren, dass etwas anderes gemeint ist.

Die erste allgemeine Recherche leitet die Erarbeitung einer ersten Mindmap ein, die den Beginn Ihres wissenschaftlichen Erkenntnisprozesses dokumentiert. Allgemeine Nachschlagewerke liefern die Begriffe und Schlagwörter für Äste, speziellere Texte Aspekte, die Sie an den Zweigen notieren. Den an den Ästen und Zweigen notierten (Teil-)Aspekten und Bereichen Ihres Themas können Sie auch Literaturverweise (Kurzbelege) zuordnen und so ins Auge fassen, welche Texte (bevorzugt: Monografien, Aufsätze aus Fachzeitschriften oder Sammelwerken) Sie bei der Vorbereitung Ihrer wissenschaftlichen Arbeit bearbeiten werden. Diese annotierte Mindmap können Sie als Einstieg in den zweiten, ausführlichen Lese- und Rechercheprozess nutzen.

Sie können Ihre Mindmap auch um Literaturverweise ergänzen.

Indem Sie bei der sich nach und nach vertiefenden Recherche auch einschlägige in den Datenbanken und Referenzwerken erwähnte Publikationen (eben Kapitel der Monografien und Aufsätze aus Fachzeitschriften oder Sammelwerken) bearbeiten, stoßen Sie auf immer weitere Aspekte. Notieren Sie auch diese Aspekte in Form von Stichwörtern an Zweigen in Ihrer Mindmap. So erhalten Sie einen Überblick sowohl über den Themenbereich (die Sachebene) als auch über Forschungsansätze und -interessen (die Forschungsebene).

Auf diese Weise können Sie beobachten und nachvollziehen, dass Sie nicht nur Wissen über Zusammenhänge und Teilaspekte eines Themenbereichs aufgebaut haben, sondern auch Wissen über Autoritäten (Autoren, auf deren Texte Sie immer wieder verwiesen wurden), die zu einzelnen Aspekten publiziert haben.

Sie können die Stichwörter auch durchnummerieren. Geben Sie den Stichworten an den Ästen je eine Nummer (z. B. »1«, »2«) und den Zweigen je nach Grad der Verzweigung dann fortlaufende Unternummern (z. B. »1.1«, »1.2« und »1.1.1«, »1.1.2«). Werden Sie dabei aber nicht zu kleinteilig – spätestens bei vierstelligen Nummerierungen sollte Schluss sein! Sie riskieren sonst, den Überblick zu verlieren. Bei einer umfangreichen Arbeit kann es aber sinnvoll sein, eine übergeordnete Mindmap zu führen und für jedes Kapitel eine eigene Mindmap anzulegen, die die Details erfasst.

Mindmaps dokumentieren Sichtweisen

Das Anfertigen von Mindmaps hilft Ihnen dabei, Ihren individuellen Erkenntnisprozess zu beobachten. Verschiedene Personen werden Gegenstände verschieden ausdifferenzieren. Und jeder kann die eigene Mindmap sehr gut »lesen«, während er sich in die eines anderen schrittweise eindenken muss. Wenn sich in der Vorbereitungsphase das Denken ändert, wird die Mindmap ergänzt, erweitert, umstrukturiert oder geteilt. Das Entdecken neuer Zusammenhänge kann auch eine neue Mindmap erforderlich machen, bei der eventuell Teile der alten ausgeblendet werden. Sie sollten die Versionen Ihrer Mindmap aufbewahren, um darauf zurückgreifen zu können. Eine von Hand gefertigte Mindmap bietet erfahrungsgemäß den direktesten Weg, das Denken zu begleiten und zu fördern. Wenn Sie damit gut zurechtkommen, können Sie auch ein Computerprogramm nutzen.

BEISPIEL FÜR EINE MINDMAP MIT DEM RECHERCHETHEMA IN DER MITTE

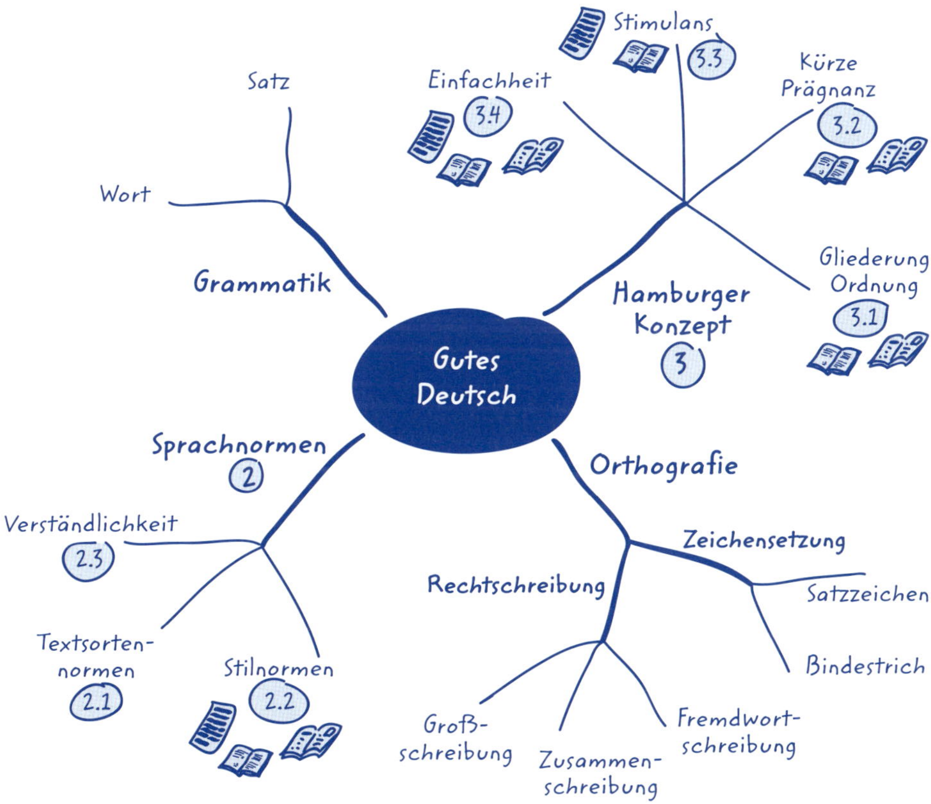

Nutzen Sie Ihre Mindmap auch für die Umfangskonzeption Ihres Textes!

Ihre Mindmap enthält viele Informationen. Spielen Sie durch, welche Frage(n) Sie mithilfe der in Stichwörtern dargestellten Teilgebiete und Teilaspekte beantworten können. Nutzen Sie sie auch für die Umfangskonzeption Ihres Textes:

- Stellen Sie sich die Äste als Kapitel, die Zweige als Unterkapitel vor. Überschlagen Sie grob in Seiten, ob der gesamte Themenbereich im Rahmen von 12 oder 25 Seiten zu bearbeiten ist.
- Wenn Sie drei Äste sehen, die jeweils dreifach verzweigt sind, wären das bei nur einer Seite pro Zweig neun Seiten.
- Diese Vorabkalkulation sollten Sie unbedingt vornehmen, um zu entscheiden, ob und wie Sie das Thema weiter eingrenzen.

Ihrer aus dem Material heraus vorgenommenen Themeneingrenzung liegt in der Regel eine Strategie zugrunde und so bietet Ihnen Ihre Mindmap die Grundlage dafür, Ihre auf ein bestimmtes Erkenntnisinteresse ausgerichtete Frage weiter zu präzisieren. Spielen Sie also mit der Mindmap durch, welche Frage mit den recherchierten Informationen auf welchem Weg beantwortbar ist.

Das Thema eingrenzen

Grenzen Sie Ihr Thema so ein, dass es im vorgegeben Seitenumfang zu bearbeiten ist!

Bereits in Etappe 1 haben Sie einen Themenbereich ins Auge gefasst und das Thema vorformuliert. Nun aber können und müssen Sie konkreter werden. Das Thema angemessen so zu bearbeiten, dass zwar die Fragestellung der Arbeit hinreichend ausführlich beantwortet ist, der Text aber nicht weitschweifig wird, ist nicht immer einfach. Da aber sowohl Haus-, Bachelor- und Masterarbeiten als auch wissenschaftliche Publikationen in aller Regel strengen Umfangsvorgaben genügen müssen, die nicht wesentlich unter- oder überschritten werden dürfen, ist es wichtig, das recherchierte Material daraufhin zu überprüfen, ob es weiter einzugrenzen ist.
Um ein Thema so einzugrenzen, dass es auf der vorgegebenen Zahl der Seiten zu bearbeiten ist, können Sie:

1. eine spezielle Perspektive einnehmen: Da Sie Ihre Arbeit im Kontext eines bestimmten Fachs anfertigen, nehmen Sie – oft unbewusst und wie von selbst – bereits eine bestimmte Perspektive ein. Diese Perspektive können Sie verengen, indem Sie einen

speziellen Blickwinkel bestimmen, aus dem heraus Sie einen Sachverhalt betrachten, etwa bezogen auf ein bestimmtes Problem- oder Praxisfeld (Organisation, Institution) oder eine Personengruppe (»Verständlichkeit von Lehrbuchtexten unter besonderer Berücksichtigung von Lehrwerken für Berufskollegs«). Dieser spezielle Blickwinkel erlaubt es Ihnen, Ihre Frage so zu präzisieren, dass einige Äste Ihrer Mindmap für die Beantwortung irrelevant und daher ausgegrenzt werden können.

2. einen begrenzten Zeitraum betrachten: Datierungen für eine zeitliche Eingrenzung geben manche Themen aus sich heraus vor, etwa durch Ereignisdaten (z. B. »Die Rechtschreibreform 1996 bis 2006«). Sie können und sollten aber in Erwägung ziehen, das Thema weiter zuzuspitzen – etwa indem Sie Ihre wissenschaftliche Frage auf einen Zeitpunkt ausrichten (»Das Inkrafttreten der neuen Rechtschreibregeln am 1. 8. 2006«). Unabhängig davon kann eine zeitliche Eingrenzung auch mit Blick auf die in der Arbeit zu berücksichtigende Forschungsliteratur erfolgen (z. B. »Psychologische Textverständlichkeitsmodelle 1974 bis 1989«).

Prüfen Sie, welche Art der Eingrenzung Ihren Intentionen am nächsten kommt.

3. einen ausgewählten Aspekt untersuchen: Fokussieren Sie in der Darstellung Ihres Themas auf einen bestimmten Aspekt, dann fokussieren Sie, indem Sie das Thema von diesem Aspekt aus oder auf diesen Aspekt hin entwickeln (»Textverständlichkeit – zur Funktion von Überschriften«).
4. Theorien oder Positionen vergleichen: Der Vergleich von zwei oder drei Theorien oder Positionen analysiert Ähnlichkeiten und Unterschiede in Bezug auf mehrere Kategorien (z. B. »Psychologische und linguistische Verständlichkeitsforschung«).
5. einen Überblick geben: Der Überblick ist auf Weite ausgerichtet, nicht auf Tiefe. Da er alle wesentlichen Aspekte in ihrem Verhältnis zueinander abdecken muss, kommt er ohne inhaltliche Schwerpunkte aus und ohne Details (z. B. »Konzepte der Textverständlichkeit«).
6. von einem konkreten Fall oder Beispiel ausgehen: Die Behandlung eines Themas entlang der Besonderheiten eines konkreten Beispiels bestimmt Zahl und Stellenwert der zu behandelnden Aspekte (z. B. »Textverständlichkeit – am Beispiel der Bedienungsanleitung XYZ«).

Ihre wissenschaftliche Frage bestimmt auch den Aufbau Ihres Textes.

Die Frage formulieren

Versuchen Sie, mit Blick auf Ihre Mindmap und bezogen auf Ihr Erkenntnisinteresse, eine Frage zu formulieren, die Ihr Filter für die Bearbeitung des Themas sein soll (auch dabei kann Ihnen Ihre Mindmap helfen) – *eine* Frage. Ein Fragenkatalog würde allzu leicht Verschiedenes in den Blick nehmen – allerdings ist es nicht verkehrt und kann sogar hilfreich sein, mehrere vorläufig formulierte Fragen in Teilfragen zu zerlegen und auf diese Weise zu jener einen Frage zu kommen, die zur Frage Ihrer Arbeit wird. Ihre wissenschaftliche Frage bestimmt so nicht nur Ihre Literaturauswahl und -bearbeitung, sondern auch den Aufbau Ihres Textes.

Die Struktur erarbeiten

Mindmaps sind für die Planung von Texten wertvolle Hilfen, weil sie Zusammenhänge und Strukturen eines Themas visualisieren. Anders als Cluster, die die Kreativität und flüssiges Denken anregen wollen, oder Concept-Maps, die begriffliche Ordnungen abbilden sollen, erlauben Mindmaps intuitiv-assoziatives und logisch-hierarchisches Strukturieren. Um Ihren Text zu planen, stellen Sie sich die Äste und Zweige Ihrer Mindmap als Kapitel und Unterkapitel Ihres Textes vor.

Sortieren

Mit Blick auf den geplanten Text ist es wichtig, in der Mindmap Aspekte des Themas und zugehörige Forschungspositionen (und ggf. auch eigene Beobachtungen oder empirische Daten) so zu sortieren, dass Sie nach und nach zur Entscheidung kommen, wie Sie sie nachvollziehbar darstellen können: Denkbar ist, dass die Äste der Mindmap Aspekte des Themas erfassen und die Zweige verschiedene theoretische Positionen. Möglich ist auch, dass ein Ast Sachaspekte, ein anderer Forschungspositionen repräsentiert. Sie können auch Äste einzeichnen, mit deren Hilfe Sie Methode und Ergebnisse Ihrer eigenen Untersuchung, Beobachtung oder Befragung systematisieren und so in der Mindmap mit in den Blick nehmen. So können Sie eigene empirische Daten in einen Bezug zu den Inhalten der gelesenen Texte bringen, um das Kapitel »Diskussion« vorzubereiten.

Hierarchisieren

Wer die Äste und Zweige seiner Mindmap durchnummeriert hat, kann sich eine mögliche Gliederung seines Textes vor Augen führen: Äste bilden Kapitel, Zweige Unterkapitel (durch die Verzweigung ist sichergestellt, dass es mindestens zwei Zweige gibt). Die Nummerierung der Äste kann Beziehungen zwischen den Kapiteln des geplanten Textes anzeigen: Die Nummerierung der Kapitel macht Zusammenhänge deutlich (so bildet ein 2.1 zusammen mit 2.2 und 2.3 ein Kapitel 2) und verweist auf den Stellenwert von Inhalten für die Textaussage: Das in 2.2.2 Dargestellte ist Teil von 2.2 – und insoweit abhängig.

Indem Sie sortieren, hierarchisieren, aufteilen und portionieren, gelangen Sie zur Struktur Ihrer Arbeit.

Aufteilen

Bei einer Struktur des Materials, die mehrere Herangehensweisen oder Perspektiven abbildet, sollten Sie prüfen, ob der Text in große, relativ selbstständige Teile geteilt werden kann, die dann als »Teil A«, »Teil B« oder »I«, »II« usw. benannt werden. In einer Mindmap ist eine solche Struktur des Themas an den Ästen mit ihren Zweigen zu erkennen, die thematisch verschieden sind und daher nicht ohne Weiteres zu anderen Ästen und Zweigen in Beziehung gesetzt werden können: Die Aufteilung zeigt, dass es Teilargumentationen gibt, die relativ eigenständig nebeneinanderstehen, etwa einen theoretischen und einen praktischen Teil. In jedem dieser Teile werden dann Kapitel und Unterkapitel hierarchisch nummeriert.

Portionieren

Eine erste Leitlinie für die Art, wie Sie das Erarbeitete darstellen können, liefern Ihr Erkenntnisinteresse und Ihre Frage, die Sie während Ihrer vorbereitenden Arbeiten im Auge behalten haben. Eine zweite Leitlinie für die Entscheidung, wie Sie das Erarbeitete in Ihren Text einbringen, liefern Ihnen Textsorte und Textumfang. In einer 12-seitigen Hausarbeit müssen Sie andere Schwerpunkte setzen als in einer 25- oder 60-seitigen Abschlussarbeit:

- Ist es eventuell besser, zwei Kapitel oder Unterkapitel zusammenzunehmen, damit sie ein Gegengewicht zu einem größeren Kapitel bilden?
- Sollten alle Aspekte in ausgewogener Ausführlichkeit behandelt werden und daher die Kapitel oder Unterkapitel in etwa gleich umfangreich sein?

- Liegt eine Gesamtstruktur vor oder sind verschiedene Teile zu erkennen?
- Wie viele Kapitel und Unterkapitel sind sinnvoll? (Unterkapitel, die nicht mehr als eine halbe Seite Text umfassen, sind es nicht.)

Beispiel Paul Rosen studiert Deutsch und Physik fürs Lehramt. Er hat zum Thema »Aufsatzunterricht« eine zwölfseitige Hausarbeit im Fach Deutsch verfasst. Lange hat er an der Gliederung gearbeitet, er fand es nicht leicht, das Thema zu strukturieren, und holte sich in der Sprechstunde Rat. Der Dozent empfahl, eine Aufsatzform in den Blick zu nehmen und mit Textbeispielen zu arbeiten, um zu konkreten Aussagen zu kommen. Ganz anders in Physik: Der Aufbau der Arbeit über »Verfahren zur Messung des Raumklimas« war vorgegeben: Einleitung, Material und Methoden, Ergebnisse, Diskussion (»IMRaD-Schema«, hatte die Dozentin gesagt).

Prüfen Sie, ob Sie Ihren Gedankengang in seinen einzelnen Gedankenschritten nachvollziehbar machen können.

Empfehlenswert ist es, Überlegungen zur Struktur des Themas und zur Gliederung des Textes zu dokumentieren, um den Stand der Vorbereitung und Vorüberlegungen festzuhalten. Wenn Sie jetzt einen ersten kurzen Text, eine erste Einleitung von ein bis zwei Seiten schreiben, stellen Sie fest, ob Sie Ihren Gedankengang in seinen einzelnen Gedankenschritten nachvollziehbar machen können. Gelingt Ihnen dies, ist es gut: Ihre Idee hat ihren ersten Praxistest bestanden – Sie können mit den zwei, drei Seiten das Feedback Ihrer Betreuerin bzw. Ihres Betreuers einholen (das ist der zweite Praxistest) und dann die weiteren Schritte der Vorbereitung gehen.
Sollten Sie jedoch beim Schreiben merken, dass Sie Zusammenhänge noch nicht erläutern können, dann müssen Sie umschwenken. Das ist an dieser Stelle kein Problem: Jetzt können Sie noch gut mit einer zweiten orientierenden Recherche nachbessern, ergänzen und präzisieren – und sich eine tragfähige Grundlage für die weiteren Schritte der Vorbereitung schaffen.
Das schriftliche Planen zwingt Sie dazu, zu fokussieren und Anforderungen zu fixieren. So werden Sie sich über die konkrete Herangehensweise klar. Ihrem Betreuer bzw. Ihrer Betreuerin dient es zugleich als Orientierung, wie er bzw. sie Ihnen helfen könnte. Dabei ist die vorläufige Einleitung ein erster Entwurf, der sich keinesfalls als Korsett

versteht, in das Sie Ihren Text oder Ihre Vorarbeiten zwängen müssen. Es zeigt Ihnen den Stand Ihres Denkens an dem Tag, an dem Sie mit der gründlichen Bearbeitung Ihres Themas begonnen haben.

Tipp

Stellen Sie Ihre erste Einleitung vor!
Nicht nur thematisch, sondern auch formal und sprachlich kann Ihnen eine erste Einleitung Sicherheit geben. Wählen Sie das Layout, in dem Sie auch Ihre Arbeit schreiben wollen: die Auszeichnung der Zitate, der Einsatz von Fußnoten, die Form des Quellenbelegs und der Literaturangaben usw. Schreiben Sie in dem Ton, in dem Sie auch Ihren Text schreiben möchten. Auf dieser Grundlage kann Ihnen Ihre Betreuerin bzw. Ihr Betreuer nicht nur inhaltliche und sprachliche Tipps geben, sondern auch Hinweise zur formalen Gestaltung.

DAS LAYOUT GESTALTEN

Um die gedankliche Struktur Ihres Textes zu visualisieren, können Sie auf Mittel des Layouts (englisch *layout*, = »das Ausbreiten, der Grundriss«) zurückgreifen. Um im Text Sätze und Wörter zu sortieren, zu hierarchisieren, Gedankengänge aufzuteilen und zu portionieren, können Sie mit Schriftattributen (**fett**, *kursiv*, Kapitälchen), Spiegelstrichen und nummerierten Listen, Absätzen und Abschnitten sowie unterschiedlichen Schriftgrößen und Zeilenabständen arbeiten. Orientieren Sie sich dabei an Vorgaben des Fachs und machen Sie sich vertraut mit Ihrem Textverarbeitungsprogramm! Vor allem aber: Übertreiben Sie es nicht! Sorgen Sie dafür, dass die Gestaltung im Hintergrund bleibt. Sie soll leise den Inhalt unterstützen, den Lesern und Leserinnen aber an keiner Stelle auffallen. Am besten zu lesen ist ein ruhiges Layout.

Das Seitenlayout

Das Layout sollte die Visualisierung der Struktur Ihres Textes darstellen.

Das Layout gibt der Textseite ein Gesicht: Die gedankliche Strukturierung des Textes durch Kapitel und Unterkapitel wird durch die Feinstruktur des Layouts unterstützt und ausdifferenziert. Um zu portionieren und zu fokussieren und so die Leser/-innen darin zu unterstützen, den einem Text zugrunde liegenden Gedankengang zu erkennen und nachzuvollziehen, werden verschiedene gestalterische Mittel genutzt:

- Wenn Sie Ihre **Schrift** selbst wählen dürfen, wählen Sie eine gängige Schrift, z. B. Times New Roman, Helvetica, Arial oder Calibri. Beachten Sie: Ausgedruckte und elektronische Arbeiten erfordern unterschiedliche Schriften. Für Ausdrucke sind vor allem Serifenschriften geeignet (Serifen sind die kleinen Füßchen an den Buchstaben. Sie erleichtern dem Auge, die Zeile zu halten). Am Bildschirm jedoch sind Serifenschriften mitunter schlecht zu lesen, weil die zarten Linien der Serifen verfransen. Wählen Sie für Ausdrucke also z. B. Times New Roman und für elektronisch abzugebende Arbeiten Helvetica oder Arial. Denkbar sind aber auch neuere Schriften wie etwa Calibri, die einen optimalen Kompromiss darstellen: Sie sind sowohl auf Papier als auch am Bildschirm gut lesbar. Wichtig: Mischen Sie nicht mehr als zwei Schriften!
- Die **Schriftgröße** des Fließtextes sollte ca. 12 Punkt betragen, ebenso die der Überschriften für Unterkapitel; Letztere werden aber fett ausgezeichnet. Die Überschriften für Kapitel sind in einer meist um 2 Punkt größeren Schrift zu setzen, also in ca. 14 Punkt, und ebenfalls fett auszuzeichnen. (Achtung: Es kann sein, dass Ihre Textverarbeitung in Formatvorlagen Schriftarten mischt und Schriftfarben einführt, was nicht erforderlich ist.) Verwenden Sie nicht mehr als drei Schriftgrößen!
- Der **Zeilenabstand** sollte mindestens 1-zeilig sein; oft wird 1,5-zeilig vorgegeben.
- Auch die **Kennzeichnung** von Eigennamen durch *Kursive* oder KAPITÄLCHEN, die kursive Hervorhebung von Begriffen, wenn sie zum ersten Mal verwendet werden, sowie die Formatierung von Zitaten als eingerückter Block (um 2 Punkt kleinere Schrift, einzeilig, rechts und links 1 cm eingerückt) ist nicht unüblich.

- **Fußnoten** werden für ergänzende Anmerkungen oder weiterführende Beispiele, kommentierende Zitate oder Verweise auf weiterführende, nicht zitierte Literatur genutzt. Sie sollten einen 1-zeiligen Zeilenabstand haben, die Schriftgröße sollte um 2 Punkt kleiner als die Textschrift sein, also in der Regel 10 Punkt. (Achtung: Die Schrift ist die gleiche wie die des Fließtexts.)
- **Exkurse** werden in 2 Punkt kleinerer Schrift und einzeilig gesetzt: sie haben eine eigene, nicht nummerierte Überschrift und werden am Ende klar markiert, z. B. durch ein zentriert gesetztes »*«.
- **Listen** können, wenn es eine Reihenfolge gibt, nummeriert werden oder, falls nicht, mit Spiegelstrichen am Zeilenanfang markiert werden.
- Ein **Absatz** umfasst eine Gruppe von Sätzen, die einen Gedankenschritt beschreiben; ihm folgt ein einfacher Zeilenwechsel. Ein **Abschnitt** umfasst eine Gruppe zusammengehörender Absätze, die einen Gedankengang beschreiben; ihm folgt ein doppelter Zeilenwechsel (zur Absatzgliederung ↗ auch Seite 161 f.).

Mittel wie diese sollen Lesern und Leserinnen den Überblick und die kursorische Lektüre des Textes erleichtern und zugleich Rang und Funktion der jeweiligen Elemente für die Argumentation anzeigen. Dies gelingt jedoch nur, wenn sie in allen vergleichbaren Fällen und einheitlich verwendet werden.

Sinnvoll eingesetzte gestalterische Mittel erleichtern die Lektüre.

Bringen Sie jedoch zunächst in Erfahrung, welche Vorgaben zu berücksichtigen sind: Ist der Umfang des Textes vorgegeben – in Seiten, Wörtern oder Zeichen? Sind Zeichen mit oder ohne Leerzeichen zu zählen? Wie soll der Text aussehen (Schrift, Schriftgröße, Zeilenabstand)? Welche formalen Vorgaben sind beim Zitieren zu beachten? Antworten geben Handreichungen mit konkreten Vorgaben des Instituts oder der Fakultät, der Betreuenden oder des Prüfungsamtes. Vielleicht werden Ihnen auch Formatvorlagen zur Verfügung gestellt, die Sie nutzen sollen. Sollten Sie keine konkreten Vorgaben bekommen (viele erhalten die Auskunft, dass sie einheitlich vorgehen sollen, ansonsten aber freie Hand haben), können Sie sich an der Gestaltung wissenschaftlicher Zeitschriften Ihres Fachs orientieren sowie an Autorenhinweisen, wie sie manche Verlage öffentlich zugänglich publizieren. Sie werden bemerken, dass es auch innerhalb eines Fachs unterschiedliche Vorgehensweisen gibt – deshalb sollten Sie, bevor Sie mit dem Schreiben beginnen, klären, ob Ihr Gutachter bzw. Ihre Gutachterin eine bestimmte Präferenz hat.

Ein Layoutvorschlag

Das Layout einer Seite sollte Argumentation und Gedankenführung stützen. In der Kopfzeile kann zusätzlich zur Seitenzahl ein Kolumnentitel – ein Kurztitel der Arbeit bzw. des jeweiligen Kapitels – platziert werden. Er dient insbesondere bei umfangreichen Arbeiten der zusätzlichen Orientierung. Die auf Seite 117 abgebildete Seite ist wie folgt eingerichtet:

- Seitenrand: oben, unten, rechts 2 cm, links 4,5 cm;
- Seitenzahlen: oben, rechts außen (das Deckblatt wird nicht mitgezählt, das Inhaltsverzeichnis wird häufig zwar gezählt, aber nicht nummeriert);
- Fließtextschrift: 12 Punkt, 1,5-zeilig, Blocksatz;
- Kapitelüberschrift: 14 Punkt, fett, 2 Zeilen Abstand zum Text (oder zur nächsten Überschrift);
- Überschrift für Unterkapitel: 12 Punkt, 1 Zeile Abstand zum Text;
- Kurzes wörtliches Zitat im Text: im Absatz wie Fließtextschrift in An- und Abführungszeichen;
- längeres wörtliches Zitat als Block: 1 cm Einzug rechts und links, 10 Punkt, Blocksatz, 1-zeilig;
- Fußnotentext: 10 Punkt, 1-zeilig (die Fußnotenziffern im Fließtext werden hochgestellt und im gesamten Text durchnummeriert, Textverarbeitungsprogramme machen das über »Einfügen, Fußnote« automatisch);
- zentrale Begriffe: (nur bei der ersten Nennung) fett;
- erster Beleg: ausführliche Angabe in der Fußnote: Name, Vorname Jahr: Titel. Untertitel. Aufl., Erscheinungsort(e): Verlag, Seite;
- weiterer Beleg: Kurzbeleg (Name, Jahr, Seite) im Text;
- Kopfzeile: 10 Punkt, linksbündig Kurztitel, rechtsbündig Seitenzahl

Musterseite »Layout«

2 Sprachnormen

Dass es Normen der Schriftsprache gibt, ist die meist stillschweigend vorausgesetzte Annahme, aufgrund derer Texte korrigiert und beurteilt sowie Stilratschläge erteilt werden. Der folgende Überblick steckt den Rahmen dafür ab, implizite Erwartungen auf den Ebenen Text, Satz und Situation zu beschreiben.

2.1 Textsortennormen

Verfasser und Rezipienten von Texten verfügen über ein Textsortenwissen, das sich in der Beachtung impliziter und expliziter Textsortennormen äußert. Die Textproduktion und die Textrezeption werden von diesem Wissen über Textsorten beeinflusst. Brinker beschreibt dies als ein Alltagwissen:

> „Textsorten sind konventionell geltende Muster für komplexe sprachliche Handlungen und lassen sich als jeweils typische Verbindungen von kontextuellen (situativen), kommunikativ-funktionalen und strukturellen (grammatischen und thematischen) Merkmalen beschrieben. Sie haben sich in der Sprachgemeinschaft historisch entwickelt und gehören zum Alltagswissen der Sprachteilhaber; […]" (1997, 132)

Kohärentes, korrektes Sprechen bzw. Schreiben geschieht auf der Grundlage einer allgemeinen Kompetenz immer innerhalb einer bestimmten Sprache, ist aber nicht nur individuelles Formulieren,[1] sondern auch sprachlich Handeln – eingebettet in eine bestimmte Situation. Coseriu nennt „das Wissen, das sich darauf bezieht, wie man in bestimmten Situationen spricht, und das Urteile über Angemessenheit ermöglicht", (Coseriu 1988, 87) **expressives Wissen**.[2] Dieses Wissen ist an allgemeinen Normen orientiert, es ist autonom gegenüber den übrigen Komponenten sprachlichen Wissens.

---

1 Zur Unterscheidung konventioneller Formulierungsweisen gegenüber individuellen Formulierungsarten vgl. Sandig 1996, 31.

2 Er erläutert dies wie folgt: „Der Terminus **expressiv** verweist auf keine besondere Tradition; es war aber kein besserer zu finden. Der Ausdruck **diskursives** Wissen (d. h. ‚Wissen, das die discours, bzw. Diskurse betrifft') wäre nicht unmittelbar verständlich oder mißverständlich, und **textuelles** Wissen würde man eher als ‚Wissen über Texte' verstehen und nicht als ‚Wissen, das der Gestaltung von Texten zugrundeliegt'." (Coseriu 1988, 87; Hervorh. im Original)

Stellen Sie in einer Übersicht zusammen, welche Formatierungen Sie wofür nutzen. Damit Sie über lange Zeit hinweg für alle Kapitel Ihrer Arbeit bei einer Formatierungsroutine bleiben, ist es hilfreich, ein System zu entwickeln und es – wenn nötig – nach und nach zu verfeinern. So können Sie kontrollieren, ob Sie Formatierungen einheitlich einsetzen und genau eine Formatierung für eine Textsorte verwenden.

Funktionen des Textverarbeitungsprogramms

Machen Sie sich mit Ihrem Textverarbeitungsprogramm vertraut, denn es kann Sie beim Schreiben entlasten: Die Ansicht »Seitenlayout« und die Möglichkeit, Formatvorlagen für alle Textsorten zu definieren, die automatische Erstellung von Seitenzahlen und Kopfzeilen, die Fußnotenverwaltung sowie die manuelle Eingabe von Seitenumbrüchen erlauben es Ihnen, bereits beim Schreiben die Textgestalt zu beobachten.

Das Textverarbeitungsprogramm in den Griff kriegen
Liefern Sie sich nicht den Routinen Ihres Textverarbeitungsprogramms aus, sondern greifen Sie ein und justieren Sie das Programm mit einigen Handgriffen für Ihren Anlass (und das gilt für einen Brief ebenso wie für einen tabellarischen Lebenslauf oder eine wissenschaftliche Arbeit): Machen Sie sich bewusst, was Ihr Programm kann und lassen Sie es für sich arbeiten! Wenn Sie die nötigen Routinen beherrschen, können Sie jederzeit auf den Inhalt konzentriert bleiben – das Textverarbeitungsprogramm sorgt sich um Zeilenumbrüche usw. Das kann Sie motivieren!

Checkliste

Textverarbeitungsprogramm

Machen Sie sich klar, wie man

- Kopfzeilen und Seitenzahlen einfügt (Ansicht, Kopf- und Fußzeile) sowie Fußnoten,
- Schriftgrößen verändert und Schriftauszeichnungen wie kursiv oder fett anwählt (Format, Schriftart),
- die Seite einrichtet (Format, Dokument, Seitenränder),
- Zeilenabstände einstellt,
- Abstände nach Absatzmarken einfügt (nach Überschriften, nach kleiner gesetzten Zitaten),
- Absätze ausrichtet, zentriert und einrückt (Einzug links und rechts),
- manuelle Seitenwechsel erzeugt (Einfügen, Umbruch, Seitenumbruch),
- Tabulatoren definiert,
- Formatvorlagen definiert,
- Listen formatiert,
- ein Inhaltsverzeichnis erzeugt,
- die Suchen-und-ersetzen-Funktion verwendet,
- die automatische Worttrennung einstellt und
- die Rechtschreibprüfung nutzt.

DAS EXPOSÉ

Ein Exposé ist die ausformulierte Planung einer größeren wissenschaftlichen Arbeit (Masterarbeit oder Dissertation) – eine Kurzbeschreibung, die sowohl den Inhalt der Arbeit als auch ihre Realisierbarkeit beschreibt. Ein Exposé dient dazu, vorab das Verhältnis von »Kosten« und »Nutzen« zu überschlagen, die zu verwendende Literatur sowie ihre Verfügbarkeit aufzuführen und zu kommentieren und zu bestimmen, wie viel Lektüre oder Forschungsaufwand das zu bearbeitende Thema erfordert.

Auch wenn nicht ausdrücklich ein Exposé verlangt ist, sollten Sie eins schreiben. Das ist aus drei Gründen keine überflüssige Arbeit:

Ein Exposé ist die ausformulierte Planung einer größeren wissenschaftlichen Arbeit.

1. Wenn Sie schreiben, stellen Sie fest, ob Ihre Überlegungen stichhaltig sind: Was Sie ausformulieren können, ist durchdacht; Lückenhaftes, nicht zu Ende Gedachtes oder lose bzw. assoziativ Verknüpftes lässt sich kaum verschriftlichen.
2. Das Schreiben des Exposés flankiert den Denkprozess. Wenn Sie mit der Vorbereitung Ihres Textes beginnen, können Sie sicher sein, auf ein erreichbares Ziel hinzuarbeiten: Sie geben sich im Exposé die Richtung vor. Sollte sich beim Schreiben eine Alternative ergeben, dient Ihnen das Exposé als Korrektiv, es hilft Ihnen, Konsequenzen einer Richtungsänderung abzuschätzen und sich für das weitere Vorgehen zu entscheiden (d. h. zwischen den Möglichkeiten zu wählen). Wenn Sie sich für einen neuen Weg entscheiden, sollten Sie eine neue Version des Exposés erarbeiten, um den neuen Plan zu prüfen.
3. Das Exposé benötigen Sie nicht nur für Ihre praktische Schreibarbeit, sondern auch als ersten Text: Das, was Sie zu Beginn Ihres Arbeitsprozesses als Grundlage haben, die Zitate, die Sie hier verwenden, und die Erläuterungen zur Themeneingrenzung – in Ihrem Exposé finden Sie später viele Textstellen, die Sie in der Einleitung wiederverwenden können.

Es dokumentiert, wie Sie Ihre wissenschaftliche Arbeit vorbereitet haben.

Das Exposé dokumentiert, wie Sie Ihre wissenschaftliche Arbeit vorbereitet haben. Sie sollten also auf eine tiefere Recherche (und idealerweise auf eine annotierte Bibliografie) zurückgreifen können. Im Exposé

- führen Sie zum Thema hin und ordnen Ihre Frage in einen größeren Gesamtzusammenhang ein (Worum geht es? Warum ist das relevant? Wie wurde es bislang bearbeitet?);
- dokumentieren Sie Ihren Kenntnisstand über die einschlägigen Forschungsansätze und die hinzuzuziehende Literatur;
- formulieren Sie die Fragestellung, die Sie in Ihrer späteren Arbeit beantworten wollen.

Bei größeren Arbeiten, die nicht nur mit Blick auf die Seitenzahl, sondern auch auf die Bearbeitungszeit umfangreicher sind, lohnt es

sich, deutlich zu machen, was Sie aus welchem Grund nicht berücksichtigen werden, und einen groben Zeitplan anzufertigen.
Dies ist besonders dann hilfreich, wenn Sie im Rahmen Ihrer Arbeit Interviews führen und auswerten oder Beobachtungen bzw. Versuche durchführen wollen. Wenn Sie dazu einen groben Zeitplan liefern, gibt das Exposé Ihnen (und Ihrem Betreuer bzw. Ihrer Betreuerin) nach einer ersten gründlichen Orientierung Aufschluss über den Arbeitsumfang und -aufwand.
Dass sich der Zeitplan und Ihre Gliederung der Arbeit ändern werden (unter Umständen sogar mehrfach), liegt in der Natur wissenschaftlichen Arbeitens und spricht nicht gegen, sondern für das Schreiben dieses ersten Textes: Auf jeden Fall ist das Verfassen eines Exposés nützlich, denn diese ausformulierte Planung kann Ihnen dazu dienen, Ihre Wissensfortschritte zu erkennen, indem Sie den jeweiligen Stand Ihrer Arbeit mit Ihren Vorannahmen abgleichen und auf Bestätigungen oder Abweichungen hin prüfen. So verdeutlichen Sie sich jeden Schritt Ihres wissenschaftlichen Erkenntnisprozesses – und das ist wichtig, um zielsicher weiterzuarbeiten und fokussiert zu schreiben.

Ein grober Zeitplan gibt Ihnen (und Ihrem Betreuer bzw. Ihrer Betreuerin) Aufschluss über Arbeitsumfang und -aufwand.

Checkliste

Exposé

- Titelblatt
- Hinführung zum Thema, Relevanz, Erkenntnisinteresse
- Überblick Forschungsstand, evtl. Umfang und Zugänglichkeit von Primärquellen
- Fragestellung und ihre Begründung oder Arbeitshypothesen und ihre Herleitung
- Ziel der Arbeit
- Eventuell die Erläuterung der angewendeten Methode und der hinzuzuziehenden Hilfsmittel
- Kommentierte Grobgliederung der Arbeit
- Vorläufiges Literaturverzeichnis
- Geplante Arbeitsschritte und evtl. ein Zeitplan

Interview

Wie sieht eine wissenschaftliche Arbeit aus, die Sie überzeugt?

Sie muss erst mal einen sehr klaren und einfachen Titel haben. Mir werden oft Titel von mindestens drei Zeilen vorgeschlagen, mit Formulierungen wie »Analyse zu« und »unter dem Aspekt von«. Auch bei der Gliederung geht die Tendenz zum Einfachen. Zwei oder drei Unterpunkte reichen völlig aus. Gleichzeitig denken Anfänger oft, der Adressat sei die Allgemeinheit, nach dem Motto: »Das muss auch meine Oma verstehen.« Das ist ein falscher Ansatz. Man schreibt für die Fachleute des jeweiligen Gebietes. So muss nicht jeder Begriff, wie zum Beispiel »Emotionalität«, näher erläutert werden.

Welche Formalien muss man unbedingt beachten?

Abzüge gibt es, wenn in einem Literaturverzeichnis nicht zwischen Primär- und Sekundärliteratur unterschieden oder das Ersterscheinungsdatum eines Textes nicht genannt wird. Es muss einheitlich zitiert und bei Übersetzungen der ursprüngliche Titel genannt werden. Die Studierenden sind oft an der falschen Stelle akribisch; Angaben von Verlagen und Reihen sind unnötig.

Wie schützt man sich vor Plagiatsverdacht?

Es muss klar sein, wer spricht: der Student, der Autor des behandelten Textes oder der Sekundärautor. Ich weise immer wieder darauf hin, dass deutlich werden muss, wer für welche Äußerung verantwortlich ist. Wenn man sich daran hält, ist eigentlich jede Plagiatsangst unbegründet.

Wie kann man inhaltlich punkten?

Indem man zum Beispiel zeigt, dass man in der Lage ist, eine Forschungsposition zu kritisieren. Oft haben die Studierenden eine große Angst, in der Arbeit »ich« zu sagen. Wer das kann, zeigt schon eine gewisse Souveränität. Eine andere Möglichkeit ist, am Schluss einer Arbeit statt einer Zusammenfassung das Thema noch mal unter einem anderen Aspekt zu betrachten und vielleicht zu einer neuen Arbeit anzuregen, die jemand anderes schreiben könnte.

Welche Ratschläge geben Sie Ihren Studierenden?

Das Wichtigste ist, den eigenen Fähigkeiten zu vertrauen und sich nicht kleinzumachen. Woran es oft hapert, ist die Klarheit der Begriffe. Manch umgangssprachlicher Begriff wie zum Beispiel »tragisch« hat in der Fachsprache eine ganz andere Bedeutung. Da hilft ein Begriffslexikon. Man sollte mit Engagement und Begeisterung, aber immer auch mit Distanz schreiben. Mit Sätzen wie »Wird Effi Briest den Mann ihres Lebens finden?« gerät man in die Nähe der Soap-Opera. Was Studierende wissen sollten: Jede Abschlussarbeit kann dem Dozenten noch unfertig vorgelegt werden. Man hat das Recht, für etwa 20 Seiten eine Beurteilung und Notentendenz zu erhalten. Viele Formfehler können dadurch behoben werden.

Prof. Dr. Claudia Albert ist Germanistin und Komparatistin an der Freien Universität Berlin.

Etappe 4: den Text planen

Wie kann ich die Ordnung

des Materials in meinen Text überführen, wie Zusammenhänge deutlich machen? Wie finde ich den roten Faden? Und: Wie und zu welchem Zweck sollte ich zitieren?

Fragen wie diese sollten vor dem Schreiben der Rohfassung geklärt sein.

Weder sollten Sie in Ihrem Text den Weg Ihrer Recherche nachvollziehen (etwa darüber berichten, was Sie wann gelesen haben), noch die gelesenen Texte in einer anderen Abfolge (beispielsweise alphabetisch oder nach Erscheinungsjahren sortiert) nacheinander zusammenzufassen. Ihre Aufgabe ist es, Ihre wissenschaftliche Frage zu beantworten. Das tun Sie, indem Sie aus Ihrem Erkenntnisinteresse heraus Zusammenhänge herstellen. Dank Ihrer Lesearbeit können Sie Ihren Blick auf die Dinge schärfen, den Sie zu den Aussagen anderer Autoren und Autorinnen in Beziehung setzen.

LOGISCH GLIEDERN

Die Gliederung verdeutlicht den inhaltlichen Textaufbau.

Der Textaufbau wird durch die Gliederung verdeutlicht und unterstützt. Sie spiegelt das Erkenntnisinteresse wider, indem sie Elemente des Themas, fokussiert auf Ihre wissenschaftliche Frage, zueinander in Beziehung setzt. Bei einer Gliederung kann man ausgehen von

- Merkmalen und Aspekten des Untersuchungsgegenstands (Sach-Ebene) oder
- unterschiedlichen Betrachtungsweisen in der Forschung (Theorie-Ebene).

Der gewählte Ansatz spiegelt sich zumeist im Titel der Arbeit wider. So geht der Titel »Kriterien für Textverständlichkeit« von der Sache aus und »Das Hamburger Verständlichkeitskonzept« von der Theorie. Beide Texte werden Bezüge zwischen der Sach- und der Theorie-Ebene herstellen – aus je eigener Perspektive und mit je eigenem Fokus.

Wenn Sie Äste und Zweige Ihrer Mindmap nummeriert haben, dürften Sie allgemeine Gliederungsprinzipien berücksichtigt haben, um Abfolgen zu bilden und die Struktur zu linearisieren. Sie sind häufig bereits im Thema angelegt und können durch geeignete Argumentationsmuster unterstützt und ausgearbeitet werden. Für die Überführung eines stark strukturierten Themas in einen linearen Text bestehen grundsätzlich drei Möglichkeiten. Das Thema kann folgendermaßen dargestellt werden:

- seiner zeitlichen Ordnung folgend,
- seiner inhaltlichen Ordnung gemäß oder
- einer bestimmten Aussageabsicht entsprechend.

Folglich werden drei charakteristische Gliederungsprinzipien unterschieden, die die drei typischen Ordnungskriterien abbilden. Innerhalb eines Textes folgen die Kapitel einem Gliederungsprinzip, diesen wiederum können andere Prinzipien zugrunde liegen.

Finden Sie das richtige Gliederungsprinzip zu Ihrem Thema!

Das chronologische Prinzip

Wenn Sie Material haben, das sich aufgrund des chronologischen Prinzips ordnen lässt, können Sie Aussagen dem zeitlichen Verlauf zuordnen. Entsprechend können Sie einen Phasenverlauf oder historische Etappen erfassen und abbilden. Das chronologische Gliederungsprinzip bietet sich an bei Texten oder Kapiteln, die eine Entwicklung erfassen wollen. In einer Mindmap ist ein chronologisches Ordnungsprinzip daran erkennbar, dass die Äste (oder auch die Zweige) ein Nacheinander abbilden. Zumeist kann die Mindmap in genau einer Abfolge gelesen werden.

Das stoffliche Prinzip

Wenn Ihr Material durch seine Vielfalt eine stark verästelte und vernetzte Struktur aufweist, können Sie diese aufgrund des stofflichen Prinzips abbilden. Hier gibt es zwei Möglichkeiten: Sie können Ihr Material vom Allgemeinen zum Speziellen (deduktives Vorgehen) oder vom Speziellen zum Allgemeinen (induktives Vorgehen) ordnen. Vielleicht drängt sich bei Betrachtung des Materials kein Zusammenhang auf und Sie haben die Wahl. In diesem Fall können Sie drei isolierte Teile erarbeiten, die auch für sich stehen könnten. Achten Sie darauf, wesentlichen Aspekten und Zusammenhängen Ihres Themas den angemessenen Stellenwert zuzuweisen.
Das stoffliche Gliederungsprinzip eignet sich insbesondere für eine facetten- oder aspektreiche Behandlung eines Themas aus mehreren Perspektiven. In einer Mindmap ist das stoffliche Prinzip daran erkennbar, dass Äste sehr unterschiedlich gestaltet sind und Sie viele Vernet-

zungslinien ergänzt haben. Mehrere Leseweisen der Mindmap – und somit mehrere Gliederungen – sind denkbar. In einem solchen Fall sollten Sie mit Blick auf Ihre wissenschaftliche Frage entscheiden. Zerlegen Sie die Frage in Teilfragen! Die Reihenfolge, in der Sie diese mit Blick auf Ihr Material am sinnvollsten beantworten können, bietet Ihnen eine Orientierung für die ideale Kapitelfolge.

Das argumentative Prinzip

Das argumentative Gliederungsprinzip eignet sich besonders für erörternde, abwägende Darstellungen.

Bietet sich Ihr Material für eine Erörterung oder Beurteilung an, so sollten Sie es nach dem argumentativen Prinzip strukturieren. Lassen Sie sich von der Zahl der Positionen leiten und formulieren Sie eine überschaubare Zahl von Thesen, die Sie der Aussageabsicht entsprechend mit Beispielen oder Argumenten belegen.
Das argumentative Gliederungsprinzip eignet sich besonders für erörternde, abwägende Darstellungen – also auch für die Kapitel »Einleitung« und »Diskussion« in empirischen Arbeiten. In einer Mindmap ist das argumentative Prinzip daran erkennbar, dass es zwei oder mehrere ähnliche Äste gibt, die aufgrund ihrer Ähnlichkeit auch untereinander zu verbinden sind. Auch hier sind mehrere Leseweisen der Mindmap möglich.

Das IMRaD-Schema

Der für empirische Arbeiten charakteristische Textaufbau wird auch als IMRaD-Schema bezeichnet (diese Struktur finden Sie in verschiedenen wissenschaftlichen Publikationsformen, in Bachelor-, Master- und Doktorarbeiten sowie in Versuchsberichten).
Die Abkürzung IMRaD stammt aus dem Englischen und steht für

- **I**ntroduction (Einleitung)
- **M**ethods (auch: Materials and Methods: Material und Methoden)
- **R**esults (Ergebnisse) **a**nd (und)
- **D**iscussion (Diskussion).

Eine solche textsortenspezifische Gliederung normiert die Texte, um sie schneller lesbar und vergleichbar zu machen.
In einer empirischen Arbeit orientiert sich die Gliederung an den Schritten des Forschungsprozesses:

1. sichten, was zu einem Thema erarbeitet wurde,
2. entscheiden, mit welcher Methode ein Beitrag zur Forschung geleistet werden kann,
3. erzielte Ergebnisse dokumentieren und sie
4. in Bezug zur Forschung stellen.

Daher liegt das IMRaD-Schema gewissermaßen an einer Schnittstelle von stofflichem und chronologischem Prinzip: In der »Einleitung« wird ein auf die eigene Untersuchung fokussierter Forschungsüberblick gegeben, die Kapitel »Material und Methoden« und »Ergebnisse« beschreiben die Vorgehensweise, die im Kapitel »Diskussion« in Bezug zu den relevanten Forschungsarbeiten gestellt wird.
Hier sind »Einleitung« und »Diskussion« die wesentlichen Kapitel der Arbeit, nicht nur ein Rahmen des eigentlichen Textes. Die sich anschließende Zusammenfassung ist ein Textzusatz.
Achten Sie bei der Gliederung in Kapitel darauf, dass die Strukturlogik stimmt. Sie sehen in Ihrer Mindmap an den Verzweigungen: Wer A sagt, muss mindestens auch B sagen, mit anderen Worten: Wo es ein Unterkapitel 2.1 gibt, muss (mindestens) auch ein Unterkapitel 2.2 folgen. Wo das nicht der Fall ist, erübrigt sich die Gliederung in Unterkapitel!

Das IMRaD-Schema liegt an der Schnittstelle von stofflichem und chronologischem Prinzip.

NACHVOLLZIEHBAR ARGUMENTIEREN

Eine Argumentation entsteht durch die Anordnung von Elementen. Man kann sich die möglichen Varianten der Anordnung veranschaulichen, wenn man von drei oder fünf Elementen ausgeht.

Argumentationsmuster

Argumentationsmuster bestimmen die Abfolge von Aussagen und helfen so, ein komplexes Thema zu linearisieren. Sie schaffen Ordnung – zunächst für Schreibende und damit später auch für die Lesenden.

Der Dreischritt ist ein einfaches, gut zu überschauendes Ordnungsmuster.

Er umfasst Einleitung, Hauptteil und Schluss.

Der Dreischritt

Der Dreischritt ist ein einfaches, gut zu überschauendes Ordnungsmuster; Sie haben es beim Schreiben von Aufsätzen in der Schule kennengelernt: Einleitung – Hauptteil – Schluss. Dieses Muster übernimmt bei einer frei gegliederten Arbeit die Funktion der Orientierung: Es hat für den Leser bzw. die Leserin und zugleich für die Verfasserin bzw. den Verfasser die Aufgabe, die Aufmerksamkeit zu fokussieren.

In einem einleitenden Kapitel (das als »Einleitung« oder mit einer thematischen Überschrift gekennzeichnet wird) führen Sie zum Thema hin: Dazu sollten Sie – von Ihrer Person absehend – aus dem Sachzusammenhang deutlich machen, warum das Thema von Interesse ist. Versuchen Sie, die Leser/-innen neugierig zu machen. Danach sollten Sie die wissenschaftliche Frage formulieren sowie das Erkenntnisinteresse und auf dieser Grundlage den Aufbau Ihrer Arbeit erläutern.

Es schließen sich die Kapitel der Arbeit an (die den Hauptteil ausmachen, der allerdings als solcher nicht eigens in der Gliederung ausgewiesen wird). Die Zahl der Kapitel entspricht den Schritten der Argumentation. Kapitel können in Unterkapitel unterteilt sein – dies veranschaulicht die hierarchische Ordnung zusammengehöriger Themen.

In einem abschließenden Kapitel (betitelt als »Schluss«, »Zusammenfassung«, »Fazit und Ausblick« oder mit einer thematischen Überschrift) werden die Ergebnisse der Arbeit auf den Punkt gebracht, kommentiert und möglicherweise in einen größeren Kontext gestellt. Dadurch ist der Schluss mehr als eine Wiederholung der Erkenntnisse aus dem Hauptteil. Einleitung und Schluss spielen als wesentliche Textelemente zusammen, sie bilden Start und Ziel des Argumentationsgangs.

Einleitung und Schluss dienen der Einordnung, beide sind nicht nur beim Dreischritt als erstes und letztes Kapitel bzw. erster und letzter Satz die Elemente eines Textes, die den Leser in den Text und seinen Inhalt hineinführen und auch wieder entlassen. Zusammen bilden sie den Rahmen eines Textes: Damit der Rahmen als Rahmen erkennbar bleibt, sollte der Umfang von Einleitung und Schluss nicht mehr als je zehn Prozent des Umfangs betragen, den der Hauptteil mit seinen Kapiteln ausmacht. Die Inhalte von Einleitung und Schluss sollten aufeinander abgestimmt und auf den Haupttext ausgerichtet sein. Je nach Argumentation im Hauptteil unterscheiden sich die Funktionen von Einleitung und Schluss.

Die Einleitung schafft die Grundlage dafür, dass Leser/-innen Ihren Text so nachvollziehen können, wie Sie ihn geplant haben:

- In einer Hinführung legen Sie eine Grundlage und erläutern die Art und Weise, in der Sie das Thema angehen, Sie legen den Gedankengang des Textes mit Blick auf Ihr Erkenntnisinteresse in groben Zügen dar und bieten so den Lesern und Leserinnen eine Grundlage und einen Rahmen dafür, Ihren Text mit- und weiterzudenken.
- Im Anschluss beschreiben Sie Ihren Text, indem Sie erstens Ihre wissenschaftliche Frage präzise und nachvollziehbar beschreiben und zweitens einen Überblick über das geben, was in den Kapiteln der Arbeit warum wie behandelt wird: Indem Sie den Aufbau des Textes erläutern, informieren Sie auch darüber, mit welchem Ziel welcher Aspekt in welcher Weise behandelt wird.

Die Einleitung kann als Leseanleitung fungieren.

So fungiert Ihre Einleitung gewissermaßen als Leseanleitung.

Ein Schluss kann unterschiedliche Funktionen für den Text übernehmen. Dem Hauptanliegen entsprechend, das sich aus der Argumentation ergibt, können Sie den Schluss auch anders betiteln:

- Ein »Fazit« stellt – im Gegensatz zur reinen Zusammenfassung – nicht alle Punkte in ihrer Abfolge dar, sondern hebt das Wesentliche hervor.
- Eine resümierende »Zusammenfassung« ist immer mehr als die bloße Wiederholung der im Hauptteil erarbeiteten Ergebnisse, weil sie pointiert.
- Ein »Ausblick« stellt die Ergebnisse der Arbeit in einen Zusammenhang mit weiterführenden Fragen – er denkt also die Ergebnisse weiter.

Tipp

Einleitung und Schluss am Anfang schreiben

Auch für Sie selbst bilden Einleitung und Schluss eine Orientierung, einen Handlungsrahmen – wenn Sie diese beiden Textteile zu Beginn Ihres Schreibprozesses formulieren. Indem Sie Start und Ziel bestimmen, führen Sie sich vor Augen, warum Sie worüber schreiben, was Sie hervorheben wollen und – ganz wichtig – wohin Ihr Text Sie bringen soll. Oft bleibt am Ende keine Zeit, konzentriert am Schluss zu formulieren. Legen Sie daher direkt zu Beginn eine erste Grundlage in einer Datei, in die Sie »unterwegs« Fragmente und lose Enden einfügen. Dabei gilt: Beim Schreiben kann sich der Plan ändern. Damit Sie dies in den Blick nehmen können, ist die Etappe 6, »Den Text überarbeiten«, vorgesehen.

Der Fünfschritt gliedert den Hauptteil in drei Argumentationsschritte.

Der Fünfschritt

Der Fünfschritt (auch »Fünfsatz« genannt) ist ein weitverbreitetes formales Argumentationsmuster: Er bildet seit der Antike die Basis für die meisten Modelle zum Aufbau einer Rede, eignet sich aber auch für das Portionieren und Sortieren der Kapitel und Absätze geschriebener Texte. In den Fünfschrittmustern sind Erfahrungen verarbeitet, wie ein beliebiges Thema für den Hörer nachvollziehbar gemacht werden kann. Dies lässt sich auf geschriebene Texte übertragen. Sie können das auch auf der Satzebene ausprobieren. Legen Sie in fünf Sätzen den Inhalt eines gelesenen Textes dar – schon haben Sie eine Kurzzusammenfassung (ein Abstract).

Machen Sie einen Versuch: Auch in nur fünf Sätzen lässt sich dies leisten. Hinter dem Muster des Fünfschritts steckt die Erkenntnis, dass Argumente nicht durch ihre Vielzahl überzeugen, sondern dadurch, wie sie kombiniert sind. Die folgenden drei Muster machen das deutlich

- Kette (geradlinige Entwicklung, Chronologie)
- Waage (abwägende Darstellung, Vergleich) und
- Rhombus (dreifache Annäherung/Perspektive/Begründung)

Die Fünfsätze schaffen klare Ordnungsstrukturen durch die Art der Bezüge zwischen drei Elementen im Mittelteil bzw. den Schritten der Argumentation zwischen Einleitung und Schluss. Diese grundsätzlichen Ordnungsmuster korrespondieren mit allgemeinen Denkmustern:

- der chronologischen Folge und sowohl des induktiven als auch des deduktiven Schlussfolgerns,
- des vergleichenden Abwägens und
- des dreifachen Begründens.

ARGUMENTATIONSMUSTER »KETTE«

Sie können die Kapitel zwischen Einleitung und Schluss so anordnen, dass im Ganzen eine **Kette** entsteht. Das Typische einer Argumentationskette ist ihr linearer Aufbau: Die im vorherigen Schritt erarbeiteten Inhalte bilden die Grundlage für den jeweils folgenden Schritt. Ein solches Muster erlaubt

- die chronologische Darstellung einer Entwicklung in Etappen,
- die Beschreibung eines Phasenverlaufs,
- die Systematisierung historischer Ereignisse, aber auch
- die schrittweise Begründung, Konkretisierung oder
- die Erläuterung eines Sachverhalts.

In einer fünf- oder mehrgliedrigen Kette hat der Text einen geradlinigen Aufbau. Formulieren Sie den Text so, dass sich das Folgende aus dem Vorherigen entwickelt. Somit muss der Schluss keine Zusammenfassung leisten; er entspricht eher einem Fazit oder einem Ausblick, indem er das zuvor Dargestellte weiterdenkt.

ARGUMENTATIONSMUSTER »WAAGE«

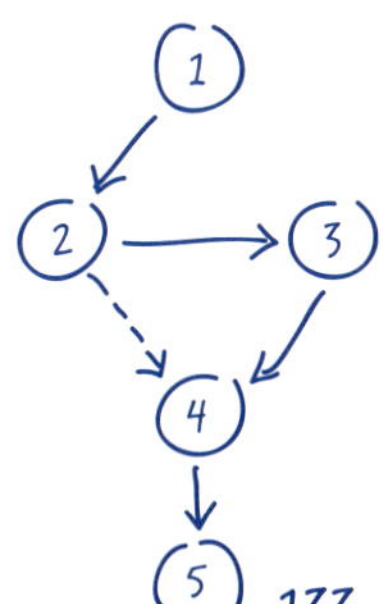

Eine weitere Möglichkeit der Anordnung der Elemente im Mittelteil besteht in einer abwägenden Gegenüberstellung, die dem Ganzen die Form einer **Waage** gibt. Dieses Muster ermöglicht

- den argumentativ abwägenden Vergleich zweier Positionen oder Situationen,
- die Erörterung von Gründen und Gegengründen oder Vorteilen und Nachteilen oder
- die Darstellung dreier Elemente, Theorien, Positionen oder Situationen in der Struktur These – Antithese – Synthese.

Auch hier wird eine Art Vergleich erarbeitet: Beim Vergleich dreier Elemente ist es wichtig, zu Beginn einen Kriterienkatalog zu erarbeiten, an dem sich alle drei Elemente messen lassen, damit sich Gemeinsamkeiten und Unterschiede überhaupt erst deutlich werden können. Auf dieser Grundlage lässt sich entscheiden, ob eines der drei Elemente eine vermittelnde Funktion einnehmen kann, sodass sich das abwägende Muster ergibt. Formulieren Sie den Text so, dass im Anschluss an eine Einleitung beispielsweise zunächst eine Position und dann die zweite beschrieben wird. Für das Folgende ergeben sich zwei Möglichkeiten:

1. Die beiden Textteile werden so aufgebaut, dass sich ein Vergleich anschließt. Der Schluss eines so aufgebauten Textes muss nun etwas darüber Hinausgehendes leisten, indem er einen Ausblick gibt oder eine Anwendung vorführt.
2. Beide Textteile werden isoliert formuliert, und es gibt eine dritte Position, die in etwa die Mitte der beiden Extreme darstellt. Diese wird referiert, bevor im Schluss ein Resümee oder ein Fazit gezogen wird.

Im Gegensatz zu einer Anordnung im Rhombus werden hier Vergleiche (und damit Beziehungen) zwischen Position eins und Position zwei sowie anschließend zwischen Position eins, Position zwei und Position drei hergestellt, sodass sich das Muster »nicht A, nicht B, sondern C« ergibt. Anders als beim Rhombus empfiehlt es sich hier, den vierten Schritt bei der Planung von Schritt zwei und drei mitzubedenken, eventuell das entsprechende Kapitel sogar vorher fertigzustellen, damit die beiden anderen direkt daran angepasst werden können.

ARGUMENTATIONSMUSTER »RHOMBUS«

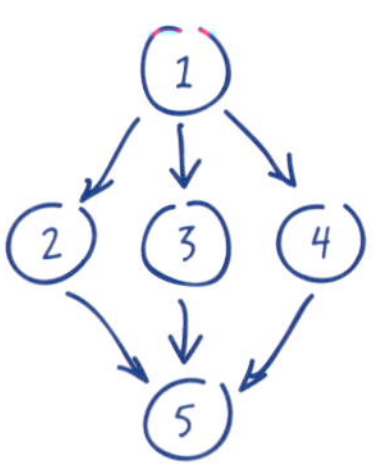

Sie können die Elemente des Mittelteils auch nebeneinanderstellen, sodass sich das Ganze als **Rhombus** beschreiben lässt. Ausgehend von einer Frage, einer These oder einem zentralen Problem werden strahlenförmig drei Perspektiven auf die Frage, die These, das Problem gerichtet und ohne unmittelbaren Bezug zueinander beschrieben. Der Bezug wird erst im zusammenfassenden fünften Schritt ausdrücklich hergestellt. Dieses Muster ist typisch für die

- die dreifache Begründung,
- die zunächst isolierte Erörterung dreier ausgewählter Aspekte des Themas oder
- die schlaglichtartige Beleuchtung von Situationen oder Sachverhalten.

Formulieren Sie den Text so, dass im Anschluss an eine Einleitung drei voneinander isolierte Textteile nebeneinanderstehen, deren wechselseitige Bezüge Sie in einem anschließenden Kapitel darstellen. Im Schluss müssen dann die Teilergebnisse zusammengefasst und eingeordnet werden.

Tipp

Ordnungsmuster Fünfschritt

Die Denk- und Ordnungsmuster des Fünfschritts lassen sich auch anwenden, wenn der Mittelteil mehr oder weniger als drei Elemente (Kapitel, Abschnitte oder Absätze) hat: So lassen sich bei sechs oder sieben Elementen oft zwei zusammenfassen, sodass Kette, Waage oder Rhombus als Grundstruktur zu erkennen sind.

Checkliste

Textplanung

- Ist die thematische Ordnung nachvollziehbar?
- Behandelt sie alle inhaltlichen Aspekte in einer der wissenschaftlichen Frage angemessenen Gewichtung?
- Ist die Gliederung ausgewogen? Gibt es Überschriften zu den Kapiteln und den Unterkapiteln?
- Sind innerhalb eines Kapitels mindestens zwei Unterkapitel vorhanden?
- Stimmen die Proportionen?
- Ist für jedes Unterkapitel eine ausreichende Grundlage vorhanden (mindestens 3 Texte, auf die Bezug genommen wird)?
- Sind Einleitung und Schluss aufeinander abgestimmt?

Typen von Argumenten

Man argumentiert, um einen Gedankengang nachvollziehbar zu machen.

Das lateinische Wort *arguere* wird mit »veranschaulichen, erhellen« übersetzt. Die Wortbedeutung zeigt: Man argumentiert, um einen Gedankengang nachvollziehbar zu machen. Argumentationen spielen also nicht nur dann eine Rolle, wenn man jemanden von etwas überzeugen möchte, sondern auch immer dann, wenn man jemandem etwas erklären will. Für die wissenschaftliche Arbeit bedeutet das:

- Verstehen Sie Ihren Text als eine auf Argumentationen zurückgreifende Argumentation, auf ein von Ihrem Erkenntnisinteresse geleitetes, auf die Antwort zu Ihrer wissenschaftlichen Frage ausgerichtetes Mit- und Weiterdenken der Texte, die Sie zum Thema gelesen haben.
- Stellen Sie Bezüge zu anderen Texten her, sodass die Leser/-innen Ihres Textes Kenntnisse über die Sache und über Forschungspositionen sowie Quellen oder Primärtexte gewinnen.

Argumente sind in der weiteren Wortbedeutung »Beweismittel«. Sie dienen dazu, Behauptungen zu belegen. Solche Belege sind in der Wissenschaft elementar wichtig.

Mit Argumenten verdeutlichen Sie Ihre Überlegungen anderen gegenüber – ihrem Vorwissen möglichst angemessen. Fachinteressierte Leser/-innen sind – wie Sie – kritische Leser/-innen. Ihre Argumente sollten daher dem Grundsatz der Rationalität folgen.

Zahlen, Daten und Fakten …

Zahlen, Daten und Fakten, Experiment- oder Umfrageergebnisse sowie Statistiken sind Formen von Belegen, die als besonders objektiv gelten. Sie werden meist als Tatsachen betrachtet und oft (zu) wenig angezweifelt. Wenn Sie Ihre Argumentation auf Datenmaterial aufbauen wollen, müssen Sie

- prüfen, wie repräsentativ Ihre Zahlen, Daten, Fakten sind,
- offenlegen, wie Sie die Daten ermittelt oder erhoben haben,
- angeben, auf welcher Grundlage Zahlenverhältnisse errechnet sind oder
- woher Zahlenangaben stammen.

Sie sollten – wenn nötig – selbst auf Schwächen des Materials oder konträre Untersuchungen hinweisen und Ergebnisse durch weitere Argumente relativieren.

Allgemein anerkannte Werte

Zu den allgemein anerkannten Werten zählen beispielsweise Normen und Regeln, die in Volksweisheiten oder Gesetzen tradiert sind. Bei genauerer Betrachtung dieser Sätze wird jedoch deutlich, dass sie häufig – im Sinne des Wortes – »gesetzt« sind, sodass sich ihre Allgemeingültigkeit streng genommen auf einen begrenzten Bereich bezieht. Wenn Sie in Ihrer Argumentation auf Allgemeingültiges verweisen, sollten Sie sich klarmachen,

- auf welcher Grundlage oder für welchen Bereich Sie Sätze als allgemeingültig betrachten,
- inwieweit Sätze zu relativieren sind,
- ggf. welche Gegenregeln es gibt.

Sie sollten also bei der Verwendung allgemein anerkannter Werte den Adressaten Ihres Textes berücksichtigen und prüfen, ob ihn die von Ihnen angeführten Sätze überzeugen können.

Argumente sind auch »Beweismittel«.

Erfahrungen

Persönliche Erfahrungen müssen, wenn sie als Argument dienen sollen, für Leser/-innen nachvollziehbar gemacht werden. Als individuelle Beobachtungen, persönliche Einschätzungen oder Schlussfolgerungen wirken sie im Kontext wissenschaftlichen Arbeitens auf den ersten Blick zufällig, voreingenommen und daher unsachlich. Dennoch lässt sich am konkreten Fall vieles erläutern. Sie sollten auf jeden Fall immer prüfen, inwieweit Erfahrungen, auf die Sie Bezug nehmen wollen, verallgemeinert werden können – beispielsweise durch Fragebögen oder Interviews. Schätzen Sie also ab, wie eine Erfahrung, die immer auf einer individuellen Interpretation von Ereignissen basiert, abgesichert und verallgemeinert eingesetzt werden kann – ob sie

- veranschaulichend wirkt,
- überzeugen kann oder
- als vorweggenommenes Gegenargument dienen soll.

Lehrsätze

Lehrsätze sind in einem bestimmten (Fach-)Gebiet gültige Aussagen innerhalb eines theoretischen Zusammenhangs, die eine Schlussfolgerung beinhalten. Sie sind verallgemeinerte Erfahrungen, Produkte einer argumentativen Darstellung, gelten aber dennoch als

Wissenschaftliche Arbeiten dürfen mehrere Typen von Argumenten enthalten.

bewiesen. Aufgrund ihres Ergebnischarakters können Lehrsätze den Ausgangspunkt für weitere Überlegungen bilden.
In fachlichen Zusammenhängen dienen Lehrsätze in der Regel als Grundlage einer Argumentation. Neue Lehrsätze werden in Bezug zu anerkannten Erkenntnissen oder Gesetzmäßigkeiten gesetzt. Wenn Sie mit Lehrsätzen argumentieren, sollten Sie prüfen,

- ob es widersprechende Lehrmeinungen gibt und
- welche Kritik an einem Lehrsatz geübt wird.

Autoritäten

Autoritäten, das können Personen (lebende oder verstorbene Wissenschaftler) oder Denkmuster (etwa die Paradigmen der Systemtheorie oder Psychoanalyse) sein, deren Aussagen als beweiskräftig angesehen werden. Wie Lehrsätze nur innerhalb bestimmter Wissens- bzw. Fachgebiete gelten, ist auch die Geltung von Autoritäten auf bestimmte Fachgebiete beschränkt. Wer sich auf Autoritäten berufen möchte, muss

- sicherstellen, dass sie den Lesern und Leserinnen auch als solche bekannt sind,
- darauf achten, einschlägig bekannte Fachvertreter heranzuziehen,
- erklären, inwiefern die Person oder das Denkmuster als Autorität gilt,
- prüfen, ob, und wenn ja, welche Einwände gegen die Autorität von wem hervorgebracht und wie sie begründet werden.

Auf Autoritäten sollten Sie sich nicht pauschal oder generell berufen. Wenn Sie es tun, dann sollten Sie wörtlich zitieren und die zitierte Aussage zum Ausgangspunkt, Ziel oder Gegenpol Ihrer Darstellung machen. Nur so wird Ihre Argumentation nachvollziehbar.
Traditionen und Schulen, also inhaltlich geprägte Denk- und Forschungsrichtungen in einem Fach, gehen von einem (einzelnen) Begründer aus und werden dann von seinen Schülern weitergeführt, zum Beispiel die Schule der Psychoanalyse, ausgehend von Sigmund Freud. Für die Argumentation macht es daher einen Unterschied, welcher Schule sich eine Autorität zurechnet. Entsprechend ist es wichtig,

- die eigene Perspektive deutlich zu machen,
- einschlägige Argumentationszusammenhänge zu skizzieren und
- (Gegen-)Positionen in der Argumentation mindestens mitzudenken, wenn nicht gar mit zu berücksichtigen.

Ziele

Jede Argumentation wird auf ein Argumentationsziel hin angelegt. Darüber hinaus ist es auch möglich, einzelne Aussagen dadurch zu untermauern, dass ihre Funktion auf der Strecke bis zu diesem Ziel dargestellt wird. Dieses Ziel kann

- die Frage Ihrer wissenschaftlichen Arbeit,
- die (Teil-)Frage eines Kapitels oder
- die Bestimmung des Diskussionsrahmens sein, in dem der Text betrachtet wird, oder
- die Gegenüberstellung entgegengesetzter Ziele innerhalb eines Diskurses anstreben.

Wenn Sie sich auf Argumentationsziele berufen, sollten Sie prüfen, welchen Stellenwert diese für Ihre Argumentation haben, und sicherstellen, dass diese für Leser/-innen erkennbar und nachvollziehbar sind.

Jede Argumentation wird auf ein Argumentationsziel hin angelegt.

SINNVOLL UND RICHTIG ZITIEREN

In wissenschaftlichen Texten wird zitiert, um ausdrücklich kenntlich zu machen, dass und wie eine Information oder die Position eines anderen in die eigene wissenschaftliche Arbeit eingearbeitet wurde. Im wissenschaftlichen Text bilden Zitate die Verbindung zwischen eigenen Überlegungen und Gelesenem, sie werden mit Blick auf die eigene wissenschaftliche Frage ausgewählt. Funktionen des Zitats sind:

- Gedankengänge nachvollziehbar und nachprüfbar zu machen,
- eigene Thesen und Argumente abzusichern,
- Bezüge zum wissenschaftlichen Diskurs herzustellen.

Sinnvoll zitieren: Funktionen

Zitate können unterschiedliche Funktionen haben.

Ein Zitat kann an unterschiedlichen Stellen der Arbeit unterschiedliche Funktionen haben: Ein Zitat kann

- Gegenstand der Analyse sein. Wird eine längere Textpassage aus einer Primärquelle wörtlich zitiert, um anschließend genauer untersucht zu werden, sollte dies vorab deutlich sein; im Anschluss an das Zitat sollten einzelne Bestandteile interpretiert werden.
- den Ausgangspunkt einer Argumentation bilden. Die Aussage eines Zitats wird aufgenommen und der Gedanke durch eigene Überlegungen, Argumente und Erläuterungen weitergeführt.
- zur Absicherung dienen. Das Zitat als Absicherung folgt auf eine selbst formulierte Aussage, es stellt den Bezug zur Forschung her.
- als Stütze eingesetzt werden. Das Zitat als Stütze ist immer ein zweites Zitat zu einem Argument – es kann die eigene oder aber auch eine zitierte Aussage untermauern oder erläutern, indem weitere Autoren und Autorinnen, Beispiele und Argumente genannt werden.
- als Gegenaussage verwendet werden. Eine Aussage kann durch eine Gegenaussage aus einem Zitat präziser werden, wenn auf diese Weise unterschiedliche Positionen zur Sprache kommen, die gegeneinander abgewogen werden.
- als Anmerkung fungieren, ohne für die Argumentation von wesentlicher Bedeutung zu sein. Für das eigentliche Erkenntnisinteresse eher nebensächliche, aber durchaus interessante Zitate sollten allenfalls in der Fußnote wiedergegeben werden. Wichtig: Alle Zitate, die für die Nachvollziehbarkeit der Textaussage zentral sind, gehören in den Text!
- als Motto verwendet werden. Kurze, prägnante Zitate können wie Aphorismen dem gesamten Text oder einzelnen Kapiteln vorangestellt werden. Damit ein Zitat als Motto funktioniert, muss es allgemein verständlich sein. Nach der Lektüre des gesamten Textes müssen Leser/-innen den genauen Bezug zur Textaussage erschließen können.
- als Fazit einen Gedankengang zusammenfassen und pointieren. Ein Zitat, das eine Erkenntnis auf den Punkt bringt, kann den Schluss einer Argumentation bilden. Es sollte jedoch nicht zum letzten Satz des Textes werden.

- ausschließlich als Textbaustein dienen. Werden Zitate in eigene Sätze integriert oder längere Textpassagen ohne erkennbaren Bezug in den eigenen Text eingefügt, so wirken diese Zitate lediglich als fremde Textbausteine und sind für Leser/-innen in Funktion und Aussage nicht nachvollziehbar – Zitate dieser Art können bei der Interpretation von Texten der Veranschaulichung dienen; wenn Sie allerdings auf Argumente Bezug nehmen, sollten Sie Zitate ohne Einbindung vermeiden.

Den Funktionen von Zitaten vergleichbar, werden in Arbeiten, die Bezüge zu empirischen Beobachtungen und Untersuchungen herstellen, Abbildungen, Diagramme, Tabellen und Schaubilder genutzt, indem sie als Ausgangspunkt, Absicherung oder Stütze in den Text eingebunden werden.

SINNVOLL UND RICHTIG ZITIEREN

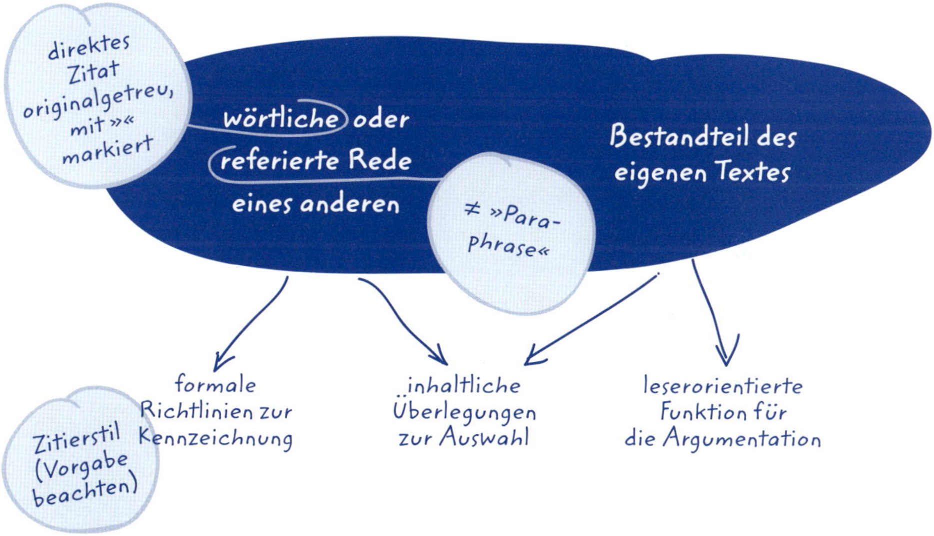

Richtig zitieren: Regeln

Korrekt zitieren zu können, gehört zu den elementaren Kompetenzen, die im wissenschaftlichen Studium erlernt werden müssen.

Man unterscheidet wörtliche Zitate (auch: direkte Zitate), die den Wortlaut des zitierten Textes übernehmen, von sinngemäßen Zitaten (auch: indirekte Zitate), die sich gedanklich anlehnen. Zitate müssen in der Wissenschaft als solche ausgewiesen werden, sodass man sie schon beim Lesen als solche erkennt, und sie müssen mit einer Quellenangabe versehen werden: Von wem stammt das Zitat? Wo wurde es (wann) veröffentlicht? Korrekt zitieren zu können, gehört zu den elementaren Kompetenzen, die im wissenschaftlichen Studium erlernt werden müssen. Korrekt, das heißt aber nicht, dass die Zitierregeln seit je und überall gleich lauten – es gibt unterschiedliche Regeln, und es kann gut sein, dass Sie durch Vorgaben aus Ihrem Fachbereich oder von Ihrem Betreuer bzw. Ihrer Betreuerin auf bestimmte Regeln festgelegt sind. Halten Sie sich daran!

Tipp

Nicht zitieren müssen, sondern zitieren wollen

Fassen Sie Ihren Text als Weiterverarbeitung der Texte auf, mit denen Sie sich zum Thema informiert haben – nicht als bloße Wiedergabe. Wer wissenschaftlich schreibt, muss zitieren wollen, um nicht lediglich nach-, sondern auch mit- und weiterzudenken und die eigenen Erkenntnisse zu vernetzen. Das Zitat zeigt, dass und wo eine Autorin oder ein Autor an die Forschung anknüpft. Machen Sie sich also Gedanken darüber, wo ein sinngemäßes oder wörtliches Zitat welche Funktion erfüllt.

Zitate kennzeichnen

Wörtliche und sinngemäße Zitate werden unterschiedlich gekennzeichnet. Wörtliche Zitate werden in An- und Abführungszeichen gesetzt. Manchmal werden sie außerdem noch kursiv gesetzt oder sogar in einer anderen Schrift oder Schriftgröße. Das ist zu viel des Guten. Wenn es nicht ausdrücklich anders gefordert ist, sollten Sie es bei den An- und Abführungszeichen belassen. Alles Weitere stört den Lesefluss mehr, als es der Kennzeichnung der Zitate dienen könnte. Wörtliche Zitate, die länger als zwei Zeilen sind, können – selbst wenn es in den Satzbau integrierte Zitate sind – deutlicher vom Fließtext abgehoben werden, zum Beispiel durch einen Zeilenumbruch, einen etwas vergrößerten Abstand zum Fließtext, eine etwas kleinere Schriftgröße und durch jeweils 1 cm Einzug vom rechten und linken Rand. So sind sie auf den ersten Blick als eigenständiges Textelement erkennbar. Die Formatierung erinnert Sie daran, dass Sie in Ihrem Text auf das Zitat Bezug nehmen müssen – und verhindert so ein Patchwork aus zitierten Stellen ohne Überleitungen, das bereits optisch nicht überzeugen würde.

Wörtliche und sinngemäße Zitate werden unterschiedlich gekennzeichnet.

Sinngemäße Zitate werden nicht typografisch gekennzeichnet, sondern verbal, also durch Formulierungen (z. B. »Meyer betont, dass Zitierregeln Hilfestellung bieten wollen.« »In Anlehnung an Meyer, die die Zitierregeln als Orientierungshilfen auffasst.«). Sinngemäße Zitate werden auch als Paraphrasierungen (zu griechisch *para* = »dazu, neben« und *fraseïn* = »reden, sagen«) bezeichnet. Das heißt aber nicht, dass einfach Wörter durch andere Wörter ersetzt werden! Das sinngemäße Zitat dient dazu, eine Aussage zu reformulieren, um sie dann für die eigene Argumentation weiterführen zu können. Sinngemäße Zitate müssen immer nahe am Original formuliert werden und dürfen seine Aussage nicht verfälschen. Deshalb steht der Beleg beim sinngemäßen Zitat in der Regel nach dem ersten Satz eines Absatzes. Soll eine (längere) Textpassage zusammenfassend referiert werden, kann der Konjunktiv als Kennzeichen der zur Distanzierung genutzt werden (»Meyer hebt hervor, Zitierregeln seien Hilfsmittel.«).

Beispiel David Maschinsky studiert Kulturgeschichte im ersten Semester. Schon in der Schule hat er gern geschrieben, sein Deutschlehrer hat ihn stets für seine wortgewandten Formulierungen gelobt. Seine erste Hausarbeit an der Universität muss er überarbeiten, der Grund sind Ausdrucksfehler! David ist erschüttert und geht zur Dozentin, die ihm an seinem Text im Vergleich zum zitierten Text zeigt, dass seine sinngemäßen Zitate als Wort-für-Wort-Ersetzungen nicht nur Ausdrucksfehler verursachen, sondern zum Teil auch sinnverfälschend wirken. Auch rät sie ihm, nicht seitenlang im Konjunktiv zu formulieren: Wie wörtliche Zitate, die mit ein bis drei Sätzen Kernaussagen wiedergeben und eingebunden werden sollen, sollten Textpassagen im Konjunktiv mit dem eigenen Text verknüpft werden. Ihm wird klar, dass er manches, was er gelernt hat, überdenken muss – auch die Strategie, möglichst viele Fremdwörter zu verwenden.

Zitationssysteme: deutsche und amerikanische Zitierweise

Die amerikanische Zitierweise arbeitet v. a. mit Klammern im Fließtext.

Durch das Zusammenspiel von Belegen (die im Text oder in Fußnoten ergänzt werden) mit den Angaben zum zitierten Text im Literaturverzeichnis, die in bestimmter Abfolge angeordnet und gekennzeichnet werden, ergeben sich Zitationssysteme. Diese unterscheiden auch verschiedene Typen bibliografischer Angaben (↗ Seite 79 ff.). International werden die Belege häufig nach amerikanischem Vorbild (beispielsweise nach dem Harvard-System) in Klammern in den Fließtext eingefügt – wobei es im Detail, zum Beispiel in der Reihenfolge der Belegelemente unterschiedliche Vorgaben gibt.

Die deutsche Zitierweise arbeitet v. a. mit Fußnoten.

Die Verwendung von Fußnoten ist international weniger üblich als im deutschsprachigen Raum; Zitatbelege in Fußnoten werden deshalb auch als »deutsche Zitierweise« bezeichnet. Bevor Sie mit dem Zitieren beginnen, fragen Sie besser nach, wie Sie genau vorgehen sollen. In jedem Fall wird am Ende jedes Zitats angegeben, wo es nachgelesen werden kann. Diese Angabe, der Beleg, nennt den Titel des zitierten Textes, die Seite, auf der die zitierte Stelle zu finden ist, und verweist auf die ausführliche Angabe im Literaturverzeichnis.

- **Die Fußnotentechnik** belegt Zitate in Fußnoten (Kurztitel in Fußnoten). Die Fußnotenziffer wird im Fließtext direkt nach der zitierten Einheit (Wort, Wortgruppe, Satz, mehrere Sätze) hochgestellt gesetzt. Im Fußnotentext werden ein Kurztitel, gefolgt von einem Komma, und der Seitennachweis angegeben (»Alltägliche Wissenschaftssprache, S. 4«), bei aufeinanderfolgenden Belegen, die sich auf dieselbe Seite eines Textes beziehen, wird die Abkürzung »ebd.« verwendet. Bei der ersten Nennung eines Titels kann die bibliografische Angabe ausführlich wiedergegeben werden, wobei üblicherweise die Jahreszahl an letzter Position steht (»Konrad Ehlich, Alltägliche Wissenschaftssprache, in: Informationen Deutsch als Fremdsprache 26, Heft 1 (1999), S. 4 [**DOI:** https://doi.org/10.1515/infodaf-1999-0102]«).

- Das **Harvard-System** belegt Zitate im Fließtext mit Kurzangaben in Klammern (Autor-Jahr-System): Nachname des Autors bzw. der Autorin, Komma, Erscheinungsjahr sowie nach einem Doppelpunkt die Seitenzahl(en), wo die Stelle zu finden ist (»Ehlich, 1999, S. 4« oder »Ehlich, 1999: 4«). Der Beleg verweist auf den im Literaturverzeichnis angegebenen Text. Hier steht bei der bibliografischen Angabe die Jahreszahl, nach dem Namen, an zweiter Position. Dieses System wird – zum Teil mit Varianten bei der Zeichensetzung in der Klammer – u. a. in der Linguistik und in den Wirtschafts- und Sozialwissenschaften verwendet.
- Das **Zitationssystem der American Psychological Association** (APA, http://www.apastyle.org) ist in der Psychologie, Pädagogik, aber auch den Geistes- und Sozialwissenschaften verbreitet. Der Beleg erfolgt im Fließtext mit in Klammern gesetztem Nachnamen des Autors bzw. der Autorin, danach folgt nach Leerzeichen das Erscheinungsjahr und nach Komma mit der Abkürzung »S.« die Seitenzahl (»Ehlich 1999, S. 4«); im Literaturverzeichnis werden die Vornamen der Autoren und Autorinnen abgekürzt, die Erscheinungsjahre in Klammern angegeben und Titel kursiv gesetzt.
- Auch das **Zitationssystem der Modern Language Association** (MLA, https://style.mla.org) ist international üblich, v. a. in den Literatur- und Kulturwissenschaften. Es arbeitet mit Klammer- oder Fußnotenbelegen (hier wird dann nicht mit Kurztiteln, sondern mit den Angaben Name und Jahr in der Fußnote gearbeitet): (»Ehlich 1999:4«);.
- Beim **Nummern-Zitationssystem** (Vancouver-Konvention) werden alle zitierten Stellen im Text in einer runden Klammer fortlaufend nummeriert. Die Nummerierung verweist auf das Literaturverzeichnis, das entsprechend durchnummeriert ist (das Verzeichnis ist also nicht alphabetisch sortiert).

Die verschiedene Zitationssysteme folgen verschiedenen Detailregeln.

Achten Sie bei Belegen (und im Literaturverzeichnis) auf die kleinen Zeichen: Leerzeichen, Punkt, Komma, Doppelpunkt, Binde- und Gedankenstrich, Klammern, auf Formatierungen und Abkürzungen. Diese müssen den Vorgaben entsprechen und einheitlich verwendet werden. Nicht selten arbeitet die Autokorrekturfunktion der Textverarbeitung dem entgegen, schalten Sie sie am besten aus.

Achten Sie beim Schreiben auf diese kleinen Zeichen:

- Wörtliche Zitate sollten durch doppelte An- und Abführungszeichen gekennzeichnet werden: Diese stehen im Deutschen „vorn unten“ und „hinten oben“ (»99/66«) oder – wie in diesem Buch – mit der Spitze »vorn und hinten« auf das Zitat. Für Zitate im Zitat werden einfache An- und Abführungszeichen desselben Typs verwendet.
- An- und Abführungszeichen werden innerhalb eines Textes nicht gemischt: Auch fremdsprachige Textstellen werden mit den deutschen Zeichen zitiert.
- Zitate, die Sie als Block vom übrigen Text abgesetzt haben, enden mit dem Beleg (Klammer oder Fußnotenziffer), die zitierte Aussage endet mit dem Punkt: Nach dem Beleg steht also kein Punkt.
- Zitierte Stellen, die Sie in Ihren Satz integriert haben, schließen nicht mit Punkt nach dem Beleg, der Punkt schließt also Ihren Satz. Ebenfalls gehört ein Komma zu Beginn oder am Ende der zitierten Passage (auch wenn es im Original vorhanden ist) zu Ihrem Satz.

Tipp

»Vergleiche« und »siehe«

Bei sinngemäßen Zitaten wird meist die Abkürzung »vgl.«/»Vgl.« für »vergleiche«/»Vergleiche« vorangestellt, alternativ auch »s.«/»S.« für »siehe«/»Siehe«. Wenn in einem Text beide verwendet werden, dann üblicherweise eine für Paraphrasen, die andere für Verweise – sei es auf andere Titel oder auf Stellen im eigenen Text. Bitte prüfen Sie, ob Ihre Vorgaben die Abkürzung »ebd.«/»Ebd.« bzw. »ebda.«/»Ebda.« (für »ebenda«/»Ebenda« = das Zitat bezieht sich auf dieselbe Stelle wie das voranstehende) erlauben – falls nicht, lassen Sie sie weg: Sie sind eine Fehlerquelle, wenn man beim Überarbeiten seines Textes Absätze umstellt und vergisst, Bezüge zu ändern.

Exakt zitieren

Wörtliche Zitate werden wortgetreu übernommen, das heißt weder verkürzt noch umformuliert.

- Schreibfehler im Original werden nicht einfach korrigiert, sondern übernommen und mit einem [sic] gekennzeichnet (lateinisch *sic* = »siehe hier«).
- Hervorhebungen im Original werden übernommen, aber typografisch den eigenen Vorgaben angepasst. Das vermeidet Verwirrungen, weil unterschiedliche Hervorhebungen aus unterschiedlichen Originalen unterschiedliche Bedeutungen suggerieren. Auch hier empfiehlt sich ein erläuternder Hinweis: »Hervorh. im Original« = »Hervorhebung im Original«.
- Die doppelten An- und Abführungszeichen im Original werden im Zitat durch einfache ersetzt (z. B. beim Zitat im Zitat).

Aus zweiter Hand zitieren?

Das Zitieren aus zweiter Hand – also das Zitieren von Zitaten – ist eine Art Wiedergabe vom Hörensagen bzw. Stille-Post-Spiel. Das heißt: Missverständnisse oder auch falsche Schlüsse sind möglich, denn der oder die Zitierende kennt das Original nicht. Das ist aber nötig, um einen korrekten Bezug zum eigenen Gedankengang herzustellen. Sollte es ausnahmsweise nicht gelingen, das Original zu beschaffen, und sollten Sie daher ein Zitat zitieren müssen, machen Sie dies deutlich, indem Sie nach dem vollständigen Beleg des Originals »zit. n«. (= »zitiert nach«) oder »zit. in«. (= »zitiert in«) den Text angeben, der Ihnen vorlag. Nur diesen nehmen Sie ins Literaturverzeichnis auf.

Das Zitieren aus zweiter Hand birgt die Gefahr von Missverständnissen und falschen Schlüssen.

Notwendige Veränderungen kennzeichnen

Wörtliche Zitate sollten wörtlich sein. Falls aber Eingriffe in den Wortlaut unvermeidlich scheinen, dann sind diese in eckigen Klammern zu dokumentieren: Eingriffe in den Wortlaut eines Zitats können

- Kürzungen sein; sie werden durch drei Punkte in eckigen Klammern […] angezeigt. Jede Auslassung muss so gekennzeichnet werden: ein einzelnes Wort, mehrere Wörter, ein Teilsatz, ein ganzer Satz und mehrere Sätze.
- Ergänzungen sein, die nötig werden, weil a) die Bedeutung eines Wortes ohne größeren Kontext unklar ist oder b) eine nähere

Erläuterung aus anderen Gründen nötig ist. Werden Wörter in ein Zitat eingefügt, wird dies durch das Kürzel der Verfasserin bzw. des Verfassers in eckigen Klammern angegeben: »[NN]« oder »[der Verf.]« / »[die Verf.]«.

- grammatische Anpassungen sein, weil das Zitat in einen eigenen Satz eingebaut werden soll. Diese werden direkt am Wort markiert: Die dem eigenen Satzbau angepassten geänderten Buchstaben werden in eckige Klammern gesetzt. Eventuell muss auch die Wortstellung verändert werden – dies wird als Kürzung und Einfügung kenntlich gemacht:
  »X betont, dass ›die formalen Regeln zum Zitieren […] nicht das Wesen des Zitierens aus[machen]‹«.

Tipp

Rechtschreibung und Rechtschreibreform

In Zitaten aus Texten, die vor der Rechtschreibreform 1996 (oder in einer noch älteren Rechtschreibung) entstanden, sollten Sie Abweichungen von der aktuellen Rechtschreibung nicht mit [sic] kennzeichnen. Merken Sie beim ersten wörtlichen Zitat in alter Schreibweise in einer Fußnote an, dass dieses (und alle weiteren Zitate) orthografisch unverändert übernommen wurden – nicht zuletzt, um selbst daran erinnert zu werden und die automatische Rechtschreibprüfung nicht alles korrigieren zu lassen!

Achten Sie darauf, dass Ihre Eingriffe grundsätzlich weder den Sinn noch die Grammatik verfälschen, lassen Sie die notwendigen Satzzeichen stehen. Wenn Sie ganze Absätze gekürzt zitieren wollen, sollten Sie besser zwei gesonderte Zitate in den eigenen Text einbinden.

Auch ein konsequentes Einhalten von Zitierregeln birgt bei Eingriffen in den Wortlaut die Gefahr, dass Aussagen in Nuancen verändert werden. Das gilt es unbedingt zu vermeiden! Es kommt also nicht darauf an, Regeln pedantisch umzusetzen, sondern nachvollziehbar auf Texte Bezug zu nehmen, um einen Gedankengang zu verdeutlichen: Zitate (insbesondere wörtliche) sollen Leser/-innen das Mitdenken erleichtern.

Beispiel Birte Jäger besucht die Sprechstunde, um ihre Hausarbeit zu besprechen. Sie fragt zunächst nach den formalen Vorgaben. »Ist mir egal, Hauptsache einheitlich«, erhält sie als Antwort. Um Klarheit zu gewinnen, liest sie mehrere Texte, die der Dozent geschrieben hat, und stellt fest, dass er jeweils andere Zitationssysteme benutzt. Birte beschließt, die ihr bereits bekannte deutsche Zitierweise zu verwenden. Mit einem Exposé zu ihrer Arbeit geht sie in eine nächste Sprechstunde. Nach einem Blick darauf sagt ihr der Dozent, dass sie bei den Literaturangaben die Jahreszahl nach hinten stellen und im Beleg nicht mit Kurztitel, sondern mit dem Harvard-Beleg in der Fußnote arbeiten und die Abkürzung »Ebd.« (groß, weil am Anfang stehend) mit Angabe der Seite verwenden solle. Auf ihre Frage, warum er selbst in seinen Texten verschiedene Systeme nutze, erfährt sie, dass Verlage je eigene Autorenrichtlinien haben.

Das Literaturverzeichnis

Das Literaturverzeichnis, die Bibliografie zu einem Text, ist die alphabetisch geordnete Liste der – wörtlich oder sinngemäß – zitierten Literatur und gilt als Bestandteil des Textes, daher wird sie meist als Kapitel der Arbeit nummeriert. Im Literaturverzeichnis werden üblicherweise die Texte angegeben, auf die die Belege (aus den Fußnoten oder den Klammern im Fließtext) beim Zitat verweisen. Sollte es gewünscht sein, dass Sie auch weitere Texte benennen, kennzeichnen Sie diese mit »nicht eingesehen« im Anschluss an die bibliografische Angabe.

Das Literaturverzeichnis listet die zitierte Literatur auf.

Die Elemente der bibliografischen Angaben, ihre Anordnung und Formatierung werden in Zitationssystemen vorgegeben, die auch die Publikationsformen (Monografie, Aufsatz in Sammelband oder Fachzeitschrift) berücksichtigen.

Allgemeine Lexika, Fachwörterbücher, Lehrbücher und Sprachwörterbücher (Rechtschreib-, Fremdwort- oder Synonymwörterbücher)

Lexika und Wörterbücher werden i. d. R. nicht ins Literaturverzeichnis aufgenommen.

gelten als Handwerkszeug und werden im Literaturverzeichnis nicht aufgeführt – es sei denn, sie wurden wörtlich zitiert.
Mehrere Veröffentlichungen einer Autorin bzw. eines Autors aus demselben Jahr können mit einem Kleinbuchstaben nach dem Erscheinungsjahr sowohl im Beleg als auch in der bibliografischen Angabe im Literaturverzeichnis unterschieden werden: 2018a, 2018b; die Kleinbuchstaben vergeben Sie entsprechend der Abfolge der Erwähnung in Ihrem Text. Im Literaturverzeichnis werden sie üblicherweise in aufsteigender Reihenfolge nach Erscheinungsjahren aufgelistet, also zuerst die neueren und dann die älteren Titel.
Achtung! Für die typografische Gestaltung des Literaturverzeichnisses gibt es fachspezifische Richtlinien, die entweder aus allgemeinen Zitationssystemen oder den Autorenrichtlinien einschlägiger Fachzeitschriften stammen und oft eigene Formatierungen vorgeben. Erkundigen Sie sich bei Ihren Dozenten oder dem Prüfungsamt nach den Vorgaben des Fachs!

Musterseite »Literaturverzeichnis«

Literatur

Bartsch, Renate 1987: Sprachnormen. Theorie und Praxis. Tübingen: Niemeyer

Bleckwenn, Helga 1990: Stilarbeit. In: Praxis Deutsch 17/1990, H. 101, S. 15–20.

Coseriu, Eugenio 1988: Sprachkompetenz. Grundzüge der Theorie des Sprechens. Bearb. u. hrsg. von Werner Weber. Tübingen: Francke.

Efing, Christian (Hg.) 2015: Sprache und Kommunikation in der beruflichen Bildung. Modellierung – Anforderungen – Förderung. Frankfurt/Main u. a.: Peter Lang. ePub. DOI:http://dx.doi.org/10.3726/978-3-653-05507-8

Hannappel, Hans/Herold, Theo 1985: Sprach- und Stilnormen in der Schule. In: Sprache und Literatur in Wissenschaft und Unterricht 16/1985, H. 55, S. 54–66.

Jürgens, Frank 2005: Mündlichkeit und Schriftlichkeit in Texten bzw. Textsorten. In: Der Deutschunterricht 57/2005, H. 1, S. 2–34.

Kleist, Heinrich von [1810] 1953: Von der Überlegung. Eine Paradoxe. In: ders.: Sämtliche Werke. Berlin und Darmstadt, 88 f.

Linke, Angelika/Voigt, Gerhard 1995: Sprache kritisieren – Sprachkritik. In: Praxis Deutsch 22/1995, H. 132, S. 18–23.

Pohl, Thorsten/Steinhoff, Torsten 2010: Textformen als Lernformen. In: dies. (Hg.): Textformen als Lernformen. KoeBeS. Verfügbar unter: http://koebes.phil-fak.uni-koeln.de/sites/koebes/user_upload/koebes_07_2010.pdf (Zugriff am 11.4.2017)

Pospiech, Ulrike 2016: Die Schreibwerkstatt der Universität Duisburg-Essen. In: Knorr, Dagmar (Hg.): Akademisches Schreiben – Halbband 1: Vom Qualitätspakt Lehre 1 geförderte Schreibprojekte. Universitätskolleg-Schriften 13: Universität Hamburg. S. 51–56. Verfügbar unter https://www.universitaetskolleg.uni-hamburg.de/publikationen/uk-schriften-013.pdf (Zugriff am 11.4.2017)

Sanders, Willy 1988: Die Faszination schwarzweißer Unkompliziertheit. Zur Tradition deutscher Stillehre im 20. Jahrhundert. In: Wirkendes Wort 38/1988, S. 376– 394.

Sandig, Barbara 1997: Formulieren und Textmuster am Beispiel von Wissenschaftstexten. In: Jakobs, Eva-Maria/ Knorr, Dagmar (Hrsg.) (1997): Schreiben in den Wissenschaften. Peter Lang Verlag: Frankfurt/Main, S. 26–44. Verfügbar unter: http://www.prowitec.rwth-aachen.de/p-publikationen/band-pdf/band1/band1_sandig.pdf (Zugriff am 11.4.2017)

Schmitz, Ulrich 1995: Intellektuelles Geschwätz. Intellektualistischer Sprachstil als erfolgreich scheiternde Einrichtung zur Erzeugung von Übersinn. In: Grosser, Wolfgang/Hogg, James/Hubmayer, Karl (eds.): Style: Literary and Non-Literary: Contemporary Trends in Cultural Stylistics. Lewiston NY, Salzburg, 319–339.

Schrodt, Richard 1993: Das gute Deutsch. In: Informationen zur Deutschdidaktik 17/1993, H. 3, S. 18–33.

Etappe 5: den Text erarbeiten

Was kommt auf mich zu,

wenn ich mit dem Schreiben beginne? Wie viel Zeit muss ich einplanen? Wann kann ich mit dem Erreichten zufrieden sein? Und: Gibt es eine besondere Art, wissenschaftlich zu formulieren?
Auch nach wochenlangem Lesen und umfangreichen Vorarbeiten stellen sich diese Fragen. In diesem Kapitel finden Sie Anregungen für eine effektive Vorgehensweise.

Sie können nun – endlich! – mit dem Schreiben Ihres Textes beginnen (wie gesagt: bei größeren Arbeiten am besten Kapitel für Kapitel). Gut, dass Sie exzerpiert und Ihren Text genau geplant haben! So können Sie grob den Umfang der einzelnen Kapitel abschätzen und auf Vorformuliertes zurückgreifen.

DIE ROHFASSUNG ERARBEITEN

Denken Sie bei der Rohfassung noch nicht über Regeln der Wortwahl, des Satzbaus oder der Rechtschreibung nach!

Sie können zielgerichtet auf Ihre Exzerpte zurückgreifen und Ihren Text ebenso zielgerichtet schreiben – nicht nur in Bezug auf den Umfang, sondern auch in Bezug auf die Textaussage. Das kann Freude machen, ist aber trotz bester Vorbereitung weiterhin Arbeit. Denn Ihr Schreibprojekt »wissenschaftliche Arbeit« ist nicht nur eine große Formulierungsaufgabe, sondern auch eine große Motivationsaufgabe. Ganz wichtig: Sie schreiben zunächst eine Rohfassung, die Sie in einem zweiten Schritt überarbeiten können und sollen! Denken Sie beim Schreiben jetzt noch nicht über Regeln der Wortwahl, des Satzbaus oder der Rechtschreibung nach; das lenkt nur ab.

Den Text aufbauen

Jeder Text ist ein Gewebe – das Wort »Text« ist wie das Wort »Textil« aus dem lateinischen *textus* (= »Gewebe«) abgeleitet: Ein Text ist ein sprachliches Gewebe aus Sätzen, die wie die Fäden eines Stoffes miteinander verwoben sind. Vor dem Schreiben sollten Sie festlegen, in welcher Reihenfolge Sie wie viele welcher Fäden verweben. Konkret: in welcher Reihenfolge Sie die Kapitel schreiben, damit Sie so formulieren können, dass ein durchgängig nachvollziehbarer Gedankengang (der rote Faden) deutlich wird. In einem gut strukturierten wissenschaftlichen Text sind

- die Abfolge der Kapitel und Unterkapitel sowie
- der Aufbau von Abschnitten und Absätzen
- beschreibende und erläuternde Sätze,
- wörtliche und sinngemäße Zitate sowie
- schlussfolgernde und kommentierende Aussagen

so aufeinander abgestimmt, dass die Leser/-innen mitdenken können. Erfahrungsgemäß steckt man nach der Lese- und Exzerpierphase so tief in der Sache, dass man einerseits meint, zu viel Vorwissen voraussetzen zu dürfen, andererseits aber kaum zu schlüssigen Erklärungen kommt, man alles selbstverständlich und offensichtlich findet. Schaffen Sie also gedanklich Distanz! Stellen Sie sich am besten in drei Jahren als Leser/-in vor: Was werden Sie realistisch dann noch zum Thema wissen? Welches Wissen müsste der Text Ihnen liefern? Welche Erklärungen würden Sie benötigen?

Schaffen Sie gedanklich Distanz zu Ihrem Stoff!

Eine andere Möglichkeit ist, die Überschriften der Gliederung in Fragen (und Teilfragen) zu formulieren, immer mit Blick auf Ihr Erkenntnisinteresse und Ihre wissenschaftliche Frage – so entwickeln Sie einen Webplan für Ihren Text.

Wie bei Textilien auch, gibt es in Texten neben Fäden (den Sätzen) auch Löcher (das, was nicht gesagt wird, was Leser/-innen zum Mitdenken veranlasst). Reihen sich die Informationen dicht an dicht (wie die Fäden in einem sehr dichten Gewebe), sind die Löcher sehr klein, das heißt der Text ist langweilig und bietet wenig Möglichkeit zum Mitdenken. Sind die Löcher sehr groß (die Fäden sehr weit auseinanderliegend), ist der Text offen, mehrdeutig und vom Mitdenken der Leser/-innen abhängig. Laufmaschen (fehlende Informationen), Risse (Brüche in der Argumentation) und Flicken (andersartige Textpassagen) stören den Gesamteindruck und die Funktionalität des Gewebes. Ein Stoff muss kräftige Fäden haben, damit er strapazierfähig ist, soll aber auch flexibel bleiben – dafür sorgen in Textilien die Lücken zwischen den Fäden. Das ist beim Text nicht anders – niemand kann jemals zu einem Thema oder Anlass alles sagen oder schreiben. Immer muss eine Auswahl getroffen werden. Die Kunst des Schreibens und Argumentierens besteht darin, Lücken so zu auszuwählen, dass Leser/-innen sie füllen können.

Schreiben heißt auswählen, was geschrieben wird und was nicht.

Die Textsorten, ihre Gliederungsprinzipien und Argumentationsmuster geben den Aufbau eines Textes (Kapitels und Unterkapitels) und seine Ausarbeitung (Absätze und Sätze) vor – beispielsweise gehören zur Textsorte »wissenschaftlicher Text« Zitate. Denn in einem wissenschaftlichen Text geht es nicht nur um ein Thema und seine Aspekte, sondern auch um Forschungsansätze und die Positionen anderer, die zueinander in Beziehung gesetzt werden. Ihre Aufgabe ist es also, einen Text zu verfassen, der Ihren Lesern und Leserinnen ein anschau-

Tipp

Jetzt sind Ihre Vorarbeiten Gold wert!

Logbücher, Exposé, Exzerpte: Wie viel Arbeit haben sie sich bei der Vorbereitung gemacht! Jetzt sind sie Gold wert: Denn Sie stecken mitten im Thema und haben vielleicht das Gefühl, alles sei klar. Sie suchen einen Anfang. Was Sie als grundlegend und wissenswert festgehalten haben, als Sie begonnen haben, sich mit Ihrem Thema zu beschäftigen, wird auch Ihren Lesern und Leserinnen das Mitdenken erleichtern. Aber: Nicht alles, was Sie exzerpiert haben, müssen Sie übernehmen. Sortieren Sie ruhig aus.

liches Bild eines Sachverhalts einerseits und der wissenschaftlichen Forschung andererseits liefert.

Nun aber geht es zuerst einmal darum, mit Blick auf Ihre Fragestellung die relevanten Textstellen und Ihre eigenen Erkenntnisse in eine nachvollziehbare Reihenfolge zu bringen. Denken Sie daran, dass Sie vorläufig nur eine Rohfassung schreiben! Diese Rohfassung entsteht bei umfangreicheren Texten am besten kapitelweise – so wechseln sich in der Erarbeitung jedes einzelnen Kapitels die Phasen »Lesen« und »Exzerpieren« mit der Phase »Formulieren« ab. Auf diese Weise können Sie das Wissen, das Sie für ein bestimmtes Kapitel benötigen, schneller abrufen: Sie können konzentrierter arbeiten.

Die Rohfassung entsteht bei umfangreicheren Texten am besten kapitelweise.

Idealerweise haben Sie zur Vorbereitung eines Kapitels drei bis fünf (die Mehrzahl) der relevanten Texte exzerpiert. Sie haben eine im Zusammenhang mit Ihrer wissenschaftlichen Frage stehende Teilfrage an jeden einzelnen Text gerichtet und im Exzerpt Zitate sowie eigene Überlegungen gesammelt. Nun gehen Sie folgendermaßen vor:

1. Drucken Sie die für ein Kapitel erarbeiteten Exzerpte aus und/oder öffnen Sie in Ihrer Textverarbeitung mehrere Fenster, sodass Sie Ihr gesamtes Material vor Augen haben.
2. Legen Sie nun eine neue Datei an: Formulieren Sie zunächst die Kapitelüberschrift um in eine Frage, die einen Zusammenhang zu Ihrer wissenschaftlichen Frage herstellt und die Sie mit den Exzerpten beantworten können.

3. Schreiben Sie eine kurze Einleitung in das Kapitel, indem Sie aus Ihren Exzerpten Passagen übernehmen (Hinführungen, wörtliche Zitate, eigene Gedanken), die Sie durch Erläuterungen, Überleitungen und Kommentare miteinander verbinden.
4. Arbeiten Sie die Exzerpte nicht nacheinander ab, sondern stellen Sie Verbindungen her, indem Sie im Wechsel auf verschiedene Exzerpte zugreifen.
5. Streichen Sie Stellen, die Sie in Ihr Kapitel übernommen haben, im Exzerpt durch (löschen Sie sie nicht, denn dadurch gehen Zusammenhänge verloren).
6. Lassen Sie Ihren Text ein paar Tage, möglichst länger, liegen. Das verschafft Ihnen die Gelegenheit, Ihre Vorarbeiten mit Distanz zu betrachten – als Schreibende/-r in der Position eines bzw. einer Lesenden.
7. Sortieren Sie nach dem distanzierten Lesen um und aus, formulieren Sie Passagen aus Ihren Exzerpten um (machen Sie aus wörtlichen Zitaten sinngemäße oder präzisieren Sie Ihren eigenen Gedanken), um sie zu aussagekräftigen Gedankengängen weiterzuführen.

Diese Vorgehensweise erlaubt es Ihnen, sich Ihren Text »zusammenzupuzzeln«. Nur: Anders als bei einem Puzzle, das aus passenden Einzelteilen besteht, können und müssen Sie in Ihrem Text die Einzelteile selbst passgenau erarbeiten: Zusammenhänge herstellen, Überleitungen einfügen, moderieren.

Indem Sie Zusammenhänge herstellen und Überleitungen einfügen, verbinden Sie Ihre Kapitel miteinander.

- Schreiben Sie die Kapitel auf genau eine konkrete Frage hin: Nahezu jede Überschrift lässt sich für den Schreibprozess in eine Frage umformulieren; schreibt man den Text als Antwort auf diese Frage, so kommt der Text meist wie von selbst auf den Punkt. Diese Strategie kann helfen, verständlich zu schreiben. Der Gang der Argumentation muss im Text – und nicht zwischen den Zeilen – nachvollziehbar sein. Achten Sie also darauf, so präzise wie deutlich zu argumentieren und kritisch zu differenzieren.
- Ergänzen ist besser als kürzen. Auch wenn Sie zunächst das Gefühl haben, Sie hätten zu wenig zu sagen oder zu wenig Material – besser ist es, Nebensächliches gar nicht erst auszuführen. Auch hier leistet das Exzerpt gute Dienste, denn es hat bereits das Wichtige vom Unwichtigen getrennt: Manchen Ballast, der einen

Text verkomplizieren und vom Eigentlichen ablenken würde (und besser aus dem Kapitel gestrichen werden sollte), übernehmen Sie dank Exzerpt erst gar nicht in die Rohfassung. Was noch weiterer Konkretisierung oder Erläuterung bedarf, lässt sich später nachliefern – es fällt erfahrungsgemäß leichter, Text zu ergänzen als Text zu streichen.

- Wenn Sie sich intensiv in Ihren Themenbereich eingearbeitet haben, werden Sie im Nachhinein auch für eigene Gedanken Belege in der Literatur finden. Das ist nicht schade, sondern schön, denn es zeigt, dass Sie gründlich recherchiert haben: Zitieren Sie solche Stellen in dem Bewusstsein, dass Sie mit Ihrem Gedanken nicht allein sind – keinesfalls schmälert dies den Wert Ihrer wissenschaftlichen Arbeit. Es ist Ihre Arbeit, Sie haben die Frage formuliert und bei der Recherche eigenständig passende Texte und daraus bestimmte Stellen ausgewählt. Ihre Perspektive, Ihre Sicht der Dinge ist ein wesentlicher Bestandteil Ihrer wissenschaftlichen Arbeit, die Sie bis hierher geleistet haben.

Thema »Plagiat«

Wer plagiiert, begeht Diebstahl an geistigem Eigentum.

Haben Sie zunächst einmal keine übertriebene Angst vor versehentlichen Plagiaten! Versehentliche Plagiate sind selten. Mit der hier beschriebenen Arbeitstechnik haben Sie aktiv mit den Texten anderer gearbeitet und auf der Grundlage Ihres Erkenntnisinteresses Textstellen kombiniert, die Sie zuvor als wörtliche Zitate in Ihren Exzerpten gesammelt und kommentiert hatten. Nun haben Sie sie entweder wörtlich oder sinngemäß aus Ihren Exzerpten übernommen und damit das Prinzip wissenschaftlichen Arbeitens, das Bezugnehmen auf wissenschaftliche Texte, berücksichtigt, und Sie haben sichergestellt, dass wörtliche Zitate durch An- und Abführungszeichen als solche zu erkennen sind. Dass Sie während des Schreibprozesses in Ihren eigenen hinführenden, erläuternden, kommentierenden, überleitenden, zusammenfassenden oder schlussfolgernden Aussagen wörtlich oder sinngemäß genau das formulieren, was in einem Text steht, der Ihnen nicht bekannt ist, ist sehr unwahrscheinlich; diese Angst sollte Sie nicht lähmen.

Andererseits: Das Thema »Plagiat« ist ernstzunehmen, denn das Plagiieren ist kein Kavaliersdelikt! Wer plagiiert, begeht Diebstahl an geistigem Eigentum. Er übernimmt eine Textstelle oder einen Gedankengang aus einem anderen Text, ohne dies zu kennzeichnen, das heißt ohne die Urheberin bzw. den Urheber zu nennen. Wer so vorgeht, betrügt.

Zwischen Sach- und Theorieebene vermitteln

Wissenschaftliche Arbeiten sollen zwischen Sachebene und Theorieebene vermitteln, sodass sowohl der Gegenstand anschaulich wird als auch Forschungspositionen nachvollziehbar werden. Dazu müssen die Arbeiten gründlich konzipiert werden. Nur so lassen sich unangemessene assoziative Gedankenflüsse im erzählerischen Plauderton vermeiden, das »Erzähltabu« (bzw. »Erzählverbot«) der Wissenschaftssprache einhalten. In der Wissenschaft wird sachorientiert (und das heißt: auf den Gegenstand bezogen) formuliert, also weder spannend noch blumig erzählt. Die Darstellung soll unauffällig sein, einen möglichst direkten Blick auf den Gegenstand erlauben. Entscheidend ist, dass die Leser/-innen dem Gedankengang folgen können. Daher wird in wissenschaftlichen Texten der Argumentationsweg vorab erläutert, die Gliederung innerhalb von Kapiteln mithilfe von Abschnitten und Absätzen angezeigt und zusätzliche Passagen werden als solche gekennzeichnet.

Wissenschaftliche Arbeiten sollen zwischen Sachebene und Theorieebene vermitteln.

Auf Vorausdeutungen, Andeutungen und Abschweifungen, die für das Erzählen charakteristisch sind, sollten wissenschaftliche Texte – dem Ideal entsprechend – verzichten. Im internationalen Vergleich jedoch sind deutsche wissenschaftliche Texte mit zum Teil zahlreichen Exkursen (lateinisch *excursus* = »Streifzug«: Einschübe, die Zusammenhänge erläutern, die jenseits des Argumentationsgangs liegen) und umfangreichen Anmerkungen in Fußnoten, weiter von diesem Ideal entfernt als beispielsweise englische oder französische. In Ihrer wissenschaftlichen Arbeit benötigen Sie weder Exkurse noch Anmerkungen.

Den Text kommentieren

Textkommentare wie Einleitungen, Überleitungen, Ankündigungen und Zusammenfassungen wirken im Text wie Regieanweisungen; sie informieren Leser/-innen auf einer Metaebene darüber, was sie wo vom Text erwarten dürfen und was der Text bereits geleistet hat (bzw.

hätte leisten sollen). Anders gesagt: Sie beschreiben explizit den roten Faden und führen Ihre Leser/-innen daran durch den Text. Textkommentare bestehen aus Wörtern und Wendungen, die

- die Textstruktur beschreiben (z. B. »Kapitel«, »Abschnitt«, »Absatz«, »weiter oben«, »im Folgenden«, »zu Anfang«) oder
- die Funktion von Textelementen beschreiben (z. B. »erste Annäherung«, »Überblick«, »Einblick, »Fazit«, »Diskussion«, »Vergleich«, »Darstellung«, »Beschreibung«).

Textkommentare führen den Leser durch den Text.

Sätze, aber auch Absätze und ganze Kapitel – wie zum Beispiel Einleitung und Schluss – können explizite Leseanweisungen beinhalten. Drei Formen sind denkbar:

1. Hinführende Textkommentare *(Advance Organizers)* strukturieren vor, um vorab zu klären, was zu erwarten ist. Sie betreffen den Inhalt des Textes, aber auch seine Struktur und seine Verbindlichkeit: »Im Folgenden geht es um …«; »In diesem Kapitel wird in drei Schritten aufgezeigt …«; »Um einen Einblick in die Vielfalt der Ansätze zu geben, …«; »Im Anschluss an einen Überblick über die historische Entwicklung sollen …«; »Unter Rückgriff auf Methoden der XY soll herausgearbeitet werden, wie …«.
2. Zusammenfassende Textkommentare *(Post Organizers)* heben nachträglich Hauptaussagen, Ergebnisse und wichtige Schlussfolgerungen hervor, z. B.: »Hieraus ergibt sich, dass …«; »Damit ist …«; »Somit ist zu schlussfolgern: …«; »Wie die Untersuchung zeigt, …«; »Konsequenz ist, dass …«.
3. Überleitende Textkommentare verbinden Eigenschaften von Hinführungen und Zusammenfassungen. Sie bringen das bisher Erarbeitete auf den Punkt und bieten eine Vorschau auf das Folgende. Und sie verdeutlichen die Schritte der Argumentation: »Nachdem nun XY beschrieben ist, gilt es …«; »Worin liegt die besondere Bedeutung dieser Entwicklung? …«; »Das folgende Kapitel betrachtet mögliche Ursachen: …«; »Es lassen sich drei Gründe anführen: …«; »Verschiedene Interpretationen sind denkbar – …«; »Um diesen Zusammenhang näher zu erläutern, wird …«.

Verwenden Sie Textkommentare, um Ihre Leser/-innen (und auch sich selbst) über den Argumentationsgang (den roten Faden) zu informieren. So bestimmen Sie schreibend, worum es Ihnen geht: zum Beispiel das Thema eines Abschnitts, aber auch die Tiefe und Ausführlichkeit, in der es dargestellt ist. Aber Vorsicht: Was beim Schreiben Tage auseinanderlag, wird zuweilen innerhalb weniger Minuten gelesen und scheint dann überflüssig. Deshalb sollten Sie Ihre Textkommentare beim Überarbeiten in den Blick nehmen, um sie zu dosieren: Ein Übermaß an Textkommentaren erweckt den Eindruck, es gebe zu wenig Textinhalt. Um weder zu langweilen noch zu überfordern, sollten Sie sich für eine Kommentarform entscheiden und sie mäßig, aber regelmäßig nutzen. Generell gilt: Ein Text sollte sich selbst tragen, Kommentare sollen lediglich stützen und ergänzen. Nutzen Sie Mittel der Leserführung nur dann, wenn sie Leser/-innen Orientierung bieten und ihnen das Textverstehen erleichtern müssen (etwa bei Texten, die nach dem Muster »Rhombus« strukturiert sind).

Ein Übermaß an Textkommentaren erweckt den Eindruck, es gebe zu wenig Textinhalt.

Absätze strukturieren

Mit dem ersten Satz eines Absatzes können Sie bei der Sache ansetzen. Formulieren Sie dazu eine Frage, die im Zusammenhang mit Ihrem Erkenntnisinteresse und ihrer wissenschaftlichen Frage steht und die Sie mithilfe der Ihnen vorliegenden fokussierten Exzerpte beantworten können. So entsteht der rote Faden wie von selbst, wenn Sie die Frage nun schrittweise (Satz für Satz) im zu schreibenden Absatz beantworten. Mit Blick auf die Frage: »Warum ist Formulieren schwer?« können Sie die sprachliche Tätigkeit und den Schreibenden zum Ausgangspunkt machen: »Formulieren ist eine komplexe gedanklich-sprachliche Tätigkeit« oder die gedankliche Tätigkeit des Schreibenden betonen: »Das Formulieren eines wissenschaftlichen Textes soll eigene und die Überlegungen anderer Autoren zusammenführen«. Die anschließenden Sätze werden nun angeknüpft: »Dies wird daran deutlich, dass … Insbesondere … zeigen, wie Denken und Schreiben zusammenspielen.« So bringen Sie in mehreren zueinander in Bezug gebrachten Sätzen Ihren komplexen Gedanken geordnet zu Papier. Nutzen Sie Textverknüpfer, zum Beispiel:

Formulieren Sie (für sich) Satz für Satz, Absatz für Absatz und Kapitel für Kapitel je eine Frage, die Sie dann beantworten.

- Fürwörter (Pronomen) wie »dieser«, »er«, »sein«,
- Anschlusswörter (Adverbiale) wie »daher«, »deshalb«, »dennoch«, »infolgedessen«, »im Gegensatz dazu«,
- Bindewörter (Konjunktionen) wie »weil«, »obwohl«, »da«, »während«, »denn«, »als«, »nachdem«, »aber«, »entweder … oder«, »sowohl … als auch«.

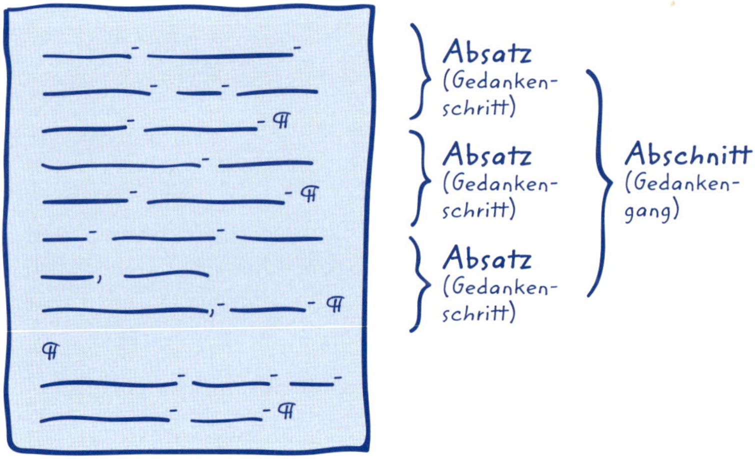

Die Fragetechnik kann helfen, die Gedanken zu sortieren.

Ist die Frage teilweise beantwortet, beginnen Sie nach einem einfachen Zeilenwechsel einen neuen Absatz (dieser sollte an den vorhergehenden Gedanken anknüpfen, also einen nächsten Schritt zur Beantwortung derselben Frage formulieren). Ist sie ganz beantwortet, beginnen Sie in einem neuen Abschnitt mit einem neuen Gedankengang, einem neuen (selbstständigen) Aussagesatz, der eine neue (die nächste von Ihnen gestellte) Frage beantwortet. Diese Technik kann Ihnen helfen, Ihre Gedanken zu sortieren. Dabei gilt: Unterbrechen Sie Ihren Gedankenfluss nicht, nur weil ein Satz zu lang ist. Überarbeiten können und sollen Sie später!
Ideal ist es, wenn Sie bereits beim Formulieren Ihren Gedanken entzerren, also nicht den Satz, sondern den Absatz als Einheit für einen Gedankenschritt betrachten. Versuchen Sie, einen Absatz auf eine Frage hin zu formulieren (z. B.: »Warum fällt es schwer, einen wissenschaftlichen Text zu formulieren?«). So können Sie nach und nach entwickeln und in mehreren Sätzen darlegen, was zu sagen ist. Wenn Sie dabei einen Fünfschritt (↗ Seite 132 ff.) anwenden wollen, planen Sie fünf Sätze: Der erste und der letzte Satz eines Absatzes bilden Einleitungs- und Schlusssatz, die drei in der Mitte können Sie den Mustern Kette, Waage, manchmal auch Rhombus zuordnen. Sie werden sehen: Nicht jeder Satz und nicht einmal jeder Absatz Ihrer Arbeit wird einen Beleg haben; in Ihrem Text gibt es eigene, erklärende, weiterführende, verbindende, kommentierende Sätze und Absätze.

Sachbezogen schreiben

Die Sprache in der Wissenschaft hat die Funktion, den Blick unmittelbar auf den wissenschaftlichen Gegenstand zu lenken. Entsprechend sollte sich der Verfasser bzw. die Verfasserin zurücknehmen. Wer einen wissenschaftlichen Text schreibt, setzt nicht bei der eigenen Person, sondern bei der Sache an und sollte bestrebt sein, verständlich und deutlich zu formulieren und dabei selbst unsichtbar zu bleiben. Dass es nicht um die Personen geht, ist in wissenschaftlichen Texten auch daran zu beobachten, dass zwar Namen genannt werden, nicht aber akademische Grade wie »Prof.« und »Dr.«. Sie würden den Blick weg vom Thema auf die Person lenken.

In der Wissenschaft geht es nie um die eigene Person, sondern immer um die Sache.

Beispiel Büsra Çelik studiert fürs Lehramt. Sie soll nach einem vierwöchigem Schulpraktikum einen Bericht verfassen. Obwohl sie bei den Hospitationen mitgeschrieben hat, fällt es ihr schwer, anzufangen und den richtigen Ton zu treffen, sie fragt sich: »In der Stunde ist so viel passiert, wie soll ich das auf drei Seiten bringen? Wenn ich meine Erfahrungen darlegen soll, warum soll ich mich da auf Literatur beziehen?« Mit einer Textprobe geht sie in die Sprechstunde. Die Dozentin erläutert Ihr, dass der Praktikumsbericht sie auf ihren künftigen Beruf vorbereiten will, der täglich die Reflexion von Theorie in der Praxis verlangt: »Der Bericht ist doch die ideale Gelegenheit, wissenschaftliche Erkenntnisse zu diskutieren und auf eigene Beobachtungen oder Erfahrungen zu beziehen. Schreiben Sie zuerst Exzerpte, arbeiten Sie dann den Bericht aus.« Im Text dürfe sie »ich« schreiben, solle aber bei der Sache ansetzen, um nicht ins Erzählen zu geraten.

Das Wort »ich«

Um dem Ideal der Objektivität zu entsprechen, wird bisweilen für die Wissenschaftssprache die generelle Vermeidung des Wortes »ich« gefordert; man spricht vom »Ichtabu« (oder auch »Ichverbot«) der Wissenschaftssprache. Ziel des wissenschaftlichen Schreibens ist es, Positionen und Perspektiven (auch die eigenen) nachvollziehbar zu machen, daher bleiben Alltagssätze wie »Ich bin der Auffassung, …« und Meinungen außen vor. Daraus ist jedoch nicht zu folgern, das Wort »ich« sei aus den Texten vollständig zu tilgen: Es geht nicht um das Wort »ich«, sondern um die Perspektive. Das Wort »ich« durch eine andere Wortwahl oder den Wechsel ins grammatische Passiv zu umgehen, ändert die Perspektive nicht. Und so gibt es Texte und Formulierungen, die gegen das Ichtabu verstoßen, auch ohne das Wort »ich« zu verwenden (»Die Verfasserin ist der Auffassung ...«, »Es wird die Auffassung vertreten ...«).

Das Ichtabu ist nicht sklavisch zu befolgen.

Das Ichtabu soll Autorinnen und Autoren zu Objektivität verpflichten und sie vom Plaudern über persönliche Erfahrungen abhalten. Es gilt aber nicht in jenen Fällen, wo Sie sich tatsächlich dezidiert persönlich äußern müssen. Das können Ihre Untersuchungsanordnungen sein oder Ihre Praktikumsbeobachtungen. In diesen Fällen das Passiv zu verwenden, würde den Satzbau verkomplizieren, ohne die Objektivität zu steigern. Schreiben Sie in diesen Fällen also durchaus »In meiner Befragung vom ...« (statt »In der Befragung durch die Verfasserin vom ...«). Aber achten Sie bei jedem »ich« darauf, dass Sie nicht sich selbst zum Thema machen. Es geht nicht um Sie, sondern um den wissenschaftlichen Gegenstand!

Es soll zu Objektivität verpflichten und vor dem Plauderton bewahren.

Viele, die sowohl das Wort »ich« als auch Passivkonstruktionen vermeiden wollen, weichen auf Sätze mit »man« (»Man kann erkennen ...«) oder »wir« (»Wir werden sehen ...«) aus. Aber auch das wirft Probleme auf. Denn meist bleibt diffus, wer genau mit »man« oder »wir« gemeint ist: der Verfasser bzw. die Verfasserin allein oder er bzw. sie zusammen mit den Lesenden? Eine bestimmte Gruppe? Welche? Vergleichen Sie die Sätze: »Man kennt Formulierungsprobleme aus der Erfahrung. Wir lösen sie üblicherweise durch Umformulieren. In einer Befragung hat man untersucht ...«. Was gemeint ist, bleibt unklar: »man« und »wir« meinen Verschiedenes. Formulierungen mit »man« sind typisch für Ratgeberliteratur, Formulierungen mit »wir« kommen häufig in Lehrbüchern vor. Hier sollen »man« und »wir« den Leser einbeziehen; etwas anderes ist es, wenn »wir« in Texten vorkommt, die von mehreren Autoren bzw. Autorinnen geschrieben sind.

Denken Sie beim Schreiben aber nicht zu viel darüber nach: Nutzen Sie Stellen, an denen Sie »man« und »wir« geschrieben haben als Hinweis dafür, dass Sie später beim Überarbeiten Ihren Gedanken präzisieren sollten.

Tipp

Lernen durch Sprachbeobachtung

Den im Fach angemessenen schriftsprachlichen Ausdruck wissenschaftlicher Arbeiten können Sie auch durch Beobachtung, das heißt durch aufmerksames Lesen üben. Achten Sie bei Aufsätzen und Monografien, die Sie lesen, auch auf die Darstellungsart. Schauen Sie sich die Formulierungen genauer an, die Sie gut nachvollziehen können: Was macht sie aus? Wie entsteht eine bestimmte Wirkung? Achten Sie darauf, dass Sie sich in Wortwahl und Formulierungen dem im Fach üblichen und der Textsorte entsprechenden Stil anpassen (z. B. bei der Verwendung des Passivs, des Konjunktivs und der Zeitformen).

Metaphern verboten?

Neben Erzähl- und Ichtabu gibt es in der Wissenschaftssprache auch das Metapherntabu (oder Metaphernverbot). Damit wird eine nüchterne, direkte Sprache ohne sprachlichen Schmuck und Bildlichkeit gefordert, wie sie in Journalismus oder Belletristik üblich sind. Dies bedeutet jedoch nicht, dass Metaphern generell vermieden werden könnten oder sollten – das ist unmöglich, denn viele Termini der Fachsprachen sind metaphorisch, etwa »Wortstamm«, »Wortfamilie« oder »ökologische Nische«. Es geht vielmehr darum, eine unauffällige, durchsichtige, klare Sprache anzustreben, die nicht um ihrer selbst willen Aufmerksamkeit erheischt. (Ist »erheischen« hier ein treffendes Wort, warum nicht »sucht«?). Ziel muss es sein, so zu schreiben, wie es im Fach üblich und angemessen ist.

Das Metaphernverbot schützt vor blumiger Rede.

Wörter präzise wählen

Wählen Sie stets das treffende Wort! Oberbegriffe (z. B. »Staatsform«, »kommunizieren«) sind weiter gefasst, Unterbegriffe (z. B. »Demokratie«, »Monarchie«, »Diktatur« oder »sich verständigen«, »miteinander sprechen«, »schreiben«) dagegen enger und entsprechend präziser. Wählen Sie den angemessenen Präzisionsgrad: Wo die konkrete Staatsform keine Rolle für die Argumentation spielt, bleiben Sie beim Oberbegriff; wo es aber um Demokratie, Monarchie oder Diktatur geht, wählen Sie den treffenden Unterbegriff. Im wissenschaftlichen Text, der ein Thema nachvollziehbar darstellen soll, muss es ein Zusammenspiel von Ober- und Unterbegriffen geben.

Fremdwörter und Wortschöpfungen

Fachsprache und Wissenschaftssprache kommen ohne Fremdwörter nicht aus.

Fachsprache und Wissenschaftssprache kommen ohne Fachbegriffe nicht aus. Und weil viele Fachbegriffe Fremdwörter sind, kommen sie auch ohne Fremdwörter nicht aus. Aber dennoch gibt es unnötige Fremdwörter. Verzichten Sie darauf! Schreiben Sie also zum Beispiel nicht »Lapsus« oder »Impetus«, wenn Ihre Leser/-innen diese Wörter vermutlich nicht verstehen werden, sondern »Fehler« und »Begeisterung«.

Verzichten Sie auch auf unnötige Wortschöpfungen: Die Gefahr ist groß, dass Ihre Leser/-innen sie nicht verstehen. Zwar mag es Ihnen scheinen, dass Ihr Wort »Individualworterfindung« kurz und knapp zusammenfasst, was Sie meinen (ein Wort, das – anders als die im Wörterbuch verzeichneten Wörter der Sprachgemeinschaft – von einem Individuum erfunden wurde). Das muss aber nicht unbedingt der Fall sein. Ihren Leser/-innen ist es völlig fremd; möglicherweise werden sie nicht wissen, was darunter zu verstehen ist. Bleiben Sie bei dem (Fach-)Wortschatz, den Sie sich lesend erarbeitet haben!

Auch wenn Sie während Ihres Studiums bei der Lektüre wissenschaftlicher Texte auf viele neue, Ihnen zunächst unbekannte Fachbegriffe gestoßen sind – unterliegen Sie nicht dem Irrtum, eine Anforderung der Wissenschaftssprache sei der Fremdwortgebrauch: Klingt ein Text mit vielen (unnötigen) Fremdwörtern nicht gleich ein bisschen wissenschaftlicher? Nein, er klingt nur gestelzt und wenig souverän!

Fachbegriffe selbstverständlich nutzen

Fachsprachen dienen dazu, sich an der Sache orientiert und unmissverständlich zu verständigen. Viele Fächer haben eigene Notationssysteme, wie zum Beispiel die Chemie oder die Musik, und Termini, die einem Begriffsinhalt einen festen Begriffsnamen zuweisen und im Fach ein Terminologiesystem bilden.

Fachsprachen haben sich über lange Zeiträume entwickelt und zeichnen sich vor allem durch einen Wortschatz aus, der sich von dem der Standardsprache unterscheidet. Dabei kann dasselbe Wort sowohl in

Tipp

Vorläufig formulieren

Fangen Sie nicht an, während Sie schreiben, in einem Thesaurus oder Synonymwörterbuch nachzuschlagen, um andere als Ihre eigenen Wörter zu suchen. Das lenkt Sie nur ab und Sie verlieren aus dem Auge, was Sie aussagen wollten. Sie haben sich durch Ihre Vorarbeiten den Wortschatz erarbeitet, den Sie benötigen. Kennzeichnen Sie beim Schreiben unschöne, unfertige und unpräzise Formulierungen (etwa durch »***«), aber halten Sie sich vorläufig daran nicht auf. Erst wenn es später ans Überarbeiten geht, haben Sie den Abstand, um elegantere und präzisere Formulierungen zu finden.

der Standardsprache als auch in Fachsprachen gebräuchlich sein, aber ganz unterschiedliche Bedeutungen haben: So bedeutet »Absatz« im Alltag etwas anderes als in der Wirtschaftswissenschaft, und hier wieder etwas anderes als in der Textlinguistik.

Der Vorteil der Terminologie liegt darin, dass man sich innerhalb des Fachs präzise, knapp und unmissverständlich austauschen kann. Ein Fachbegriff ist innerhalb einer Fachsprache definiert. »Bindung« kann in der Standardsprache vielerlei Bedeutungen haben, zum Beispiel die des Zusammenhalts (»Die beiden haben eine enge Bindung«), die der Verpflichtung (z. B. »Sie haben eine vertragliche Bindung«) oder die der Befestigung (z. B. »Die Bindung an meinen Skiern ist defekt«). Welche jeweils gemeint ist, muss aus dem Zusammenhang erschlossen werden. Die Definition von »Bindung« in der Textilwirtschaft ist auf exakt eine Bedeutung beschränkt: die Verbindung von Kett- und Schussfäden.

Vorteil der Terminologie ist, dass man sich innerhalb des Fachs präzise, knapp und unmissverständlich austauschen kann.

Wertungen vermeiden

Wertende Wörter (»wichtig«, »sinnvoll«, »enorm« usw.), Steigerungsformen (»deutlichste«, »sehr bedeutsam«, »äußerst anspruchsvoll« usw.) sowie nichtssagende Füllwörter (»ganz«, »auch«, »eigentlich« usw.), die in der gesprochenen Alltagssprache üblich sind (weil sie

Verzichten Sie auf wertende Wörter und auf Füllwörter.

dem Sprechenden als Denkpausenfüllsel gute Dienste leisten), aber in geschriebenen Texten vom Wesentlichen ablenken, sind in wissenschaftlichen Texten nicht hilfreich und deshalb fehl am Platz. Wertungen müssen – wenn sie überhaupt erfolgen – begründet werden, damit Ihre Leser/-innen nicht gezwungen sind, Ihrem Urteil zu glauben – sie sollen mitdenken und dank einer treffenden Darstellung selbst den richtigen Schluss ziehen: Nach dem Motto »Don't tell it, show it« sollten Sie also besser Zusammenhänge sachlich beschreiben, sodass die Leser selbst urteilen können. Sollten Sie beim Schreiben bemerken, dass Sie werten oder unnötige Füllwörter verwenden, sollten Sie Ihre Gedanken klären und den Text überarbeiten.

Uneigentliche Formulierungen »umgehen«

Vermeiden Sie Formen uneigentlichen Sprechens.

Wenn Sie das Gefühl haben, dass ein Wort das Gemeinte nur näherungsweise »trifft«, setzen Sie es nicht in An- und Abführungszeichen, sondern suchen Sie nach dem wirklich Treffenden. Vermeiden Sie Formen uneigentlichen Sprechens, die einen (eigentlich) gemeinten Ausdruck durch einen (uneigentlich) gesagten Ausdruck ersetzen. Eine solche indirekte Technik des Formulierens macht – wie auch die Ihnen »nicht unbekannte« doppelte Verneinung – Lesern und Leserinnen das Mitdenken unnötig schwer und überlässt es ihnen zu entscheiden, ob sie das Geschriebene wörtlich auffassen oder doch »mitspielen« wollen. (Ist »mitspielen« hier ein treffendes Wort?) Führen Sie sich vor Augen, dass die deutsche Sprache feste bildhafte Ausdrücke enthält, so etwa »sich etwas vor Augen führen« und »enthalten«, die sich nicht umgehen lassen und deshalb auch nicht gekennzeichnet werden müssen. Ein angemessenes sprachliches »Bild« muss auch ohne Hinweiszeichen zu erkennen und ent-»schlüsseln« sein – alle An- und Abführungszeichen in den letzten beiden Sätzen sind überflüssig.
An- und Abführungszeichen sind in wissenschaftlichen Texten den wörtlichen Zitaten vorbehalten. Auch auf ›einfache‹ An- und Abführungszeichen können Sie nicht einfach umschwenken – denn diese sollen nur innerhalb von doppelten verwendet werden, also bei Zitaten in Zitaten. Uneigentliches Sprechen zeugt von gedanklicher Unschärfe. Nehmen Sie den Impuls, An- und Abführungszeichen zu setzen, (außer bei Zitaten) zum Anlass, Ihren Gedanken zu präzisieren. Treffende Formulierungen kommen dann fast wie von selbst.

Definieren – wenn, dann richtig!

Definitionen (lateinisch *definire* = »abgrenzen, bestimmen«) bestimmen Begriffe, grenzen sie ein und gegen andere Begriffe ab. Doch mit neuen wissenschaftlichen Erkenntnissen ändert sich die Fachsprache und mit ihr die Begriffe. Das können zum Beispiel leichte Verschiebungen sein, die sich aus technischen Entwicklungen ergeben; so umfasst etwa die Bedeutung des Wortes »Manuskript«, das zunächst der Übersetzung entsprechend nur das »Handgeschriebene« benannte, heute auch per Computer verfasste Texte. Das können aber auch gravierendere Veränderungen sein, die der fachliche und/oder wissenschaftliche Sprachgebrauch selbst prägt. Für Ihren wissenschaftlichen Text gilt:

- In der Regel können Sie die Definitionen im Zusammenhang mit Ihrer wissenschaftlichen Arbeit als den Lesern und Leserinnen bekannt voraussetzen, denn diese sind in der Regel mit dem Fach vertraut.
- Verwenden Sie Fachbegriffe innerhalb Ihres Textes identisch. Wenn Sie auf Texte Bezug nehmen, die andere Definitionen zugrunde legen, müssen Sie dies berücksichtigen und erklären.
- Definieren Sie nur für Ihr Erkenntnisinteresse relevante Begriffe, und das am besten auch nur dann, wenn sie im Fach nicht eindeutig verwendet werden. Nur wenn dies der Fall sein sollte (was Ihnen ein Blick ins Fachlexikon zeigt), kann es erforderlich sein, dass Sie zentrale Begriffe definieren müssen.
- Greifen Sie auf akzeptierte Definitionen zurück, die Sie zitieren. Nur im Ausnahmefall sollten Sie auf (zwei oder drei) Definitionen Bezug nehmen und eine Definition formulieren, die dann für Ihren Text durchgängig gültig ist.
- Definitionen gehören in den Fließtext, nicht in die Fußnoten.

In Ihrer Arbeit können Sie i. d. R. die Definitionen als bekannt voraussetzen.

Wenn Sie sich gezwungen sehen, Begriffe zu definieren, müssen Sie wissen, wie Sie das tun. Neben ostensiven (hinweisenden) Definitionen, die das Bezeichnete mithilfe eines Bildes erklären, und operationalen Definitionen, die eine Sache durch eine Anweisung erklären, gibt es verschiedene Typen der sprachlichen (diskursiven) Definition:

- **Die Worterklärung (Nominaldefinition)** erschließt den Begriffsinhalt mithilfe des Begriffsnamens, z. B. wortgeschichtlich (wie bei Orthografie aus griechisch *ortho* = »richtig« und *graphein* =

Tipp

Eigene Definitionen – nur, wenn nötig

Ideal ist es, wenn Sie relevante Begriffe dort definieren, wo Sie sie zum ersten Mal verwenden. Greifen Sie dabei möglichst auf etablierte Definitionen zurück und zitieren Sie sie. Ein Kapitel mit dem Titel »Definitionen« brauchen Sie nur (am Anfang Ihrer Arbeit), wenn dies ausdrücklich verlangt ist.

»schreiben«). Dieser Definitionstyp ist für nicht jeden Begriff geeignet; allzu oft geben Herkunft und Bedeutung eines Wortes (des Begriffsnamens) keinerlei Aufschluss über die bezeichnete Sache bzw. den bezeichneten Sachverhalt (den Begriffsinhalt).

- **Die extensionale Definition** erklärt eine Sache durch einen Oberbegriff und spezifizierende Merkmale: »Ein *Abschnitt* ist in der Sprachwissenschaft eine Einheit der Textgliederung. Sie fasst eine Reihe von Absätzen zusammen und trennt sie von der folgenden Reihe von Absätzen. Ein Abschnitt zeigt an, dass ein neuer Gedankengang beginnt.«
- **Die intensionale Definition** erklärt eine Sache durch die Aufzählung von Elementen: »Zu den *Satzzeichen* gehören die Satzschlusszeichen Punkt, Ausrufezeichen, Fragezeichen, die Satzmittezeichen Komma, Semikolon, Gedankenstrich und ...«

Für Leser/-innen schreiben

Wissenschaftliche Arbeiten als Übungs- und Prüfungsform sind – wie wissenschaftliche Texte im Diskurs – Texte für Leser/-innen. Stellvertretend für diese Leser/-innen stehen die Betreuer der Arbeit und gegebenenfalls weitere Gutachter. Richten Sie Ihren Text also auf eine Leserschaft aus, die zwar mit dem Fach vertraut ist, aber speziell in Ihr Thema, Ihre wissenschaftliche Frage, Ihre Forschungsergebnisse und Erkenntnisse eingeführt werden muss.

Ihr Text sollte als Übungs- und Prüfungsform einerseits für Leser/-innen ohne Kenntnis der Texte, auf die Sie Bezug nehmen, nachvollziehbar sein, andererseits für Leser/-innen mit Kenntnis der Texte Ihr Mit- und Weiterdenken erkennen lassen. Daher ist es Ziel des Schreibens, Ihren Gedankengang nachvollziehbar zu machen, zu zitieren und Aussagen so zu formulieren, dass sie deutlich und verständlich sind. (Die Frage »Wer sagt das?« muss für den Leser beantwortbar sein.) Indem Sie Aussagen aus fremden Texten ordnen und zusammenführen, gehen Sie über diese Texte hinaus. Nehmen Sie Ihre Leser/-innen in den Blick:

Nehmen Sie beim Schreiben Ihre Leser/-innen in den Blick!

- Gehen Sie nicht davon aus, dass ihnen das Fach gänzlich fremd ist. Sie müssen grundlegende Fachbegriffe nicht erklären, Vorbild für Ihre Arbeit ist ja nicht das Einführungswerk, sondern der Fachaufsatz, der in einer Fachzeitschrift erscheint.
- Gehen Sie sehr wohl davon aus, dass Ihre Leser/-innen Ihre wissenschaftliche Frage noch nicht selbst bearbeitet haben, sich aber generell dafür interessieren.
- Nehmen Sie weder an, dass Ihre Leser/-innen die Texte kennen, die Sie zur Vorbereitung herangezogen haben, noch schließen Sie es aus.

Den richtigen Ton treffen

Denken Sie wissenschaftlich, dann schreiben Sie wissenschaftlich.
Es sind nicht einzelne eingestreute Wörter oder Wendungen, die Ihren Text wissenschaftlich machen, es ist die gedankliche und sprachliche Konzeption: Das Miteinander von Wörtern und Sätzen, das Ineinander von sprachlichen Aussagen und gedanklichen Bezügen, das Nacheinander der Argumentationsschritte – dies alles macht Ihren wissenschaftlichen Text aus. Es gibt nicht den richtigen Text – zu einer Fragestellung sind verschiedene Antworten (und damit: Texte) möglich, erwartbar und erwünscht.
Die für wissenschaftliches Schreiben charakteristische sachorientierte Form der Darstellung hat zunächst mit der Konzeption des Textes zu tun, aus der heraus sich die sprachliche Formulierung ergibt. Äußerlichkeiten wie etwa die Anzahl der Wörter in einem Satz, das Vorkommen von Fremdwörtern oder Nominalisierungen, die Verwendung

von Passiv oder Konjunktiv sind keine Kriterien, mit denen sich die Qualität eines Textes messen lässt (erfahrungsgemäß aber seine Verständlichkeit).
Um den richtigen Ton zu treffen, sollten Sie sich die Anforderungen an die Sprache wissenschaftlicher Texte vor Augen führen, die die Basis für Ihre Formulierungsarbeit bilden. Wörter der Schriftsprache gehören zur Standardebene, Sie sollten also umgangssprachliche sowie Mode- oder Füllwörter meiden. Bitte behalten Sie diese Überlegungen im Hinterkopf – denn vor allem, wenn Sie häufig mailen, bloggen oder twittern, nutzen Sie vielleicht beim Schreiben an derselben Computertastatur eine mündlich geprägte Schriftlichkeit, die im Text Ihrer wissenschaftlichen Arbeit unangemessen ist.

Nicht vergessen: Sie schreiben eine Rohfassung!

Da es während des Schreibens nicht einfach ist, die Prägnanz einer Formulierung, die Nachvollziehbarkeit der Argumentation oder die Verständlichkeit eines Satzes zu beurteilen, benötigen Sie Distanz. Deshalb ist es sinnvoll, den Text nicht während des Schreibens an der Rohfassung, sondern in der nächsten Etappe zu überarbeiten. Dann haben Sie größeren Abstand und sind weniger »betriebsblind«.

Überprüfen Sie Ihre Schreibgewohnheiten – und bemühen Sie sich, für das wissenschaftliche Schreiben eine andere Formulierungsroutine zu entwickeln. Der Text einer wissenschaftlichen Arbeit liegt in der Schnittmenge dreier Sprachformen:

1. Die Sprache einer wissenschaftlichen Arbeit ist zunächst **geschriebene Sprache,** d. h., sie strebt in erster Linie Verständlichkeit und Nachvollziehbarkeit an (Leser können nicht nachfragen). Betrachtet man Rechtschreibung, Grammatik und die allgemeinen Regeln der sprachlichen Richtigkeit und Angemessenheit als Anforderungen der Schriftlichkeit, so ist dies nicht verkehrt, aber auch noch

nicht alles: Darüber hinaus sollte ein schriftsprachlicher Text die besondere Situation der Leser/-innen berücksichtigen: Diese müssen mitdenken können; deshalb brauchen sie Informationen in geeigneter Folge und Ausführlichkeit. Sätze sollten also nicht nebeneinanderstehen, sondern miteinander verbunden und zueinander in Beziehung gesetzt werden. Selbstverständlich sollten sie grammatisch vollständig sein.

Denken Sie daran, dass Ihre Leser/-innen nicht nachfragen können!

2. Die Sprache einer wissenschaftlichen Arbeit ist zweitens immer auch **Fachsprache,** d.h., sie ist sachorientiert und muss Fachbegriffe präzise und einheitlich verwenden. Anders als in anderen Textsorten, z.B. der Belletristik, werden die eingeführten (Fach-)Begriffe nicht durch Synonyme variiert, sondern identisch wiederholt. Dies sorgt für Eindeutigkeit: Wenn z.B. in einem Text das Wort »Passwort« immer wieder durch »Kennwort« und »Zugangscode« ersetzt wird, dann stellt sich beim Lesen die Frage, ob wirklich jedes Mal dasselbe gemeint ist – oder gerade nicht. Wählen Sie also genau einen Terminus, den Sie durchgängig in Ihrem Text verwenden. Nur das sichert die fachliche Präzision. Terminologiesicherheit, Prägnanz und Schmucklosigkeit sind typische Kennzeichen von Fachsprachen. Diese Anforderungen im Text so umzusetzen, dass auch Leser/-innen, die weniger mit dem Thema vertraut sind, mitdenken können, erfordert Sprachgefühl. Zwischen Fachchinesisch und der behutsamen Belehrung eines Einführungswerkes gibt es mehrere Wege: Nicht immer sind Definitionen zwingend, keinesfalls gehören Sie in die Fußnoten. Definitorische Hinführungen und Erläuterungen sind, am besten als Einschub, dort erforderlich, wo es im Fach unterschiedliche Auffassungen gibt und deshalb ein vertieftes Verständnis terminologischer Zusammenhänge für die Nachvollziehbarkeit der Aussage wichtig ist.

Variieren Sie Fachbegriffe nicht!

3. Die Sprache einer wissenschaftlichen Arbeit ist zugleich **Wissenschaftssprache,** d.h., sie sollte dazu dienen, wissenschaftliche Erkenntnisse zu gewinnen, einzuordnen und zu verdeutlichen. Wissenschaftliche Texte sind sachorientierte Texte. Zu ihren Anforderungen zählen Objektivität, die Sachbezogenheit der Darstellung und Unvoreingenommenheit. Das Ideal der Darstellungsart wird auch mit der Fensterscheibenmetapher als *windowpane style* beschrieben: Wissenschaftssprache soll unauf-

fällig, gewissermaßen durchsichtig wie eine Fensterscheibe sein: Sie ist zwar da, man sieht sie aber nicht, sondern man blickt durch sie hindurch auf die Welt des wissenschaftlichen Themas.

Bedenken Sie: Ihre Haus- oder Abschlussarbeit ist eine Übungsform. Stellen Sie sich vor, Sie sollten damit einen Beitrag zum wissenschaftlichen Diskus liefern, der in einer wissenschaftlichen Zeitschrift publiziert wird. Ihr Text soll zeigen, dass Sie sowohl beim Vorbereiten (beim wissenschaftlichen Arbeiten) als auch beim Schreiben gewissenhaft vorgehen.

Tipp

Hören, lesen und schreiben Sie sich ein!

In Vorlesungen und Seminaren hören und üben Sie (z. B. in Referaten und Seminardiskussionen) die mündliche Wissenschaftssprache (die sich von Fach zu Fach unterscheidet). Fächerübergreifend kommen Sie – hörend wie lesend – auch mit alltäglicher Wissenschaftssprache in Kontakt, mit Wendungen wie »einen Überblick bieten«, »einen Aspekt berücksichtigen«, »x fällt zusammen mit y«, die anders verwendet werden und zu verstehen sind als gewohnt. Hören Sie zu, greifen Sie einen Themenschwerpunkt heraus, lesen Sie dazu Aufsätze und schreiben Sie Exzerpte, auch wenn Sie keine schriftliche Arbeit planen. So eignen Sie sich den Sprachgebrauch Ihrer Fächer an.

Verständlich formulieren

Die Anforderungen an wissenschaftliche Arbeiten sind Objektivität, Nachvollziehbarkeit, Nachprüfbarkeit und Präzision – das bedeutet vor allem: Sie sollten und dürfen verständlich schreiben, denn ein nicht verständlicher Text ist in seinen Aussagen weder nachvollziehbar noch nachprüfbar. Es liegt in der Natur der Sache, dass Ihnen die Fachaufsätze, mit deren Lektüre Sie Ihre wissenschaftliche Arbeit vorbereitet haben, beim ersten Lesen nicht durchgängig verständlich waren – Sie mussten sich einlesen. Lesen Sie einen der Aufsätze jetzt noch einmal, Sie können ihn nun als Beitrag zum wissenschaftlichen Diskurs erkennen. Schreiben Sie nichts, was Sie nicht verstanden haben, benutzen Sie keine Wörter und Wendungen, deren Bedeutung Ihnen unklar ist.

- Machen Sie sich klar, dass Ihnen der Text, den Sie selbst geschrieben haben, verständlich sein muss.
- Schreiben Sie also nicht möglichst kompliziert, sondern zielgerichtet – beantworten Sie Ihre Frage in überschaubaren Schritten, machen Sie Ihren Gedankengang nachvollziehbar. Nutzen Sie dazu Ihre Exzerpte.
- Verfolgen Sie das Ziel, so zu formulieren, dass Leser/-innen den behandelten Gegenstand direkt und unverfälscht kennenlernen, erklären Sie.
- Schreiben Sie also Ihre wissenschaftlichen Texte so, wie Sie sie selbst gern lesen würden. Wissenschaftlichkeit und Verständlichkeit schließen sich nicht aus!

Wissenschaftlichkeit und Verständlichkeit schließen sich nicht aus!

Präzisieren: Attribute

Attribute sind typisch für Fachtexte und wissenschaftliche Texte. Sie erläutern andere Wörter näher und sind Mittel des präzisen Formulierens. Zu den Attributen zählen:

1. Pronomen und Zahlwörter: z. B. »*dieser* Text«, »*sein* Text«, »*zwei* Texte«, »*viele* Texte«, »*alle* Texte«,
2. vorangestellte, gebeugte Adjektive und Partizipien: »der *erste* Text«, »der *soeben zitierte* Text«, »der *zu lesende* Text, »die *neuartige* Methode«, »*wissenschaftliche* Hypothesen«,
3. vorangestellte Nomen im Genitiv (meist bei Namen): »*Piagets* Untersuchungen«, »*Ehlichs* Konzept«,
4. nachgestellte Nomen im Genitiv: »die Untersuchung *des Verhaltens*«, »der Anfang *des Textes*«, »die Kriterien *der Textverständlichkeit*«,
5. nachgestellte Präpositionalgefüge: »die Untersuchung *von Texten im Hinblick auf ihre Verständlichkeit*, »die Befragung *von Personen*«,
6. Appositionen (Beistellungen) – nach- oder auch vorangestellte Nomen im gleichen Fall: »*die Interviewform* Experteninterview«, »das Hamburger Verständlichkeitsmodell, *ein Vier-Felder-Schema*«,

7. nachgestellte Relativsätze: »diese Lebensform, *die sehr unterschiedliche Lebensräume besiedelt,* ist …«; »die Methode, *mit der die Untersuchung durchgeführt wird,* ist …«.

Attribute führen unweigerlich zu Nominalisierungen, vor allem wenn sie kombiniert werden: »Ehlichs Konzept der alltäglichen Wissenschaftssprache« oder »das Konzept der alltäglichen Wissenschaftssprache von Ehlich«. So können schwer entwirrbare Konstruktionen mit vielen Nomen entstehen wie die folgende: »Die inflationäre Häufung verschiedener Formen von Attributen in Texten von Schreibenden, die noch dabei sind, ihren Gegenstand zu erarbeiten, ist eine typische Erscheinung des wissenschaftlichen Schreibens im Studium.« Wenn Sie in Ihrer Rohfassung Sätze dieser Art produzieren, ist das kein Problem. Durch lautes Lesen Ihres Textes in Etappe 6, »Den Text überarbeiten«, können Sie solche Attributketten identifizieren und den Satz umformulieren.

Tipp

Erstellen Sie Textsortenprofile!

In den Wissenschaften wie in den Fächern gibt es unterschiedliche Konventionen, Stile und entsprechend auch unterschiedliche Ratschläge. Deshalb werden Sie Ihre wissenschaftlichen Arbeiten in verschiedenen Fächern unterschiedlich formulieren. Beobachten Sie, welche sprachlichen Strukturen üblich sind (listen Sie sie auf, um dem zu schreibenden Text ein vorläufiges Profil zu geben) – Sie können beim Schreiben nicht alles auf einmal umsetzen und sollten daher zunächst Ihre Gedanken zu Papier bringen, um beim Überarbeiten des Textes in Etappe 6, »Den Text überarbeiten«, am sprachlichen Ausdruck zu feilen.

Beispiel Nele Mende und Anla Mirza studieren Maschinenbau. In ihren ersten Semestern haben sie zusammen im Labor gearbeitet und sich beim Erstellen von Diagrammen, Tabellen,

Prinzipskizzen und Formeln unterstützt. Zur Vorbereitung ihrer Bachelorarbeiten haben sie im Rahmen einer Sommerschule den fächerübergreifenden Kurs »So gelingt die BA-Thesis« besucht. Dort wurden auch Tipps zum Sprachgebrauch gegeben. Nele fühlte sich an den Deutschunterricht in der Schule erinnert: Wie damals verwechselte sie Konjunktiv und Konjunktion, Subjekt und Substantiv. Aber Anla konnte ihr helfen. Zusammen lasen sie zwei Aufsätze und markierten wiederkehrende sprachliche Strukturen. Außerdem gingen sie das Merkblatt zur Anfertigung von schriftlichen Arbeiten ihres Fachbereichs durch und erstellten eine Liste von Formulierungen, die sie beim Schreiben verwenden werden.

Kondensieren: Nominalisierungen

Der Nominalstil ist eine Ausdrucksweise, die vor allem durch Nomen (Substantive) und Nominalisierungen (die Bildung von Substantiven aus anderen Wortarten, z. B. »Durchführung« aus dem Verb »durchführen«) gekennzeichnet ist. Typisch für den Nominalstil ist, dass nicht eine Person, sondern eine Sache das grammatische Subjekt bildet, zum Beispiel: »Die Durchführung des Versuchs erfolgte wie in 2. beschrieben« (statt »Ich habe den Versuch so durchgeführt, wie ich es in 2. beschrieben habe«). Typisch sind außerdem bestimmte Verben wie »gelangen«, »durchführen«, »erfolgen« sowie schwerfällige Nominalisierungen wie zum Beispiel »Zurverfügungstellung« (statt »zur Verfügung stellen«) oder »Inanspruchnahme« (statt »in Anspruch nehmen«). Auch Funktionsverbgefüge wie »zur Entscheidung bringen« (statt »entscheiden«), »zur Durchführung gelangen« (statt »durchführen«) oder »den Nachweis erbringen« (statt »nachweisen«) zählen zu den typischen Merkmalen des Nominalstils. Texte, die im Nominalstil verfasst sind, wirken leicht überkomplex und ermüdend. Der Nominalstil hat aber auch Vorteile, zumal wenn er behutsam verwendet wird. Diese Vorteile sind es, die sich die Wissenschaftssprache zunutze macht. Nominalisierungen werden dort eingesetzt, wo Genauigkeit und Sachlichkeit angestrebt werden, und wo von der Sache (und vom Ergebnis) her zu denken ist. Dass in der Wissenschaft nicht die Handelnden (als Personen) und ihre Handlungen, sondern die (komplexen) Sachverhalte und ihre Beziehungen im Mittelpunkt stehen sollen, führt quasi automatisch zu einer großen Zahl von

Meiden Sie die Nachteile des Nominalstils: Er wirkt leicht überkomplex und ermüdend.

Nomen, zum Beispiel: »Nominalisierung kann als Ergebnis des Prozesses der Strukturierung und Begriffsbildung betrachtet werden.«
In einer wissenschaftlichen Arbeit wäre es unangemessen, beispielsweise umzuformulieren: »Ich betrachte Nominalisierung als …«, denn das würde als Aussage verstanden werden, die mehr über die Person des schreibenden Ichs als über den Sachverhalt aussagt. Ähnlich die Umformulierung: »Wer einen Sachinhalt strukturiert und dabei Begriffe bildet, kommt nicht umhin, Wörter zu nominalisieren.« Auch sie verschiebt den Fokus weg vom Gegenstand bzw. Begriff hin zum Handelnden und betont den Handlungsverlauf statt das Ergebnis. Andererseits: Wo genau das (ausnahmsweise) gewünscht ist, gilt es so zu formulieren. Die Kunst besteht also darin, den Nominalstil so zu meiden, dass es nicht auf Kosten der Präzision geht. Wo Nominalisierungen die gewünschte Aussage präziser treffen als andere Formulierungen, sind sie angebracht. Dabei kann es auch um Nuancen gehen: Man kann etwas »entscheiden« oder (mithilfe einer Nominalisierung und einem Funktionsverb) dasselbe »zur Entscheidung bringen«, »… führen« oder »… geben« und so gezielt differenzieren. Wenn sie präzisieren, sind Nominalisierungen immer angebracht.

Die Kunst besteht darin, den Nominalstil nur dort zu verwenden, wo er der Präzision dient.

Fokussieren: Aktiv und Passiv

Der Nominalstil tritt häufig zusammen mit dem Passivstil auf. Mit Bedacht eingesetzt hat auch Letzterer seine Berechtigung – weil er leistet, worauf es in der Wissenschaft ankommt: Sachverhalte und Ergebnisse anstelle der Handelnden in den Mittelpunkt zu rücken. Den beiden Betrachtungsweisen bzw. Darstellungsarten entsprechen die Verbformen Aktiv (»durchführen«) und Passiv (»durchgeführt werden«). Die Leistung des Passivs wird deutlich, wenn man dem Aktivsatz (»Die Forschergruppe führt die Studie in Nordrhein-Westfalen durch«) den Passivsatz gegenüberstellt: »Die Studie wird (von der Forschergruppe) in Nordrhein-Westfalen durchgeführt« Viele Aktivsätze haben ein *Agens* (»Täter« oder »Handelnder« zu lateinisch *agere* = »handeln«) als grammatisches Subjekt. Dieses muss zwar im Passivsatz nicht genannt oder kann in den Hintergrund gestellt werden, schwingt aber mit, weil es mitgedacht wird. Wenn allerdings mehrere handelnde Akteure denkbar sind, kann das Passiv Missverständnisse verursachen.

Das Passiv ist ein Mittel der Deagentivierung, mit dem die Handelnden aus dem Mittelpunkt heraus- und in den Hintergrund gerückt werden, um den unverstellten Blick auf die Sachverhalte und Ergebnisse freizugeben. Zu den weiteren Stilmitteln der Deagentivierung zählen:

Das Passiv ist ein Mittel der Deagentivierung.

- Subjektschub: »*Das Ergebnis* zeigt, dass …«, »*Die folgenden Überlegungen* basieren auf …«,
- Umschreibung mit »sich lassen« + Infinitiv: »Das Ergebnis *lässt sich interpretieren* als …«, »Das *lässt sich auffassen* als …«,
- »sein«, »bleiben«, »stehen«, »gehen« + »zu« + Infinitiv: »Wie diese zueinander stehen, ist im Folgenden zu *untersuchen*.«, »Es *bleibt zu untersuchen*, wie …«,
- Verbableitungen mit den Suffixen »-bar, -lich, -fähig«: »Das Ergebnis ist in zwei Richtungen *interpretierbar*«, »Die zugrunde liegende Annahme erscheint auf den ersten Blick leicht erklär*lich*«,
- Nominalisierung von Verben (»In der *Annahme* dass, …«),
- Partizipialkonstruktion (»*Ausgehend* davon, dass …«, »Die im Folgenden *skizzierten* Ansätze …«, »Diesen Gedanken *aufgreifend* …«),
- »man«-Umschreibung (»*Man* kann davon ausgehen, dass …«). Zur Verwendung von »man« ↗ Seite 164.

Situieren: Zeitformen

Wissenschaftliche Texte sind als Beiträge zum Diskurs auf die Gegenwart gerichtet. Deshalb sind sie in der Regel dem grammatischen Präsens (der Gegenwartsform) verpflichtet, obwohl sie auf Forschungsarbeiten und -ergebnisse anderer verweisen, die zwangsläufig älter sein müssen als sie selbst (sonst könnten sie ja nicht Bezug darauf nehmen). Das Präsens wird in wissenschaftlichen Texten auch dann verwendet, wenn es logisch inkorrekt ist, zum Beispiel: »In seiner Farbenlehre betont Goethe …« (statt »betonte«), »Groeben kommt im Anschluss an seine Untersuchungen zu dem Ergebnis …« (statt »kam«). Nur wenn zeitliche Abfolgen geschildert werden sollen, wählt man Vergangenheitsformen, zum Beispiel das Perfekt (die zweite Vergangenheitsform) im Aktiv: »Die Untersuchung behandelt Y und greift dabei auf Überlegungen zurück, die sich bereits bei Z finden, der dies jedoch nicht *weiterverfolgt hat*«, »Messungen zum Überprüfen von X *wurden durchgeführt*« Die Vergangenheitsformen Präteritum (Imper-

Wissenschaftliche Texte sind i. d. R. dem grammatischen Präsens verpflichtet.

fekt, die erste Vergangenheitsform) und Plusquamperfekt (dritte Vergangenheitsform) werden beispielsweise in empirischen Arbeiten im Ergebnis- und im Diskussionsteil genutzt, um auf die eigene Arbeit Bezug zu nehmen: »A wurde auf 22 °C erwärmt. Durch die Beigabe von B *verdichtete* sich Y. Dies bestätigt Ergebnisse der Gruppe um Z, die im Rahmen ihrer Vorbereitung auf xy hingewiesen hatte, die in ABC verwendet sind.«

Mit Vergangenheitsformen können Sie – etwa zur Ordnung historischer Ereignisse – auch anzeigen, dass ein Abschnitt oder Absatz nicht in direktem Bezug zur Gegenwart der Textaussage bzw. des Diskurses gelesen werden soll, weil er eine Grundlage oder eine Ergänzung bildet, etwa: »Die Gruppierung der Tempusformen in berichtende und erzählende Tempora entwickelte Harald Weinrich, um zu verdeutlichen, dass nicht drei Vergangenheitsformen einer Gegenwartsform gegenüberstehen, sondern zwei Grundtempora (Präsens, Präteritum) durch zwei ihnen zugeordnete Tempora der Vorzeitigkeit begleitet (Perfekt, Plusquamperfekt) werden.« Beispielsweise der Methodenteil empirischer Arbeiten oder Teile eines Praktikumsberichts werden in der Vergangenheitsform abgefasst. Erkundigen Sie sich nach Vorgaben!

Und: Wechseln Sie innerhalb von Absätzen nicht die Zeitform. Das ist weder logisch noch grammatisch richtig und deshalb in zweifacher Hinsicht verwirrend.

Referieren: der Konjunktiv

In wissenschaftlichen Texten wird zitiert. Dabei kann, wenn längere Passagen zusammenfassend zu referieren sind, der Konjunktiv der indirekten Rede gute Dienste leisten – kann, das heißt: muss nicht. Es lässt sich auch ohne Konjunktiv (also ohne indirekte Rede) sinngemäß zitieren. Während das wörtliche Zitat durch An- und Abführungszeichen als Aussage eines anderen formal gekennzeichnet ist, muss das indirekte Zitat sprachlich markiert werden. Diese Rolle übernimmt, zusammen mit einem einleitenden Satz, der Konjunktiv, der die Distanzierung des bzw. der Zitierenden von der bzw. dem Zitierten verstärkt: »Er *stellt fest,* diese Entwicklung *sei* ein großer Fortschritt.« Das Verb kann den zitierten Text neutral einleiten (»feststellen«, »hervorheben«, »anmerken«), aber auch Skepsis oder Zweifel anzeigen (»behaupten«).

Auch der dass-Satz kann das indirekte Zitat sprachlich markieren. Als Autor/-in können Sie ihn nutzen, um Stellung zu beziehen und zu verdeutlichen, dass Sie sich entweder der zitierten Aussage anschließen oder sie distanziert und ohne Bewertung wiedergeben, aber auch, dass Sie sie bezweifeln (was Sie begründen müssen)

- »X stellt fest, dass dies eine wichtige Entwicklung *ist*« (zustimmendes indirektes Zitat im Indikativ);
- »X stellt fest, dass dies eine wichtige Entwicklung *sei*« (distanziert-neutrales indirektes Zitat im Konjunktiv I);
- »X behauptet, dass dies eine wichtige Entwicklung *wäre*« (begründet zweifelndes indirektes Zitat im Konjunktiv II)

Achten Sie bei der Verwendung des Konjunktivs darauf, dass die Person, deren Aussage wiedergegeben wird, genannt ist. Ganze Absätze oder Abschnitte sollten nicht im Konjunktiv stehen. Denn dann leidet die Verständlichkeit und Nachvollziehbarkeit.

Ganze Absätze oder Abschnitte sollten nicht im Konjunktiv stehen.

Portionieren: Satzgefüge

Packen Sie nicht zu viele Informationen in einen Satz! Schreiben Sie nicht: »Das erklärte Ziel wissenschaftlichen Schreibens ist, ein an einer vorab formulierten Fragestellung orientiertes Zusammenspiel zwischen verschiedenen Forschungspositionen und eigenen sich aus dem Erkenntnisinteresse ergebenden Überlegungen herzustellen und dabei die Faktoren der Textverständlichkeit Einfachheit, Kürze/Prägnanz, Gliederung/Ordnung und anregende Zusätze, die voneinander abhängig sind bzw. sich teilweise sogar ausschließen, zu berücksichtigen.«

Packen Sie nicht zu viele Informationen in einen Satz!

Solche langen Sätze entstehen unweigerlich, wenn man hochkonzentriert an präzisen Gedanken arbeitet. Als Autor/-in wissen Sie vermutlich (jedenfalls noch ein paar Tage lang), was gemeint ist. Als Leser/-in müssten Sie schon viel Mühe verwenden, um es herauszufinden – von einem Wort zum nächsten müssten Sie andere Informationen aufnehmen, immer neue Details berücksichtigen und dabei ständig die gedankliche Richtung wechseln. Als Leser/-in wünschen Sie sich kürzere, prägnantere Sätze, die den Gedanken in mehreren Schritten folgen, zum Beispiel: »Das erklärte Ziel wissenschaftlichen Schreibens ist es, eine vorab (selbst) formulierte Frage zu beantworten. Dazu ist das Zusammenspiel verschiedener Forschungspositionen mit eigenen Überlegungen herzustellen, die sich aus dem Erkenntnisinteresse ergeben. Darüber hinaus sind die Faktoren der Textverständlichkeit (Einfachheit, Kürze/Prägnanz, Gliederung/Ordnung und anregende Zusätze) zu berücksichtigen, die voneinander abhängig sind bzw. sich teilweise sogar ausschließen.«

Orientieren Sie sich beim Schreiben an diesen Faustregeln!

Orientieren Sie sich beim Schreiben an diesen Faustregeln:

- Formulieren Sie für jedes Kapitel und für jeden Abschnitt eine Frage! Setzen Sie bei der Antwort an der Sache an und erläutern Sie schrittweise – in zusammenhängenden Sätzen und Absätzen.
- Nutzen Sie bereits beim Schreiben sprachliche Mittel und das Layout für die Gliederung des Textes! Verwenden Sie Textkommentare und stellen Sie mit Textverknüpfern innerhalb der Abschnitte Verbindungen zwischen Absätzen und innerhalb der Absätze zwischen Sätzen her.
- Schreiben Sie nichts, was Sie nicht verstehen, vermeiden Sie Wortgeklingel, sprachliche Nebelwolken und hohle Phrasen, sagen Sie, was zu sagen ist – nicht mehr und nicht weniger.
- Definieren und erläutern Sie nur die für Ihren Text zentralen Begriffe, tun Sie das idealerweise im Kontext! Heben Sie sie, um Lesenden eine Orientierung zu geben, nur bei der ersten Nennung hervor.
- Kommen Sie auf den Punkt! Vermeiden Sie Ausschweifungen, bildhaftes und uneigentliches Sprechen sowie Wertungen – lassen Sie aber zugleich zwischen den Zeilen nichts unausgesprochen!
- Betrachten Sie das, was Sie gerade schreiben, als Rohfassung! Legen Sie nicht jedes Wort auf die Goldwaage und lassen Sie die Sätze einfach oder lang sein. Das Überarbeiten kommt nach dem Schreiben!
- Zitieren Sie korrekt, geben Sie sofort den Beleg an. Machen Sie die Funktion eines Zitats im Text durch eine entsprechende Einbindung deutlich (durch einen hinführenden Satz, der anmoderiert und als Leseanweisung dient oder durch einen nachgestellten erläuternden Satz, der deutlich macht, wie das Zitierte zum Geschriebenen in Beziehung steht).
- Schreiben Sie zügig und hören Sie im richtigen Moment auf! Das ist dann, wenn Sie ein Tagesziel erreicht und einen Anknüpfungspunkt für den nächsten Arbeitstag gesetzt haben. So können Sie ohne Anlaufschwierigkeiten weitermachen!

FLÜSSIG SCHREIBEN

Gute Texte lassen die Wege und Umwege nicht erkennen, die ihr Verfasser bzw. ihre Verfasserin während des Schreibens gegangen sind. Die Leser/-innen haben die Unterbrechungen, Durststrecken und Pannen des Schreibprozesses nicht beobachten können. Und so scheint jede Störung im eigenen Schreibfluss ein individuelles Unvermögen. Ganz besonders dann, wenn sich an eine Phase, in der es gut voranging, eine nächste anschließt, in der es immer wieder ruckelt, stockt und hakt. Dennoch werden die meisten wissenschaftlichen Arbeiten termingerecht fertiggestellt und abgegeben. Schreibende können – so lässt sich folgern – Strategien entwickeln, um ins Schreiben zu kommen.

Gute Texte lassen die Wege und Umwege des Schreibens nicht erkennen.

Schreibstrategien einsetzen

Jede neue Textsorte zwingt Schreibende dazu, sich über die Konzeption des Textes und die Vorgehensweise beim Schreiben Gedanken zu machen. Unter Umständen muss man

- neue Planungstechniken entwickeln,
- neues Textsortenwissen erwerben,
- neu darüber nachdenken, wie man gedankliche Verbindungen zwischen Textteilen herstellt, wie man sprachliche Verbindungen schafft,
- neu bestimmen, was für die Kommunikationssituation, in der der Text steht, angemessen ist, welches und wie viel Fachwissen man voraussetzen darf bzw. einbeziehen muss.

Weil immer wieder solche Entscheidungen getroffen werden müssen, ist Schreiben nicht einfach – erst recht nicht, wenn Routine fehlt. Wer flüssig schreibt, verfügt über Sicherheit in allen Bereichen: Zitation, Argumentation, Grammatik, Rechtschreibung und Zeichensetzung. Und umgekehrt: Wer im Thema ist, weiß, was er schreiben will und wie der Text aussehen soll, kann flüssig schreiben. Es ist beim Schreiben wie im Handwerk: Übung macht den Meister. Mit wachsender Erfahrung wird man sicherer in der Textgliederung und der Formulierung; das Schreiben geht leichter von der Hand, nicht zuletzt, weil vieles intuitiv geschieht – das ist der Grundgedanke des Leitspruchs »Schreiben lernt man nur durch Schreiben«.

Schreiben und Nichtschreiben

Schreiben und Nichtschreiben gehören untrennbar zusammen.

Schreiben und Nichtschreiben gehören untrennbar zusammen. Dies hat mehrere Ursachen: Zum Teil ist es der Schreibprozess selbst, der viel Zeit in Anspruch nimmt – weil er anders als das Sprechen die Möglichkeit bietet zu planen, zu überarbeiten, zu verwerfen und neu anzusetzen – auch Zeit des Nichtschreibens. Zudem hat die Schreibsituation ihre Eigenheiten: Viele empfinden sie nicht nur als einsam, sondern auch – mangels Routine im Schreiben komplexer Texte wie wissenschaftlicher Arbeiten – als unstrukturiert und ineffektiv. Gerade bei wissenschaftlichen Arbeiten kommen weitere potenzielle Schwierigkeiten hinzu:

- Vielleicht ist das Thema zu groß (oder aber auch zu klein) für eine 20-seitige Arbeit. Das hemmt den Einstieg ins Schreiben; erst recht, wenn der geeignete Ansatzpunkt fehlt.
- Das Thema kann auch unzugänglich scheinen, etwa weil die zu lesenden Texte komplex sind und grundlegendes Vorwissen fehlt.
- Denkbar ist auch, dass das Thema allzu interessant und zugänglich scheint, da es eng mit der eigenen Person verknüpft ist – und es daher schwer ist, distanziert auf die Forschung zu blicken.
- Sollte das Thema unbekannter Erhebungs- oder Darstellungsmethoden bedürfen, kann auch dies das Schreiben erschweren.
- Auch ist es möglich, dass die für die Vorbereitung der Arbeit hinzuzuziehenden Materialien schwer zu beschaffen sind, sodass Wartezeiten zu überbrücken oder sogar Reisen anzutreten sind.

Aber auch die bei der Vorbereitung der Arbeit genutzten Hilfsmittel können das Schreiben verkomplizieren. Wenn sie alles, was Sie über einen langen Zeitraum hinweg gesammelt haben, aufbewahren bzw. speichern, erliegen Sie später leicht dem Eindruck, dass auch alles zu verarbeiten sei. Und so gibt es ein

- Mit-Sammeln-nicht-aufhören-Können, das durch Literaturverwaltungsprogramme begünstigt wird,
- Mit-dem-Lesen-nicht-aufhören-Können, das begleitet wird von Exzerpten ohne Berührungspunkte mit dem eigenen Erkenntnisinteresse,

- Mit-dem-Planen-nicht-aufhören-Können, das begleitet wird von immer neuen Gliederungen oder Mindmaps und somit immer neue Ansatzpunkte liefert.

Nicht zuletzt kann der Anspruch, den Schreibende und/oder Personen aus der unmittelbaren Umgebung an das Schreiben und den Text stellen, das Schreiben prägen – sei es in Bezug

- auf den Inhalt (Vollständigkeit, Berücksichtigung aller verfügbaren Texte und Quellen),
- auf die Formulierungen (Niveau des sprachlichen Ausdrucks, Lückenlosigkeit der Argumentation) oder
- auf externe Ziele (herausragendes Examen, Tutoren- oder Promotionsstelle).

Vieles kann Einfluss auf das Schreiben nehmen, Überhand gewinnen und den Schreibprozess belasten.

Das Schreiben strategisch angehen

Das Neben-, Mit- und Ineinander der verschiedenen Tätigkeiten, die das wissenschaftliche Schreiben ausmachen und begleiten, kann – so befürchten vor allem die, die diese Aufgabe noch nie zu bewältigen hatten – leicht ein Durcheinander werden. Macht man sich aber klar, dass das Schreiben nicht nur dazu dient, einen Text zu verfassen, sondern auch Denk- und Lernprozesse unterstützen und in Gang setzen kann, wird deutlich, wie wichtig es ist, auch außerhalb der wissenschaftlichen Arbeit oder bereits vor dem eigentlichen Schreiben zu schreiben.

Das Schreiben dient nicht nur dazu, einen Text zu verfassen, sondern auch, Denk- und Lernprozesse zu unterstützen.

Durch die Kombination von Schreibstrategien können Sie Schritt für Schritt beim Lesen nachdenken und Ideen entwickeln, dazu schreiben, weiterlesen, weiter nachdenken, für den eigenen Text schreiben, überarbeiten, ergänzen, das Geschriebene wieder lesen, andere Texte lesen und so weiter. Diese Zusammenstellung von Schreibstrategien zeigt Ihnen, wie Sie schreibend an Ihrem Text arbeiten können.

1. Einfach drauflosschreiben: Fast sofort anfangen zu schreiben, wenig bis keine Pausen machen, die Gedanken zu Papier bringen – einen solchen Schreibprozess, der schnurstracks zum Ziel führt, wünschen sich die meisten Schreibenden. Wenn es darum geht, einen wissenschaftlichen Text zu schreiben, verspricht diese Vorgehensweise allein jedoch wenig Erfolg. Die Technik des

Probieren Sie mehrere Schreibstrategien aus und ...

Exzerpierens jedoch macht sich diese Strategie zunutze: Nach der Lektüre eines jeden Textes können Sie – mit Ihrer wissenschaftlichen Frage im Hinterkopf – drauflosschreiben, indem Sie Ihre Gedanken zu ausgewählten Textstellen festhalten.

2. Ein Problem durchdenken: Manche bereiten Ihren Text vor, indem sie sich quasi nebenbei mit seiner wissenschaftlichen Frage befassen. Beim Spaziergang, im Kino oder im Partygespräch klären sie ihre Gedanken, um dann – relativ zügig – zu schreiben. Der Anspruch, so einen ganzen wissenschaftlichen Text zu schreiben, ist jedoch äußerst hoch: Vor dem Schreiben alles zu durchdenken ist schon allein angesichts des Lesepensums schwierig. Daher: Zerlegen Sie Ihre wissenschaftliche Frage in Teilfragen, die Sie nacheinander abarbeiten. Und: Hören Sie sich gut zu, wenn Sie mit anderen über Ihre Arbeit sprechen – Sie werden staunen, wie faszinierend Ihr Schreibprojekt wird, wenn Sie darüber berichten.
3. Einen Text schreiben: Drauflosschreiben und einen Text schreiben ist nicht dasselbe, denn wer einen Text verfassen will, denkt an die Leser/-innen, macht sich klar, dass der Text eine bestimmte Funktion erfüllen soll, dass die Darstellung des Inhalts dem Anlass entsprechen muss. Nur einen gut lesbaren Text schreiben zu wollen, scheint fast anspruchslos, wenn es um eine wissenschaftliche Arbeit geht. Das ist jedoch keine Kleinigkeit: Ihre Leser/-innen werden Ihnen dankbar sein, wenn Sie beim Schreiben Wert darauf gelegt haben, Ihre Gedanken nachvollziehbar darzulegen.
4. Einen Text planen: Wer seinen Text nicht direkt schreibt, sondern sich vorab einen Plan (ein Konzept, eine Mindmap, eine Gliederung) macht, wägt Alternativen ab und entscheidet sich für eine von mehreren Möglichkeiten. Er oder sie zieht Wissen über eine Textsorte zurate, wählt aus dem erarbeiteten Wissen zum Thema aus. Gegen diese Vorgehensweise ist nur eins anzuführen: Planen allein führt nicht zum Ziel. Wer allzu viel und immer wieder neu plant, läuft Gefahr, das Schreiben zu vergessen.
5. Einen Text neu schreiben: Einen Text zu verwerfen und stattdessen einen anderen zu schreiben, wirkt auf den ersten Blick unsinnig und ineffektiv. Dennoch kann das Neuschreiben einen erwünschten Effekt haben, weil es den Schreibenden bzw. die Schreibende in die Lage versetzen kann, in kurzer Zeit und pointierter eine andere Darstellung zu finden. Nutzen Sie diese Stra-

tegie, wenn Sie den Eindruck haben, dass Sie sich beim Schreiben verrannt haben. Speichern Sie und fangen Sie in einer neuen Datei erneut an.

6. Einen Text Stück für Stück vorbereiten: Wer kleine Textstücke schreibt, die er dann ordnet, um daraus den Gesamttext zusammenzusetzen, macht sich zunutze, dass man einen Text vorbereiten kann. Aber: Irgendwann muss aus den zahlreichen Einzelteilen ein großes Ganzes werden. Wer planlos Stückwerk produziert (womöglich noch in unüberschaubaren Mengen und in ein Literaturverwaltungsprogramm hinein), macht sich das Schreiben unnötig schwer.
7. Einen Text umarbeiten: Wer beim Schreiben viel korrigiert, umstellt, ergänzt, löscht oder überschreibt, nutzt die Routinen des Computers. Das Feilen an der Formulierung, die Wahl der Wörter und die Suche nach dem sinnvollen Satz – das Arbeiten an der Sprache ist ein Weg zum Text. Die Gefahr, nicht fertig zu werden, ist jedoch groß, weil bei jedem Lesen des eigenen Texts (mag er auch schon korrigiert sein) neuer Korrektur- und Änderungsbedarf zu entstehen scheint. Wenn Sie sich im Verdacht haben, während des Schreibens zu viel zu korrigieren, beobachten Sie sich selbst, indem Sie in Ihrem Textverarbeitungsprogramm die Funktion »Änderung während der Bearbeitung markieren« aktivieren.
8. Sich die Schreibarbeit aufteilen: Wer sich beispielsweise Materialien bereitlegt, um sich darauf zu beziehen, Überschriften vorformuliert, dann Text produziert, um ihn anschließend zu überarbeiten, arbeitet ein Programm ab. Er bzw. sie ist bemüht, die für das Schreiben notwendigen Handlungen voneinander zu trennen, phasenweise und dadurch effektiv zu arbeiten.

... finden Sie Ihre ganz persönliche Schreibstrategie!

Schreibzeit effektiv nutzen

Oft macht man sich selbst das Leben und das Schreiben schwer, nicht immer sind die anderen oder die Umstände schuld. Insbesondere dort, wo man nur wenig praktische Erfahrung hat und mit einer Aufgabe allein bleibt, ist man geneigt, allzu genau und lehrbuchmäßig vorzugehen. Wer perfekt (also in der eigenen Wahrnehmung

Tipp

Kombinieren Sie Schreibstrategien!

Nicht immer korrespondiert die gewählte Schreibstrategie mit dem, was für den zu schreibenden Text zur gegebenen Zeit am sinnvollsten wäre. Seien Sie also selbstkritisch, machen Sie sich nichts vor! Der Vorschlag, in sieben Etappen und mit Exzerpten zu arbeiten, will Sie ins Schreiben bringen und dabei die Vorteile unterschiedlicher Strategien kombinieren: Günstig ist es, zunächst spontan zu schreiben, dennoch dabei ein Ziel vor Augen zu haben und den Text mithilfe der Vorarbeiten zusammenzufügen. Ein so oder ähnlich kombiniertes Vorgehen hilft dabei, mit dem Schreiben zu beginnen, dranzubleiben – und fertigzuwerden.

effektiv und effizient) schreiben möchte, läuft Gefahr, so lange zu warten, bis alle Unwägbarkeiten aus dem Weg geräumt sind – so entsteht aber kein Text, sondern nur Druck. Besser ist es daher, anzufangen und Kompromisse nicht auszuschließen. Dabei sollte jede wohlgemeinte Empfehlung als Ideallinie aufgefasst werden: Kein Schreibprozess verläuft wie der andere.

Die Woche(n) einteilen

Wer einen Schreibprozess in Gang bringen und halten möchte, sollte zuerst auf seine Woche schauen: Wann ist Zeit zum Schreiben, Zeit, um einen größeren Text vorzubereiten? Die Woche wird mit wichtigen Vorhaben und Terminen gefüllt sein und so besteht die erste Aufgabe darin, sich Freiräume für die Schreibaufgabe zu schaffen.
Sorgen Sie für sinnvolle Regelmäßigkeit. Nicht alle sieben Tage einer Woche sind erfolgreiche Schreibtage. Fragt man Schreibende, wie viele Seiten einer wissenschaftlichen Arbeit sie erfahrungsgemäß an einem erfolgreichen Tag erarbeitet haben, so lautet die Antwort häufig: durchschnittlich zwei bis drei, aber nur im Ausnahmefall mehr als vier Seiten. Dies scheint allen, die wenig Übung beim Verfassen wissenschaftlicher Arbeiten haben, verblüffend wenig und vielleicht auch demotivierend. Also: Erwarten Sie nicht zu viel, denn die zwei bis

drei Seiten, die an einem Tag fertiggestellt werden, können überarbeitet oder ergänzt werden – und werden es in der Regel. Daher: Warten Sie nicht zu lange auf den idealen, ruhigen, freien Tag. Es gibt ihn viel zu selten und Sie brauchen ihn eigentlich auch gar nicht: Schaffen Sie sich angemessen große Freiräume. Besser alle zwei bis drei Tage fünf Stunden einplanen als nur an Wochenenden einen oder zwei Acht-bis-zwölf-Stunden-Tage, zu denen es dann gar nicht kommt. Arbeiten Sie für den Text, nicht gegen die Zeit. Um ins Schreiben zu kommen, braucht man manchmal nur fünf Minuten, manchmal aber auch ein bis zwei Stunden, die man lesend, ordnend und suchend zur Vorbereitung nutzt. Ein Schreibfreiraum sollte also im Minimum gut zwei bis vier Stunden umfassen – und ist dann ausgeschöpft, wenn die erwartbaren zwei bis drei Seiten erreicht sind. Sie brauchen also keinen ganzen freien Tag, um an Ihrer Arbeit zu schreiben. Wenn ein Tagesergebnis nach drei Stunden erreicht ist, prima – entspannen Sie sich, gehen Sie zum Sport, zum Supermarkt oder verabreden Sie sich fürs Kino. Was auch immer Sie im Gleichgewicht hält, ist angesagt. Sie sollten keinesfalls den Ausgleich versäumen, aber: Für die Zeit des Arbeitens an Ihrem Text sollten Sie andere Termine hintanstellen und lieber allein zum Joggen gehen – nach dem Schreiben. Das ist besser, als in der Gruppe und zu einem verabredeten Termin zu laufen, wofür Sie das Schreiben unterbrechen müssten.

Schaffen Sie sich angemessen große Freiräume!

Für die Zeit des Arbeitens an Ihrem Text sollten Sie andere Termine hintanstellen.

In der Zeit, die für Ihre wissenschaftlichen Arbeit vorgesehen ist, geht das Schreiben vor. Gut ist es, wenn Sie selbst dem Schreiben Priorität einräumen und den Rhythmus vorgeben. Ihn werden Sie nicht immer einhalten können – an zwei- bis viermal in der Woche aber sollten Sie festhalten, um ein kontinuierliches Vorankommen sicherzustellen. Streben Sie an, regelmäßig zu der für Sie geeigneten Tageszeit zu schreiben und dabei Ihre eigene Routine zu etablieren.

Den Tag strukturieren

Wer einen ganzen Tag zum Schreiben reserviert hat, merkt schnell, dass er anders mit der Zeit umgeht als an Tagen mit Terminen. Es kann damit anfangen, dass man dem Wecker zehn Minuten Schlummermodus erlaubt, setzt sich fort über ein – »Ein leerer Bauch studiert nicht gern!« – höchstpersönlich beim Vollkornbäcker in der fünften Querstraße besorgtes Dinkel-Soja-Brötchen, ein Frühstück mit Rührei und Speck und – »Ein voller Bauch studiert nicht gern!« – einen klei-

Man braucht keinen ganzen Tag, besser nutzt man einen halben Tag gut.

nen Spaziergang mit anschließendem Kaffee und endet bei einer blitzeblanken Küche. Wie bereits festgestellt: Man braucht keinen ganzen Tag, besser nutzt man einen halben Tag gut. Da bieten sich zwei bis drei Möglichkeiten …

- Erst das Schreiben, dann der Tag – bedeutet: früher aufstehen, zusammen mit dem beginnenden Tag in die Arbeit einsteigen und den Wecker dann neu stellen für den Moment, in dem das Arbeiten abgebrochen werden muss, damit man sich rechtzeitig auf den Weg machen kann.
- Erst der Tag, dann das Schreiben – bedeutet: sich zügig auf den Heimweg machen, den Abendfilm aufnehmen (statt ihn direkt anzusehen) und die Ruhe der Abendstunden zum Schreiben nutzen. Auch hier gilt es, den Schlusspunkt vorher zu bestimmen, denn Ruhezeit und ausreichender Schlaf müssen sichergestellt sein, damit langfristiges effektives Arbeiten möglich wird.
- Dies gilt auch und erst recht für eine dritte Möglichkeit: Nachtschichten einzulegen. Es gibt durchaus Menschen, die am besten in der Ruhe der Nacht arbeiten können. Allen anderen aber, die die schriftliche Arbeit zusätzlich zur Wochenarbeit erarbeiten wollen, ist hiervon dringend abzuraten.

Den Moment nutzen

Jetzt – Sie wollen mit dem Schreiben beginnen. Sie sitzen am Tisch und … stellen fest, dass eine wichtige Unterlage oder ein Kaffee fehlt, der kleine Hunger sich bemerkbar macht, Ihre Gedanken abschweifen, die Familie wartet, für den Abend eine Party vorbereitet werden will … und überhaupt, die Fenster müssten mal wieder geputzt werden. Aufschieberitis oder Prokrastination (zu lateinisch *procrastinare* = »vertagen«) hat viele Erscheinungsformen. Auch wer regelmäßig umfangreiche Texte verfasst, kennt diese (und vermutlich zahlreiche weitere) Ablenkungen oder Eskapismen. Mancher wählt aus diesem Grund

- einen anderen Arbeitsplatz als den heimischen Schreib- oder Küchentisch, bemerkt dann aber, dass beispielsweise das Schreiben in der Bibliothek oder in einem Café auch seine Nachteile hat, etwa Geräusche, die anderen Anwesenden, das Licht, der Stuhl …

- eine andere Arbeitszeit als die gewohnte (etwa sehr früh morgens oder sehr spät abends), bemerkt dann aber, dass er noch oder schon zu müde ist, um effektiv zu sein …

Menschen, die Schreibaufgaben angehen wollen, werden bisweilen hypersensibel für Störquellen und sehr fantasievoll darin, sich abgelenkt oder unperfekt zu fühlen, um nicht anzufangen, weil – es ist sowieso nicht genug Zeit, um den Anfang zu machen, und: Der Text ist zu wichtig, als dass er unter diesen Bedingungen begonnen werden könnte.

Fangen Sie frühzeitig mit dem Schreiben an!

Fangen Sie frühzeitig damit an, zu schreiben, machen Sie sich Notizen, legen Sie einen Steinbruch mit Fragmenten an, halten Sie wichtige Ideen in einem Logbuch fest. So gewinnen Sie Material und die nötige Sicherheit, um den Anfang zu formulieren – eine sehr hilfreiche Strategie, denn jedes Kapitel wie auch jedes Unterkapitel der Arbeit braucht einen Anfang.
Auch jeder Schreibtag will angefangen werden. Um diese immer wiederkehrende Hürde zu nehmen, sollten Sie am Ende eines erfolgreichen Zwei-bis-drei-Textseiten-Tages nicht noch eine halbe Stunde dranhängen, um den Gedankengang zu Ende zu führen (genau das würde Ihnen den Einstieg in den folgenden Schreibtag unnötig erschweren), sondern in drei bis fünf Stichworten festhalten, wie es weitergeht. Damit bereiten Sie das Weiterschreiben am nächsten Tag vor.

Tipp

Schreibzentren und Schreibwerkstätten

An vielen Universitäten und Fachhochschulen gibt es heute nach US-amerikanischem Vorbild Schreibzentren oder -werkstätten, die Studierende (und Lehrende) bei den Herausforderungen wissenschaftlichen Schreibens unterstützen. Sie bieten u.a. Workshops an und Sprechstunden, wo Sie Antworten auf Fragen zum Zitieren oder zu den Richtlinien der Fächer bekommen, aber auch Einschätzungen zu Texten sowie Tipps für die nächsten Arbeitsschritte oder individuelle Schreibstrategien. Lassen Sie sich diese Chance nicht entgehen!

Holen Sie beizeiten eine Lesermeinung ein!

Halten Sie Ihren Text nicht zu lange unter Verschluss. Holen Sie beizeiten eine Lesermeinung ein, geben Sie Ihre Rohfassung einer Vertrauensperson zum Lesen und bitten Sie sie um eine Rückmeldung: Sind die Gedankengänge nachvollziehbar? Bleiben Fragen offen? Diese Vertrauensperson muss nicht vom Fach sein, auch nicht in Sachen Rechtschreibung, sondern am Thema interessiert, wohlmeinend und bereit, mitzudenken.
Erst wenn es um die Publikation Ihrer Dissertation geht, sollten Sie in Erwägung ziehen, ein professionelles Lektorat in Anspruch zu nehmen – denn damit wendet sich Ihre Arbeit an ein größeres Publikum, das nicht unbedingt so tief im Thema steckt wie Sie und Ihre Prüferin bzw. Ihr Prüfer.

So schreibt man wissenschaftliche Arbeiten

Denkpausen, Phasen des Lesens und Suchens sowie der Arbeit an Formulierungen gehören dazu.

Das wissenschaftliche Schreiben ist mehrdimensional, will das Denken begleiten, kann das Verstehen von Zusammenhängen befördern und neue Verbindungen schaffen – also gehören Denkpausen, Phasen des Lesens und Suchens sowie der Arbeit an Formulierungen dazu.

Für den Text arbeiten

Wer sich während der Vorarbeiten zu einem Text ausgiebig in die Fachliteratur eingelesen hat, sollte eigentlich bestens gewappnet sein, wenn es ans Schreiben geht. Eigentlich. Vielen aber stellt es sich umgekehrt gerade dadurch so dar, als sei alles bereits gesagt. Dabei kann das, was Sie erkannt haben, so wie Sie es erklären werden, in keinem Text zu finden sein. Selbst wenn Sie beim Lesen auf einen Gedanken stoßen, der Ihrem zu entsprechen scheint – auch dieser lässt sich auf der Grundlage Ihrer wissenschaftlichen Frage und Ihrer Recherche weiterdenken. Arbeiten Sie also für Ihren Text:

- Für den Text arbeiten bedeutet, sich zunächst einen Überblick über einen Themenbereich zu verschaffen, um dann eine Frage zu entwickeln und diese als Filter zu nutzen: Stellen Sie nur die Informationen zusammen, die im Zusammenhang mit Ihrer Fragestellung sinnvolle Argumente bilden. Die Strategie des Fragens lässt sich sowohl für die Themeneingrenzung als auch für das Schreiben der Kapitel und Unterkapitel nutzen: Erarbeiten Sie zu jedem Kapitel und jedem Unterkapitel eine neue (Teil-)Frage, bevor Sie sich ans Schreiben machen. Diese Fragen arbeiten Sie dann nacheinander ab.

- Für den Text arbeiten bedeutet, zu fokussieren und Nebenaspekte auszublenden, um nachvollziehbar zu argumentieren und so den eigenen Gedankengang verständlich zu machen. Dabei sollte man das, was bei der Vorbereitung überraschend, spannend und/oder erstaunlich schien, nicht aus den Augen verlieren. Eine Hilfe dabei kann das Logbuch oder die eine oder andere Anmerkung im Exzerpt sein. Dass von Fall zu Fall die Pausen lang und die Anläufe bis zur richtigen Formulierung zahlreich sein können, liegt im Wesen des Schreibens: Es verlangt Ihnen ab, Gedanken zu schärfen und neue Zusammenhänge herzustellen.
- Für den Text arbeiten bedeutet auch, kontinuierlich zu arbeiten, beispielsweise sich Formalen zu widmen oder das am Vortag Geschriebene zu lesen, wenn die Zeit zum Schreiben nicht reicht. Dabei sollten Sie deutlich zwischen dem Argumentationsziel (das in der Beantwortung der gewählten Frage liegt) und anderen Zielen, die mit der Fertigstellung des Textes verknüpft sein können, zu trennen (etwa ein Praktikumsplatz, die Einschreibung in einen Studiengang, oder eine angestrebte Bewerbung als studentische Hilfskraft): Konzentrieren Sie sich darauf, einen gut lesbaren, nachvollziehbaren Text zu erarbeiten. Das ist Anforderung genug.

Für den Text arbeiten heißt, sich einen Überblick zu verschaffen, zu fokussieren und kontinuierlich zu arbeiten.

Unbefangen formulieren

Auch wer den Eindruck hat, die Texte der anderen seien besser, deutlicher, wissenschaftlicher formuliert als der eigene, sollte schreiben, kann schreiben. Es muss nicht im ersten Anlauf perfekt sein: Die Verbindungen zwischen Ihren Zitaten und Ihrer Perspektive auf den Gegenstand kann kein anderer vor Ihnen in Ihre Worte gefasst haben. Wer gewissenhaft exzerpiert hat, wird keine Fehlgriffe tätigen. Und wenn doch: Sie selbst werden im zweiten Durchgang alles prüfen, beurteilen und überarbeiten. Kennzeichnen Sie unsichere oder mutige Formulierungen in der Rohfassung durch eine Farbe oder Formatierung, um sie später noch einmal genau in den Blick zu nehmen. Formulieren Sie so, dass Sie sich wiedererkennen und Ihren Text selbst gut vorlesen können; eines in irgendeiner Art besonders wissenschaftlichen Tons bedarf es nicht. Wenn sich Sätze nicht gut anhören, können Sie sie überarbeiten: »Writing is rewriting« ist eine grundlegende Überzeugung in der Schreibforschung. Wie Sie wissen: Leser/-innen sehen einer Textpassage nicht an, ob sie im ersten Anlauf formuliert wurde oder durch mehrfache Überarbeitung zustande kam.

Lösen Sie sich von der Gewohnheit, Ihren Text sofort als fertig zu betrachten!

Erst wenn Sie Ihren Text abgegeben haben, ist er fertig. Textstellen überarbeiten, Zusammenhänge herstellen und erst im zweiten oder dritten Durchgang die Formulierungen festklopfen: Die Geduld und die Lässigkeit, die das erfordert, ist nicht jedem gegeben. Aus der Schule ist man noch gewohnt, (s)einen Text sofort als fertig zu betrachten. Gerade in Klausuren musste jedes Wort auf die Goldwaage. Diese jahrelang eingeschliffene Praxis trägt, längst zur Gewohnheit geworden, nicht unbedingt zur Entspannung im Prozess wissenschaftlichen Schreibens bei. Lösen Sie sich von ihr! Machen Sie sich klar, dass Ihre wissenschaftliche Arbeit erst dann fertiggestellt ist, wenn Sie sie zur Abgabe freigeben. So gewinnen Sie die Muße für das sorgfältige Arbeiten an der Formulierung.

Die Herausforderung annehmen

Integrieren Sie das Schreiben in Ihren Alltag!

Die Kunst liegt darin, das Schreiben – zumindest für eine Weile – in den Alltag zu integrieren und an Position eins zu setzen. Schreiben ist eine Aufgabe, die jeden Schreibenden in eigener Weise einnimmt. Man muss sich selbst an einem größeren Text schreibend erlebt haben, um die richtigen Tricks und Kniffe zu kennen, die den eigenen Schreibprozess in Gang setzen und in Gang halten.

Verlieren Sie nicht aus den Augen, dass Sie – auch wenn Sie mit Exzerpten arbeiten und zunächst nur eine Rohfassung anstreben – bei derart komplexen Texten wie wissenschaftlichen Arbeiten nicht mehr als etwa drei Seiten pro Tag schreiben können! Berücksichtigen Sie dies unbedingt in Ihren Zeitplänen. Für 60 Seiten benötigen Sie in etwa 25 gute Schreibtage, die sich erfahrungsgemäß nicht aneinanderreihen. Sie sollten also sicherheitshalber gut sechs Wochen zum Schreiben einplanen – und zusätzliche Zeit für das Überarbeiten und Korrigieren.

Sie werden Ihre individuellen Anlaufschwierigkeiten, Störfaktoren und Vermeidungsstrategien erkennen und Ihre eigenen Lösungswege finden und dies – allen guten und gut gemeinten Ratschlägen zum Trotz – allein durch Erfahrung. Wie der einzelne Schreibtag verlaufen wird, das lässt sich nicht vorhersehen. Einen ganzen Tag dazusitzen und auf einen leeren Bildschirm zu blicken, den Anfang zu suchen, Versuche zu löschen und dennoch nicht aufzustehen, sondern so lange auszuharren, bis ein kleiner erster Satz dasteht und weitere folgen – wie sich das anfühlt, muss man selbst erlebt haben.

Tipp

Die richtige Hilfe bei Schreibblockaden

Nicht wenige beruflich Schreibende – Schriftsteller, aber auch Journalisten und Wissenschaftler, die schreiben müssen – kennen Schreibblockaden. Wenn Sie annehmen, andere oder mehr als die in der Tätigkeit liegenden Verzögerungen zu beobachten, das Schreiben immer wieder aufschieben und vermeiden und psychosomatische Nebenerscheinungen spüren, sollten Sie das Gespräch mit Experten suchen. Gehen Sie das Problem an – holen Sie sich Rat. Das können pragmatische Tipps für den Schreiballtag sein, aber auch psychotherapeutische Hilfe. In der Studienberatung oder im Schreibzentrum Ihrer Hochschule kann man Ihnen sagen, wo Sie die professionelle Unterstützung finden, die Sie benötigen.

Nicht selten gibt es dann einen Punkt, der sich als platzender Knoten beschreiben lässt: Plötzlich liegt alles klar geordnet vor Augen, man vergisst die Zeit, von Motivationsproblemen ist keine Rede mehr – eher muss man sich bremsen, zum Essen und Trinken ermahnen und für Ruhepausen sorgen. Das Gefühl, schnell zurück an den Schreibtisch zu müssen, um eine gute Formulierung festzuhalten, der Vorwurf an jede rote Ampel, dass sie einen vom Wesentlichen abhält, und die felsenfeste Überzeugung, für nichts anderes als für den Text Zeit zu haben, können das Schreiben umfangreicherer Texte begleiten.
Wer nach all der Mühe schließlich auf sein abgeschlossenes Schreibprojekt zurückblickt, wird stolz sein – und vielleicht feststellen, dass die vor Wochen in der Zeit der Suche nach dem Anfang mehrfach geputzten Fenster nicht mehr glänzen … und so im Nachhinein bemerken, dass er wohl in einen Schreibfluss gekommen war.

Interview

? Was genau ist eine Schreibblockade?

Die schreibende Person kann nicht anfangen oder bleibt stecken. Genauso kann es sein, dass sie es nicht schafft, die Arbeit für fertig zu erklären und auszuhalten, dass sie gelesen wird. Eine Schreibblockade ist im Grunde eine spezifische Situation des Aufschiebens und ein Zeichen dafür, dass man überfordert ist. Man hat zu viel im Kopf, um es in Sätze zu bringen, und daneben das Gefühl, da sei gar nichts, was man schreiben könne.

? Was verursacht bei wissenschaftlichen Arbeiten eine Schreibblockade?

Häufigste Ursachen sind ein zu groß angelegtes Thema und eine zu unpräzise Fragestellung. Hinzu kommt: Man schreibt für den Professor, der mehr weiß als man selbst, hat beim Schreiben keine Resonanz und will es möglichst auf Anhieb richtig machen. Das ist nicht möglich, das kann unser Gehirn nicht. So präzise, wie wir in einer wissenschaftlichen Arbeit schreiben sollen, können wir gar nicht denken. Das geht nur in vielen wiederholten Schleifvorgängen. Die Gefahr einer Schreibblockade ist auch dann besonders groß, wenn man mit einer Schreibaufgabe konfrontiert wird, für die man noch keine Routine entwickeln konnte.

? Was ist der erste Schritt bei einer Schreibblockade?

Die Blockade wertzuschätzen. Sie gibt Hinweise darauf, wo ich meine Schreibstrategien umstellen sollte. Die gute Nachricht ist: Jede Blockade lässt sich lösen; da habe ich eine ganz handwerkliche Sicht. Die Tücken im Schreibprozess sind da, es geht darum, mit ihnen umzugehen. Die größte blockierende Vorstellung ist die: Ich schreibe das runter.

Wie bringt man das Schreiben wieder in Gang?

Ich rate dazu, mit dem Lehrenden darüber zu reden, welche Leistung verlangt ist und welche eben nicht. Oft wird der Schreibauftrag innerlich immer größer; ein Gespräch kann klären, wo man mit dem Leistungsdruck aufhören kann. Beim Schreiben selbst besteht die Kunst darin, die nächsten fünf Minuten produktiv zu verbringen. Dafür muss man sich die Schreibaufgabe so runterbrechen, dass sie leistbar ist. Unglaublich wichtig ist, über das Schreiben zu reden. Wenn man versucht zu erklären, was gerade nicht klappt, kommt nebenbei oft das raus, was man eigentlich sagen will.

Wie kann man vorbeugen?

Das sieht bei jedem anders aus. Gleich ist aber, dass man sich die Schreibsituation so entlastet, dass das Schreiben möglich ist. Dem einem helfen feste Zeiten, der anderen, ohne Telefon und Internet zu sein, manchen hilft es, mit anderen in einem Raum zu sitzen und zu arbeiten. Die wichtigste Vorbeugung ist jedoch, die noch nicht perfekten Rohversionen auszuhalten und auch, dass andere draufgucken und Rückmeldung geben.

Gabriela Ruhmann, Referentin und Schreibberaterin, hat die ersten Schreibzentren an deutschen Unis mit aufgebaut.

Etappe 6: den Text überarbeiten

Auch nach noch so konzentrierter Schreibarbeit müssen Sie Ihre Rohfassung überarbeiten – idealerweise in mehreren Durchgängen. Wie ist dabei vorzugehen? Worauf ist beim Lesen zu achten? Und: Gibt es typische Stolperstellen? In diesem Kapitel erfahren Sie, wie Sie Ihren Text so überarbeiten, dass Leser und Leserinnen Ihre Aussagen verstehen und nachvollziehen können.

Da sich bei jeder Arbeit am Text neue Fehler einschleichen können und man zu viel übersieht, wenn man auf den Inhalt und die Sprache gleichzeitig achtet, ist es vernünftig, zunächst die Nachvollziehbarkeit zu prüfen und den Text bei Bedarf zu optimieren.

DIE ROHFASSUNG ÜBERARBEITEN

Wer einen Text überarbeiten will, muss Abstand haben.

Wer einen Text überarbeiten will, muss Abstand haben: Nur aus der Distanz ist das Geschriebene zu beurteilen. Ziel muss es sein, den eigenen Text mit den Augen eines anderen, des potenziellen Lesers bzw. der potenziellen Leserin, zu betrachten, um zu erkennen, ob

- der Text das, was er aussagen soll, durch das, was geschrieben steht, auch wirklich ausdrückt und
- der Text so, wie er zu Papier gebracht wurde, nachvollziehbar und verständlich ist.

Während des Schreibens Nachvollziehbarkeit und Verständlichkeit des eigenen Textes zu beurteilen, ist nicht leicht. Denn man kennt ja sein Thema und weiß, was man schreiben wollte – deshalb kann man nicht immer ungetrübt sehen, was man tatsächlich geschrieben hat. Um sich einen fremden Blick auf den eigenen Text zu ermöglichen, sollten Sie ihn nicht am Bildschirm, sondern als Ausdruck lesen – und vor dem Ausdrucken eine andere Schrift oder einen anderen Randabstand wählen.

Beim Überarbeiten prüfen Sie Ihren Text wie ein kritischer Herausgeber, indem Sie ihn auf seine inhaltliche Geschlossenheit und auf die Gründlichkeit der Themenbearbeitung hin beurteilen. Ihr Ziel beim Überarbeiten ist es, Ihren Text gut lesbar zu machen. Achten Sie besonders auf die Abfolge der Inhalte, Überlegungen und Begründungen. Um die Nachvollziehbarkeit und Verständlichkeit Ihres Textes und seiner Teile zu optimieren, können Sie

- Überleitungen einfügen oder löschen,
- die Abfolge der Kapitel oder Absätze ändern,
- die Abfolge der Wörter im Satz und der Sätze im Absatz ändern,
- ein Wort durch ein anderes ersetzen,
- einen Satz oder einen Absatz umformulieren,

- ein Wort, einen Satz oder einen Absatz einfügen oder
- ein Wort, einen Satz oder einen Absatz streichen.

Nicht immer sind Eingriffe in das Geschriebene Verbesserungen. Wer seinen Text von vornherein gut geplant und konzentriert formuliert hat, muss nur wenig überarbeiten.
Wer den eigenen Text beurteilen will, muss viele sehr unterschiedliche Aspekte im Auge haben. Damit Sie sich keine doppelte Arbeit machen, sollten Sie schrittweise vorgehen: Beim Überarbeiten des Textes sollten Sie den Blick zunächst auf den Inhalt und die Darstellung (auf Argumentation, Perspektive, Tiefe und Dichte des Textes – also auf das große Ganze) richten.

Der erste Blick: das Textganze

Eine erste Überprüfung klärt die Frage: Wie spielen im Text Form und Inhalt zusammen? Achten Sie beim ersten Lesen besonders auf Einleitung und Schluss, Thema und Erkenntnisinteresse, Bezüge zu anderen Texten und die Textgliederung.

Prüfen Sie, wie im Text Form und Inhalt zusammenspielen.

Im Rahmen? Einleitung und Schluss
Die Einleitung führt zum Thema hin und benennt Thema, Frage, Ziel und Aufbau der Arbeit. Der Schluss fasst wesentliche Ergebnisse zusammen, ein Ausblick kann auf weiterführende Fragen verweisen. Einleitung und Schluss sollten einen Rahmen bilden. Lesen Sie daher direkt im Anschluss an die Einleitung den Schluss, um zu prüfen, ob der Text die aufgebaute Leseerwartung auch erfüllt.

Alles da? Thema und Erkenntnisinteresse
Der Text sollte eine für Leser/-innen erkennbare und zur Textsorte passende Textidee nachvollziehbar umsetzen; Aussagen sollten auf Wissen (nicht auf Vermutungen oder Behauptungen) basieren, möglicherweise bedarf es weiteren Materials. Aussagen sollten zum Erkenntnisinteresse passen. Richten Sie die Aufmerksamkeit auf die Auswahl: Was muss dem Leser bzw. der Leserin mitgeteilt werden? Was ist zwar richtig, gehört aber nicht hierher? Sind die Informationen in der gewählten Reihenfolge nachvollziehbar?

Nachvollziehbar? Bezüge zu anderen Texten

Wörtliche und sinngemäße Zitate sowie Verweise sollten so eingebunden sein, dass der wissenschaftliche Text zwischen Sachebene und Theorieebene vermittelt, das heißt sowohl der Gegenstand anschaulich wird als auch Forschungspositionen nachvollziehbar werden.

Stimmig? Die Textgliederung

Ergeben die Überschriften ein vollständiges und präzises Bild dessen, was Sie im Text dargelegt haben?

Überschriften, Absatz- und Abschnittgliederung: Sie sind die Navigationshilfen für den Leser bzw. die Leserin. Prüfen Sie: Ergeben die Überschriften insgesamt ein vollständiges und präzises Bild dessen, was Sie im Text dargelegt haben? Lässt sich das daraus erzeugte Inhaltsverzeichnis wie die stichwortartige Kurzfassung Ihrer Arbeit lesen? Passen die Überschriften (noch) zu den Inhalten Ihrer Kapitel und Unterkapitel? Sind die Absätze in den Abschnitten plausibel sprachlich miteinander verbunden?

Der zweite Blick: der Inhalt

Ist der Textinhalt deutlich formuliert und nachvollziehbar?

Die zweite Überprüfung klärt die Frage: Ist der Textinhalt deutlich formuliert und nachvollziehbar? Achten Sie beim zweiten Lesen auf den Bezug zu Ihrer wissenschaftlichen Frage, auf die Zusammenhänge, die Perspektive, den Fokus und die verbale Leserführung.

Im Zentrum? Die Fragestellung

Ein guter wissenschaftlicher Text hat eine nachvollziehbare thematische Ordnung und behandelt alle inhaltlichen Aspekte in einer der Frage adäquaten Gewichtung. Dazu gehört, dass er wissenschaftliche Literatur und gegebenenfalls Primärquellen in angemessener Zahl heranzieht und verarbeitet. Bei jeder Aussage muss klar sein, was sie mit der Fragestellung zu tun hat. Auf weiterführende Aspekte wird gegebenenfalls in Anmerkungen (platziert als Fußnoten) verwiesen. Die Kapitel sind so geschrieben, dass man sie nicht ohne Überarbeitungen in einer Arbeit zu einer anderen wissenschaftlichen Frage verwenden kann.

Musterseite »Inhaltsverzeichnis«

Schriftsprache: Gutes Deutsch

Inhalt

Prüfen Sie, ob Ihre Sätze klar miteinander verknüpft sind.

Plausibel verknüpft? Zusammenhänge

Eine wissenschaftliche Arbeit muss Zusammenhänge herstellen. Dazu sollten die Sätze nicht einfach nebeneinandergestellt, sondern miteinander verknüpft sein. Prüfen Sie: Sind Ihre Sätze gedanklich klar miteinander verknüpft? Sprachlich? Bezüge zwischen Sätzen können gedanklicher Art (»der Schreibprozess – die Textproduktion«) oder sprachlicher Art (»der Schreibprozess – er«) sein. Textverknüpfer sind Pronomen, Konjunktionen und Adverbien.

Sachlich-neutral? Die wissenschaftliche Perspektive

Im wissenschaftlichen Text ist in der Regel die sachlich-neutrale Perspektive zu wählen. Prüfen Sie: Haben Sie auf Wertungen zugunsten begründeter Schlussfolgerungen verzichtet? Haben Sie die Sache in den Mittelpunkt gerückt? Und sich selbst in den Hintergrund?

Alles klar? Gliederungsprinzipien und Argumentationsmuster

Alle Textteile (Absätze, Abschnitte, Unterkapitel, Kapitel) sollten einen inhaltlichen Schwerpunkt haben und einen deutlich erkennbaren Argumentationsschritt bzw. Argumentationsgang verfolgen; der Kern der Aussage sollte am Satz- bzw. am Absatzanfang ausformuliert sein. Die Funktion von Absätzen sollte Leser/-innen durch textverknüpfende Anschlusswörter wie »weiterhin«, »darüber hinaus«, »jedoch« deutlich werden: Dient der Absatz der Erläuterung, wird ein (Gegen-) Beispiel gegeben, eine Begründung geliefert, ein weiterer Aspekt genannt? Sowohl im Aufbau des gesamten Textes als auch im Kapitelaufbau sollten die Gliederungsprinzipien und Argumentationsmuster (Kette, Waage oder Rhombus) zu erkennen sein.

Roter Faden? Textkommentare

Nicht nur in Einleitung und Schluss, sondern auch – wo erforderlich – an den Übergängen zwischen Textteilen sollten hinführende, zusammenfassende und überleitende Textkommentare erläutern, warum sich was anschließt. Sie helfen Lesern und Leserinnen, dem roten Faden entlang in die richtige Richtung mitzudenken. Aber Vorsicht: Kein Text sollte mehr Kommentare als Inhalt haben. Wichtig ist, dass Zitate und/oder Diagramme so eingebunden sind, dass ihre Funktion erkennbar wird.

Der dritte Blick: die Formulierung

Beim dritten Lesen sollten Sie insbesondere den sprachlichen Ausdruck ins Auge fassen, zumal Wortwahl und Satzbau Leser/-innen und ihr Leseverstehen beeinflussen. Es gibt zwei Möglichkeiten:

1. Die Formulierung fällt überhaupt nicht auf; man bemerkt sie beim Lesen nicht. Weder stört sie durch Fehler oder sprachlich schwierige Passagen, noch beansprucht sie die Aufmerksamkeit durch besondere sprachliche Mittel. Sie richtet das Interesse der Leser/-innen auf den Textgegenstand und lässt sie weiterlesen – so entspricht sie dem Ideal des wissenschaftlichen Schreibens. Der Text und seine Sprache sollten durchsichtig scheinen und so eine quasi unvermittelte, direkte Sicht auf den Gegenstand ermöglichen. Insbesondere die Verknüpfung von Sätzen ist hierbei wichtig: Damit Leser/-innen mitdenken können, müssen Bezüge hergestellt werden.
2. In wenigen Textsorten wie dem freien Essay ist unauffälliges Formulieren unangemessen; fehlen griffige Formulierungen und unerwartete Wendungen, die die Erinnerung an zentrale Aussagen unterstützen, ist das Textziel nicht erreicht. Hier wählt man Möglichkeit zwei: Die Formulierung fällt auf und lenkt die Aufmerksamkeit auf die sprachliche Ausarbeitung; wer so schreibt, weicht vom Ideal des wissenschaftlichen Schreibens ab und sollte besonders darauf achten, dass die Aussage unterstützt und nicht überlagert wird – Alliterationen, Wortspiele oder sprachliche Bilder sollten um der Sache (nicht um ihrer selbst) willen verwendet werden.

Darüber hinaus gilt: Jeder hat eine eigene Art zu formulieren (daher bemerken in der Regel sogar Außenstehende Plagiate als Brüche in der Formulierung).

In den gängigen wissenschaftlichen Textsorten sollten Formulierungen nicht auffallen.

Beispiel Sandra Bauer und Melina Heller kennen sich seit zwei Semestern, beide studieren fürs Lehramt Deutsch und Kunst, und beide haben einen Workshop »Grundlagen wissenschaftlichen Schreibens« besucht. Seitdem planen sie bei schriftlichen Arbeiten zwei Tage Zeit für das Überarbeiten ein. Die Rohfassung ihrer Pädagogik-Arbeit gibt Sandra Milena, die sie ihr kapitelweise laut vorliest. Sandra hört, wie Milena bei langen Sätzen ins Stocken kommt und merkt, dass sie bei manchen Formulierungen selbst nicht mehr weiß, was sie bedeuten. Sie bittet Milena, diese Stellen anzustreichen; sie will sie neu formulieren.

Gelingt es Ihnen gut, den Text (halb)laut vorzulesen, dann ist alles in Ordnung!

Vorlesen möglich? Den Lesefluss erhorchen

Ob Sie mit der sprachlichen Ausarbeitung Ihres Textes zufrieden sein können, lässt sich leicht prüfen: Gelingt es Ihnen problemlos und zu Ihrer Zufriedenheit, den Text (halb)laut vorzulesen, ist alles in Ordnung. Gelingt dies nicht, weil der Lesefluss stockt und Sie ins Stolpern geraten, sollten Sie noch einmal Hand anlegen. Wo Sie nicht richtig betonen können, ist die Sprache zu komplex und Sie sollten umformulieren. Was Sie ungern laut aussprechen oder was sich nicht gut anhört, sollten Sie besser überarbeiten oder weglassen.

Um den sprachlichen Ausdruck zu verbessern, sollten Sie

- unnötige Wortwiederholungen tilgen (aber: Fachbegriffe dürfen nicht variiert, sondern müssen wiederholt werden!);
- prüfen, ob ganze Absätze im Konjunktiv geschrieben und ob dies gegebenenfalls gerechtfertigt ist (zu Beginn muss in einem Einleitungssatz die zitierte Person genannt worden sein);
- den sinnvollen Gebrauch der grammatischen Zeitformen prüfen (kein Wechsel innerhalb eines Absatzes; die Funktion des in der Vergangenheitsform geschriebenen Absatzes oder Abschnitts muss klar sein);
- sperrige, ungelenke oder missverständliche Passivkonstruktionen durch andere Mittel der Deagentivierung (oder wenn dies möglich oder sogar erwünscht ist durch Ich-Formulierungen) ersetzen;
- komplexe Attribute auflösen;
- inhaltsleere Nominalisierungen und überflüssige Funktionsverbgefüge tilgen;
- Schachtel- und Bandwurmsätze entzerren.

Nutzen Sie auf dieser Etappe ein Synonymwörterbuch oder einen Thesaurus. Das unterstützt Sie dabei, unnötige Wortwiederholungen zu vermeiden. Und ziehen Sie ein »Wörterbuch der sprachlichen Zweifelsfälle« zurate, wann immer Sie unsicher sind, ob eine Formulierung grammatisch oder stilistisch korrekt ist. Hilfreich kann auch ein Stilwörterbuch sein.

In dieser vorletzten Etappe verändern Sie Ihren Text möglicherweise noch sehr stark – stets geleitet von den Kriterien Nachvollziehbarkeit, Angemessenheit und Verständlichkeit. Aber auch jetzt sind Sie noch immer nicht fertig: Damit Ihr Text auch orthografisch und im Detail grammatisch korrekt ist, ist ein weiterer Durchgang erforderlich. Bevor Sie allerdings Ihrem Text den letzten Schliff geben, sollten Sie ihn einige Tage nicht gesehen haben. Denn solange Sie Ihren Text allzu gut kennen, sind Sie gewissermaßen textblind. Sie sehen in Bezug auf Grammatik, Rechtschreibung und Zeichensetzung meist das, was Sie schreiben wollten, und nicht das, was Sie tatsächlich geschrieben haben.

Zwischen dem Ende der Etappe 6 und dem Anfang der Etappe 7 sollten ein paar Tage Pause liegen.

Interview

? Gibt es eine spezielle Wissenschaftssprache?

Natürlich! Wissenschaftler schreiben im Wesentlichen für Kolleginnen und Kollegen, da muss man vieles nicht erklären. Man braucht ein spezialisiertes Vokabular, bei dem ein relativ komplexes Wissen vorausgesetzt wird. Man benutzt Begriffe, in denen viel steckt und von denen das Publikum weiß, was sie bedeuten. Wenn zum Beispiel ein Mittelalterhistoriker vom Investiturstreit redet, wissen alle Fachkollegen sofort, was gemeint ist. Dieser Gebrauch von mit Informationen dicht gepackten Begriffen ist ein Charakteristikum der Wissenschaftssprache.

? Wie lernen Studierende das?

Im Studium – indem sie wissenschaftliche Texte lesen und als Vorbild für die eigenen Texte verwenden. Man stellt sich einen Werkzeugkasten zusammen aus Texten, die man selbst gut findet. Genauso entstehen allerdings auch die bizarren Fälle des Jargons. Wer über einflussreiche Theoretiker in Geistes- und Sozialwissenschaften schreibt, klingt plötzlich selbst so.

? Was genau stört Sie an solchen Texten?

Dass der Zeigegestus gegenüber dem sachlichen Gehalt in den Vordergrund rückt: Schau her, was für komplizierte Konstruktionen ich benutze und miteinander kombinieren kann. Wenn versucht wird, Meta-Aussage auf Meta-Bedeutung zu türmen, kippt das Ganze. Viele glauben, sie müssten besonders kompliziert sein, um ihre Autorität im Text zu unterstreichen. Das hat aber nichts mit Wissenschaftlichkeit zu tun, sondern mit den Hierarchien des Universitätsbetriebes, in dem ein Sprachstil auch immer Zugehörigkeit bedeutet.

Wie macht man es denn richtig?

Ganz ohne Jargon geht es nicht. Aber gute wissenschaftliche Autoren bringen komplizierte Sachverhalte in klare, kurze Sätze. Man sollte relativ nah an der Logik der gesprochenen Sprache bleiben. Das sieht einfach aus, aber es steckt sehr viel Arbeit darin. Komplizierte lange Versionen müssen gründlich redigiert werden, bis sie kurz und griffig, aber trotzdem sehr genau sind. Dieser Werkzeugkasten steht allen Studierenden vom ersten Semester an zur Verfügung. Einen eigenen Stil zu finden, heißt natürlich auch, sich etwas zu trauen: nicht nur vorhandene Formeln zu wiederholen, sondern mit dem, was da ist, etwas Neues anzustellen.

Wissenschaftssprache und Lesbarkeit sind somit kein Widerspruch?

Es gibt wunderbare wissenschaftliche Texte, die witzig, präzise und gleichzeitig von hoher Informationsdichte sind. Gute Wissenschaftssprache zeigt, wie jemand zu den präsentierten Schlussfolgerungen gekommen ist. Denn Wissenschaft ist Arbeit – und als Leser will ich dem Autor oder der Autorin bei der Arbeit zusehen können.

Prof. Dr. Valentin Groebner ist Historiker an der Universität Luzern und Autor eines Buches über Wissenschaftssprache.

Etappe 7: den Text fertigstellen

Wie mache ich meinen Text

abgabefertig? Welche Bestandteile sind unverzichtbar? Worauf sollte ich bei der Prüfung der Formalien achten? Und: Wie kann ich beim Korrekturlesen vorgehen, wenn vor der Abgabe die Zeit knapp ist? Auf eine sorgfältige Endkorrektur sollten Sie nicht verzichten. In diesem Kapitel finden Sie die wichtigsten Anhaltspunkte für ein letztes Check-up.

Abschließend wird der Text ein letztes Mal gründlich Korrektur gelesen mit dem Ziel, die sprachliche und formale Richtigkeit sicherzustellen. Auch hierfür brauchen Sie Abstand und – wenn möglich – entwöhnte Augen: Jetzt gilt es, noch einmal gründlich Rechtschreibung, Zeichensetzung, Grammatik und das Layout zu prüfen.

KORREKTUR LESEN

Rechtschreibfehler sind oft das Erste, was Leser/-innen bemerken.

Auch wenn der Abgabetermin drängt, sollten Sie diese letzte Etappe mit großer Sorgfalt angehen: Sie müssen Rechtschreibfehler nicht nur finden, sondern auch die Möglichkeit haben, sie zu korrigieren – und dafür sollten Sie nicht die letzte Nacht vor der Abgabe einplanen. Und: Fehler sind oft das Erste, was Leser/-innen bemerken – sie stören, können sogar vom Inhalt ablenken und die Note beeinflussen. Nutzen Sie in dieser Etappe insbesondere ein Rechtschreibwörterbuch!

Der erste Blick: Ist der Text vollständig?

Bevor Sie mit dem Korrekturlesen beginnen, sollten Sie den Text als Ganzes für die Abgabe vorbereiten. Auch hierfür sollten Sie drei schnelle Durchgänge einplanen.
Darüber hinaus können Sie der Arbeit in einem Anhang Bildmaterial, Fragebögen, verschriftete Interviews, Statistiken, Zeichnungen oder sonstige Materialien beifügen, die im Haupttext nicht untergebracht werden konnten, zur Veranschaulichung der Thesen und Argumente jedoch von Bedeutung sind. Auch ein Tabellen- und Abbildungsverzeichnis kann ergänzt werden.

Beispielformulierungen **Selbstständigkeitserklärung**

Eidesstattliche Erklärung
Hiermit erkläre ich an Eides statt, dass ich diese schriftliche Arbeit selbstständig und ohne die Benutzung anderer als der angegebenen Hilfsmittel angefertigt habe. Alle wörtlich oder

Musterseite »Titelblatt«

Inhalt

sinngemäß entnommenen Stellen habe ich als solche gekennzeichnet.
Die Arbeit hat weder in dieser noch in ähnlicher Form als Prüfungsleistung vorgelegen.
Musterstadt, den 17.4.2018 Regina Redlich

Eigenständigkeitserklärung
Hiermit erkläre ich, dass ich die vorliegende Bachelorarbeit eigenständig und unter der Verwendung der angegebenen Literatur und Hilfsmittel angefertigt habe. Alle aus fremden Texten direkt oder indirekt übernommenen Stellen sind als solche kenntlich gemacht.
Die Arbeit wurde bisher in gleicher oder ähnlicher Form weder einer Prüfungsbehörde vorgelegt noch veröffentlicht.
Musterstadt, den 17.4.2018 Regina Redlich

Checkliste

Vollständigkeit

- Titelblatt (enthält Angaben über Ort [Universität], Zeit [Semester], Titel des Seminars und Seminarleitung [entfällt bei Abschlussarbeiten], Titel der Arbeit, Art der Arbeit [Hausarbeit, Bachelorarbeit, Masterarbeit usw.], Name des Verfassers / der Verfasserin, Semesterzahl [Fachsemester], Adresse, Telefonnummer, E-Mail-Adresse, Datum der Abgabe),
- Inhaltsverzeichnis (Kapitelüberschriften mit den Seitenzahlen, auf denen die Kapitel beginnen),
- Text (in Kapitel gegliedert, mit nummerierten Seiten, Zeilenabstand korrekt, Zitate mit Beleg, ggf. Abbildungen mit Unterschrift, Tabellen mit Über- oder Unterschrift),
- Literaturverzeichnis (in der Regel alphabetisch geordnete Liste der – wörtlich oder sinngemäß – im Text zitierten Literatur; wird als Kapitel der Arbeit nummeriert und im Inhaltsverzeichnis ausgewiesen),
- Selbstständigkeitserklärung (einen Textbaustein für die von Hand zu unterzeichnende eidesstattliche Erklärung erhalten Sie vom zuständigen Prüfungsamt; auch dieser wird als Kapitel der Arbeit nummeriert und im Inhaltsverzeichnis angegeben)

Der zweite Blick: Ist der Text einheitlich strukturiert?

Vollständigkeit ist das eine, Einheitlichkeit der Strukturierung das andere. Der zweite Blick richtet sich im Wesentlichen auf Formalien und damit auf das Erscheinungsbild.

Der Prüfung auf Vollständigkeit folgt der Blick auf Formalien und damit auf das Erscheinungsbild.

Einheitlichkeit der Strukturierung

- Stimmt das Verhältnis von Überschriften zu Kapiteln und Unterkapiteln? (wenn man innerhalb eines Kapitels Unterüberschriften verwendet, müssen mindestens zwei vorhanden sein: wo ein 2.1 ist, muss es ein 2.2 geben),
- Stimmt das Verhältnis von Absätzen und Abschnitten?
- Spiegelt das Layout die Textstruktur wider? Haben Sie nicht mehr als drei Schriftgrößen? Sind die Schriftgrößen stimmig eingesetzt.
- Sind Hervorhebungen und Abstände, Nummerierungen und Aufzählungen durchgängig und einheitlich verwendet?
- Sind die Überschriften, Bildunterschriften, Tabellenüber- oder unterschriften stilistisch ähnlich formuliert und formal einheitlich?
- Sind die formalen Anforderungen des gewählten Zitationssystems (Kennzeichnung von Zitaten, die Form des Belegs, die Ausarbeitung der bibliografischen Angaben im Literaturverzeichnis) einheitlich und durchgängig eingehalten?
- Sind Abkürzungen einheitlich und durchgängig verwendet?
- Sind mehrteilige Konjunktionen und Wendungen (»sowohl … als auch, einerseits … anderseits, zum einen … zum anderen«) vollständig?
- Sind Personen der Vorgabe entsprechend bezeichnet (generisches Maskulinum: »Verfasser«, »Leser« oder Doppelnennung: »Schülerinnen und Schüler« oder Verallgemeinerung: »Lehrkräfte«)?

Der dritte Blick: Ist der Text sprachlich korrekt?

Bevor Sie mit dem dritten Blick durch Ihre Arbeit gehen, kann Ihr Textverarbeitungsprogramm oder eine Korrektursoftware Erste Hilfe leisten: Sie kann ärgerliche Tipp- und viele Rechtschreib- sowie einige Grammatikfehler erkennen. Nicht ganz so ist es bei Fehlern, die sich durch die Nutzung der Textverarbeitung ergeben, etwa fehlende

Wörter oder Wortendungen, die sich als unglücklicher Automatismus beim Ausschneiden oder Verschieben erklären lassen.

Auf dem Papier lässt sich besser korrigieren als am Bildschirm.

Auf dem Papier lässt sich besser korrigieren als am Bildschirm. Formatieren Sie den Text vorher um, sodass er anders aussieht als am Bildschirm. Das schafft Distanz und mindert die »Betriebsblindheit«, die es so schwer macht, Fehler im eigenen Text zu finden. Verändern Sie etwa den Seitenrand, sodass die Zeilen anders umbrechen und Sie Wörter und Sätze neu (eben: auf Rechtschreibung und Zeichensetzung hin) betrachten können.

Checkliste

Korrektur lesen

- ○ Groß- und Kleinschreibung korrekt?
- ○ Zusammen- und Getrenntschreibung?
- ○ Verwendung des Binde- und des Gedankenstrichs?
- ○ Schreibung von »ß« und »ss«?
- ○ Kommasetzung?
- ○ Grammatik (z. B. die Übereinstimmung von Subjekt und Prädikat)?

Nutzen Sie auch Suchen-und-ersetzen-Befehle, wo es sich anbietet. Aber: Nehmen Sie Abstand davon, jetzt noch die Argumentation oder die inhaltliche Vollständigkeit zu prüfen. Dafür ist es in dieser Etappe zu spät. Jetzt klären Sie nur: Ist der Text grammatisch und orthografisch fehlerfrei?

ABKÜRZUNGEN

Allgemeine Abkürzungen sind solche, die unabhängig von Thema und Schreibanlass gebräuchlich sind. Sie ersetzen häufig gebrauchte Wörter bzw. Wortgruppen und sparen so Raum und (Schreib-)Zeit. Zwar wird generell von einer übermäßigen Verwendung von Kurzformen in wissenschaftlichen Texten abgeraten – dennoch sind einige Abkürzungen geläufiger als ihre Langformen; »d. h.«, »z. B.«, »ggf.«,

»bzw.« und »usw.«, aber auch »m. E.«, »u. Ä.« beispielsweise kommen häufiger vor als »das heißt«, »zum Beispiel«, »gegebenenfalls«, »beziehungsweise«, »und so weiter« sowie »meines Erachtens« oder »und Ähnliche(s)«. Schon bei »bspw.« = »beispielsweise«, »m. a. W.« = »mit anderen Worten« aber kann man geteilter Meinung darüber sein, welche der beiden Formen die gängige ist. Eine verbindliche Liste allgemein üblicher Abkürzungen gibt es nicht. Daher:

- Orientieren Sie sich beim Schreiben an Vorlagen und an der Verständlichkeit der dort verwendeten Kurzformen.
- Beobachten Sie Ihren Sprachgebrauch, machen Sie sich eine Liste der von Ihnen verwendeten allgemeinen Abkürzungen.

Eine verbindliche Liste allgemein üblicher Abkürzungen gibt es nicht.

Viele dieser allgemeinen Abkürzungen helfen, den Gedankengang eines Textes zu verdeutlichen: Sie dienen als Leseanweisung, geben Hinweise, wie der Text aufgebaut ist (so wie »s. o.«, »s. u.« und »vgl.«). Andere dienen Schreibenden dazu, sich diskret selbst zu erwähnen (»m. E.«, »m. W.«).
Die bibliografischen Angaben im Literaturverzeichnis (↗ Seite 149), die nach einem im Fach gebräuchlichen Muster zu strukturieren sind, werden durch Abkürzungen überschaubarer, lesbarer. So zum Beispiel dadurch, dass

- Herausgeber/-innen durch »Hg.« oder »Hrsg.« gekennzeichnet werden (wodurch sie nicht mit Verfassern bzw. Verfasserinnen verwechselt werden können),
- die Titelangaben von Zeitschriften durch die Abkürzungen »Jg.« und »Zeitschr.« auf das Wesentliche fokussieren und so beim Querlesen des Verzeichnisses die themenbezogenen Wörter auffallen,
- Angaben zu Auflagenzahl (»2. Aufl.«) und zur Art der Auflage (überarbeitete = »überarb.«, erweiterte = »erw.« oder Nachdruck = »Nachdr.«) kurz gehalten werden: »Nachdr. d. 2. überarb. Aufl.«; manchmal wird die Auflagenzahl auch vor dem (manchmal auch nach dem) Erscheinungsjahr in Klammern gesetzt, z. B. »(2.) 2018«, »2018 (16.)« oder mit einer hochgestellten Ziffer angegeben (»^{2}2018«).
- das Wort »Seite« durchgängig mit »S.« abgekürzt wird, sodass die Seitenzahl mehr Aufmerksamkeit erhält und der Verweis auf mehrere Seiten mit »f.« (außer der genannten Seite ist auch die

darauffolgende Seite gemeint) sowie »ff.« (über die genannte Seite hinaus sind zwei und mehr folgende Seiten gemeint) erfolgt – zwischen Ziffer und Abkürzung wird ein (geschütztes) Leerzeichen gesetzt.

Vorsicht bei »ebd.« oder »ebda.« und »a. a. O.«!

Aus der Schreibmaschinenzeit stammt der Beleg mithilfe der Abkürzungen »ebd.« oder »ebda.« (= ebenda, ebendort – gemeint ist, dass sich das Zitat auf der gleichen Seite wie das vorherige Zitat befindet) und »a. a. O.« plus Seitenangabe (= am angegebenen Ort – gemeint ist der entsprechende Bezugstext, der [irgendwo] zuvor im Text oder in einer Fußnote genannt wurde). Beide Verfahren sind in gewisser Weise überholt, denn man kann heute auf Anmerkungsverzeichnisse verzichten und stattdessen die automatische Fußnotenverwaltung nutzen. Die Vernetzung von Fußnoten der Abkürzung »a. a. O.« hat ihre Tücken: Ein solches System von Verweisen zwischen den Belegen ist nur so lange vorteilhaft, wie die Verweisstruktur (noch) übersichtlich bleibt.
Aber auch das einfache Abkürzungsverfahren mit »ebd.« hat Grenzen: Leser/-innen müssen beim fünften ebd. in Erinnerung haben, worauf es sich bezieht. Außerdem ist dieses Verfahren für die Arbeit mit dem PC, der mehr kann als eine Schreibmaschine, nicht geeignet: Beim Verschieben, Einfügen oder Löschen von Textteilen können die durch »ebd.« und »a. a. O.« hergestellten Bezüge verfälscht werden.
Lateinische Abkürzungen wie »p.«, »loc. cit.« oder »ibid.« sind vor allem im Englischen gebräuchlich – sie sollten dort eingesetzt werden, wo es ausdrücklich erwünscht ist. Sie ersetzen dann die deutschen Äquivalente.
Sie sehen: Bei der Verwendung von Abkürzungen ist genauso vorzugehen wie bei den Mustern für bibliografische Angaben: mit einem vorgegebenen oder selbst gewählten System, das nach und nach ausgebaut und dann einheitlich durchgehalten wird.
In wissenschaftlichen Arbeiten werden Abkürzungen auch dazu genutzt, um Verweise auf den eigenen Text möglichst unauffällig zu halten. Und so werden Über- und Unterschriften zu Tabellen und Abbildungen unter Verwendung der Abkürzungen Tab. und Abb. nummeriert, Verweise auf einen Anhang oder ein anderes Kapitel durch die Kurzformen s. Anh., vgl. Kap. 3, s. S. 10 verschlankt.

Außerdem gibt es für die Bezeichnung häufig verwendeter Fachliteratur, für Handbücher, Bibliografien und Fachzeitschriften Abkürzungen, sogenannte Siglen, über die Sie sich in Ihrer Bibliothek informieren sollten (etwa DDUW für Duden – Deutsches Universalwörterbuch). Ihrem Thema entsprechend können Sie darüber hinaus eigene Siglen für zentrale Begriffe bilden, um die Wiederholung langer Wörter oder komplexer Mehrwortbenennungen zu umgehen (etwa ES, ZS und FS für Erstsprache, Zweitsprache, Fremdsprache). Auf diese Weise bieten Sie Lesern und Leserinnen kleinere Einheiten zur Orientierung, Fixpunkte im Text, die sich beim Querlesen erfassen lassen und es ermöglichen, auf einen Blick das Wichtige zu erkennen. Siglen müssen bei ihrer ersten Nennung im Text eingeführt und bei Bedarf erklärt werden, beispielsweise in einer Fußnote zum Text. Wenn Sie mehrere Siglen einsetzen, ist ein Abkürzungsverzeichnis (direkt nach dem Inhaltsverzeichnis) sinnvoll.

Informieren Sie sich über Siglen in Ihrer Bibliothek!

Viele Fächer haben ihre eigenen, ganz besonderen Konventionen – auch die Verwendung von Maßangaben, weiteren Sonderzeichen und Schriftarten und -größen kann von Fach zu Fach variieren. Erkundigen Sie sich vorher nach den Anforderungen und Richtlinien!

TIPPS ZUM TIPPEN

Das Schreiben mit dem Computer eröffnet zahlreiche Möglichkeiten, birgt aber auch gewisse Gefahren. Eine Autokorrektur-Funktion zu haben, bedeutet keinesfalls, dass man selbst nicht genau hinschauen und auf Papier Korrektur lesen muss. Einige Tipps zur Vermeidung typischer Tippfehler:

- Die Wörter werden durch Leerzeichen (Blanks) voneinander getrennt. Zwischen zwei Wörtern setzt man genau ein Leerzeichen. Bei zwei- und mehrteiligen Abkürzungen wie »d. h.«, »z. B.«, »u. Ä.« steht auch ein Leerzeichen – am besten das geschützte Leerzeichen, dann werden sie nicht durch einen Zeilenwechsel auseinandergerissen. Das geschützte Leerzeichen kann über das Sonderzeichenmenü oder, unter Windows, per Tastenkombination eingegeben werden: gleichzeitig Shift- und Strg-Taste drücken plus Leertaste oder, bei gedrückter Alt-Taste, die Zahlenkombination 0160 auf dem Nummernblock eingeben.

- Die Satzzeichen – Punkt, Doppelpunkt, Frage- und Ausrufezeichen, Semikolon und Komma – werden ohne Leerzeichen direkt hinter das letzte Wort gesetzt; dahinter folgt ein Leerzeichen. Anders beim Schrägstrich (z. B. zwischen den Namen mehrerer Verfasser/-innen oder Herausgeber/-innen): Er wird ohne Leerzeichen geschrieben – es sei denn, er trennt alternative Wortgruppen (»englische Verfasser / irische Verfasser«). Dann wird er mit je einem Leerzeichen davor und danach geschrieben.
- Beim Datum gibt es keinen Grund, in Fließtexten führende Nullen zu verwenden (»16.04.2018«). Sinnvoll sind führende Nullen nur in Tabellen mit Datumszellen, weil sie dann übersichtlicher angeordnet und damit schneller lesbar sind. Zwischen Tag und Monatszahl kann ein (kleines) Leerzeichen gesetzt werden (»16. 4. 2018«); das ergibt ein klareres Schriftbild, ist aber nicht zwingend (»16.4.2018«). Wird der Monat als Wort geschrieben, dann mit Leerzeichen (»16. April 2018«). Die internationale Schreibweise hat sich im deutschsprachigen Raum noch nicht wirklich durchgesetzt und wird daher oft missverstanden (»2018-04-16«).
- Der Bindestrich, der zwei Wörter miteinander verbindet, wird ohne Leerzeichen gesetzt (»Auspuff-Flamme, ISBN-Nummer«). Als Ergänzungsstrich (Auslassungsstrich) kann er auch einen Wortbestandteil ersetzen (»Tipp- und Computerfehler, Rechtschreibregeln und -fehler«).
- Der Gedankenstrich, der länger als der Bindestrich ist, wird stets zwischen zwei Leerzeichen gesetzt. Er kennzeichnet Einschübe und Erläuterungen – die vorn und hinten zu kennzeichnen sind – und kann eine Schlussfolgerung anzeigen – er ist also vielseitig verwendbar. Nutzen Sie ihn nicht zu oft, da er sonst seine fokussierende Funktion verliert (wie im vorherigen Satz zu sehen). Er kann unter Windows, bei gedrückter Alt-Taste, mit der Zahlenkombination 0150 auf dem Nummernblock eingegeben werden.
- Der bis-Strich ist typografisch identisch mit dem Gedankenstrich. Er wird ohne Leerzeichen gesetzt, z. B. bei Seitenangaben (»S. 18–33«) oder Jahreszahlen (»1925–1935«). Manchmal wird allerdings auch die DIN-5008-Empfehlung umgesetzt, die Leerzeichen vorsieht.

- Klammern umschließen einen Satz, einen Teilsatz oder ein Wort (ohne Leerzeichen).
- Die einfachen und doppelten An- und Abführungszeichen umschließen einen Satz, einen Teilsatz oder ein Wort (ohne Leerzeichen). Letztere kennzeichnen das wörtliche, erstere das Zitat im Zitat – sie kommen also nur innerhalb von Zitaten vor.
  Vorsicht vor falschen An- und Abführungszeichen: Inkorrekt ist das Zollzeichen ("), das direkt über die Tastatur eingegeben wird! Korrekt sind im Deutschen „vorn unten" und „hinten oben" (unter Windows: Alt-Taste plus 0132 bzw. 0147 auf dem Nummernblock) sowie, für Zitate im Zitat, die einfachen An- und Abführungszeichen (unter Windows: Alt-Taste plus 0130 bzw. 0145 auf dem Nummernblock).
- Die Auslassungspunkte sind genau drei, sie stehen nach einem Leerzeichen …, es sei denn, es ist ein Wortteil ausgel… Am Ende eines Satzes wird nach einer Auslassung kein weiterer Punkt für das Satzende gesetzt. Auslassungen in wörtlichen Zitaten stehen in eckigen Klammern. Verwenden Sie das entsprechende Sonderzeichen, damit die Punkte beim Zeilenwechsel nicht getrennt werden können!
- Stellen Sie für die Worttrennung die automatische Silbentrennung ein. Das unterbindet zu große Lücken beim Blocksatz, bei dem die Zeilen rechts und links bündig (auf gleicher Höhe) enden. Kontrollieren Sie die automatischen Trennungen – Computer machen auch Fehler. Wenn Sie Trennungen von Hand eingeben, setzen Sie den bedingten Trennstrich (»Strg-Taste« + »-«).
- Um Text einzurücken (z. B. im Inhaltsverzeichnis oder zur Absatzgliederung), sollten Tabulatoren verwendet werden (und nicht Leerzeichen). Nur so lassen sich einheitliche Einzüge von exakt gleicher Größe herstellen.
- Nutzen Sie die »Returntaste« mit Überlegung: Unterscheiden Sie zwischen Absatz (einfacher Zeilenwechsel) und Abschnitt (doppelter Zeilenwechsel). Kontrollieren Sie, ob die Überschriftenabstände immer gleich sind (vor der Überschrift mehr Abstand als danach; zur Unterscheidung von Kapitel- und Unterkapitelüberschriften sollten Sie unterschiedliche Abstände verwenden).
  Fügen Sie Seitenwechsel gezielt und von Hand ein (»Einfügen, Umbruch, Seitenumbruch«).

REGISTER